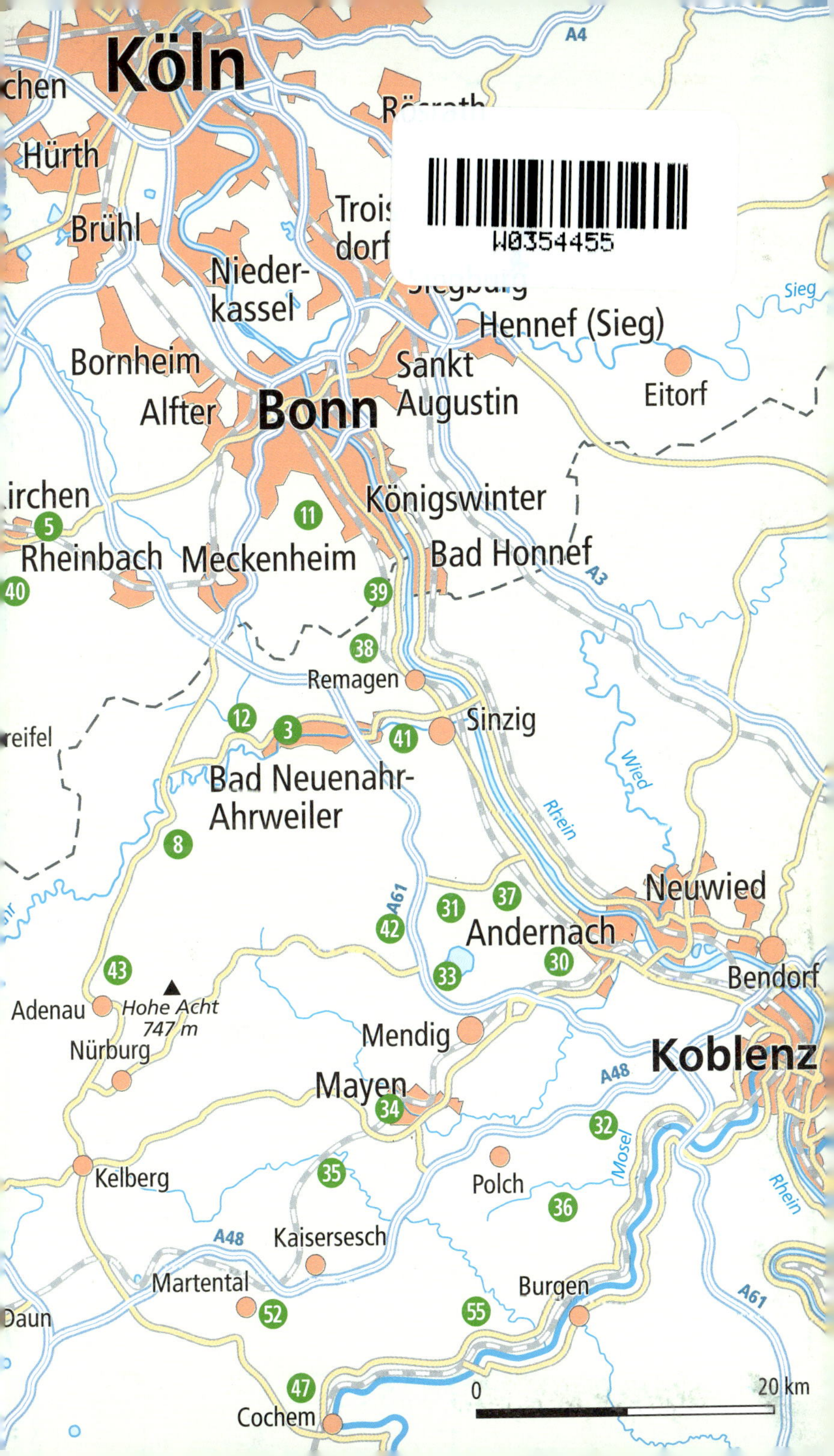
A4
Köln
Hürth
Brühl
Nieder-
kassel
Bornheim
Alfter
Bonn
Hennef (Sieg)
Sieg
Sankt
Augustin
Eitorf
Königswinter
Bad Honnef
A3
5
Rheinbach
Meckenheim
11
40
39
38
Remagen
Sinzig
12
3
41
Bad Neuenahr-
Ahrweiler
Wied
Rhein
8
A61
31
37
Neuwied
42
Andernach
30
Bendorf
43
33
Adenau
Hohe Acht
747 m
Nürburg
Mendig
Koblenz
A48
Mayen
34
32
Mosel
Kelberg
35
Polch
Rhein
36
A48
Kaisersesch
Martental
Burgen
A61
52
55
Daun
47
Cochem
0
20 km

Jahrbuch 2018

Herausgegeben vom
Rheinischen Verein für Denkmalpflege
und Landschaftsschutz

Rheinischer Verein
Für Denkmalpflege und Landschaftsschutz

Barbara und Hans Otzen

Klosterführer Eifel

Ein Lese- und Bilderbuch

cmz

Bibliografische Information der Deutschen Nationalbibliothek

Die Deutsche Nationalbibliothek verzeichnet diese Publikation in der Deutschen Nationalbibliografie; detaillierte bibliografische Daten sind im Internet über http://dnb.d-nb.de abrufbar.

An der Glasfachschule 48, 53359 Rheinbach
Tel. 02226-912626, info@cmz.de

Redaktion: Karl Peter Wiemer, Köln
(Rheinischer Verein für Denkmalpflege und Landschaftsschutz)

Layout & Satz (Adobe Caslon Pro 10 auf 13,5 Punkt und ScalaScans)
mit Adobe InDesign CS5.5:
Winrich C.-W. Clasen, Rheinbach

Landkarten:
Kartographie Peh & Schefcik GbR, Eppelheim

Papier (G-Print 115 g/m²):
Grycksbo Paper AB, Grycksbo/Schweden

Umschlagbilder:
Abtei Maria Laach (Foto: Gabriele Nohn-Steinecke)
Kloster Enzen-Antonigartzem (Foto: Achim Gaasterland)
Christus in der Mandorla, Pfarrkirche St. Johann Baptist, Nideggen
(Foto: Winrich C.-W. Clasen)

Links zu den Abbildungen aus Wikimedia Commons
abgerufen am 25.7.2018

Umschlaggestaltung:
Lina C. Schwerin, Hamburg

Gesamtherstellung:
Livonia Print Ltd., Riga / Lettland

ISBN 978-3-87062-303-6

20180925

www.cmz.de

www.rheinischer-verein.de

355 Anhang

Trotz intensiver Nachforschungen konnten nicht in allen Fällen die Rechteinhaber der Abbildungen ausfindig gemacht werden. Im Rahmen der üblichen Vereinbarungen wird der Verlag selbstverständlich berechtigte Ansprüche abgelten.

Weiterführende Informationen zu den Orten dieses Buches lassen sich auch der nachfolgenden Internetseite entnehmen: KuLaDig – Kultur. Landschaft. Digital. – ein Informationssystem des Landschaftsverbands Rheinland über die historische Kulturlandschaft und das landschaftliche kulturelle Erbe.

www.kuladig.de

Vorwort

Mit dem »Klosterführer Eifel« lädt der Rheinische Verein für Denkmalpflege und Landschaftsschutz herzlich ein, auf Entdeckungsreise in der Eifel zu gehen.

Die Landschaft im Dreieck zwischen Aachen, Trier und Koblenz ist für ihre Naturschönheiten bekannt; ein Teil der Nordeifel ist seit 2004 Nationalpark. Hochflächen und Flusstäler, Wälder und Moore, Vulkankegel und Maare sind Anziehungspunkte, die Besucher in der Eifel erleben und genießen können. Zu Fuß, auf Wanderungen oder mit dem Fahrrad gelingt dies besonders gut.

Auch als Kulturraum hat die Eifel viel zu bieten, wie dieser Klosterführer zeigt, indem er auf das dichte Netz bestehender und ehemaliger Klöster in der Eifel aufmerksam macht. Neben bekannten Orten wie Maria Laach, Himmerod, Prüm oder Steinfeld werden auch weniger bekannte Klöster vorgestellt, die den berühmten Orten in nichts nachstehen. Die Autoren dieses Buches zeigen uns die Eifel als eine Kulturlandschaft, deren heutiges Erscheinungsbild oftmals auf ihre Prägung durch klösterliches Wirtschaften zurückgeht.

Die kulturelle Prägung, die uns hier vor Augen geführt wird, ist von geschichtlicher Bedeutung: Klöster waren stets Orte der Pflege und Weitergabe von Kultur in Europa. Schriftkunst und Literatur, Kunsthandwerk, Naturwissen und Medizin – das sind Grundpfeiler unseres Erbes, die ohne das Netzwerk der Klöster kaum vorstellbar sind. Im Europäischen Kulturerbejahr 2018 ist es angemessen, auf dieses reiche, uns Menschen in Europa verbindende Erbe aufmerksam zu machen und dafür zu werben, es (wieder) zu entdecken. Dass dieses Erbe in Gefahr ist – Klosterschließungen betreffen auch die Eifel –, ist dabei eine Entwicklung, deren Auswirkungen wir erst zu ahnen beginnen und mit der wir uns als Rheinischer Verein weiter befassen wollen.

Der »Klosterführer Eifel« richtet sich an alle, die auf den Reichtum der Eifel an Natur- und Kulturerbe neugierig sind. Damit steht er in der Tradition der Arbeit des Rheinischen Vereins, der sich seit seiner Gründung 1906 für die zusammenhängende Bewahrung dieses Erbes einsetzt. Reich bebildert mit qualitätvollen Farbfotografien und gut verständlich geschrieben, soll dieser Klosterführer ein willkommener Einstieg in die Kultur- und Naturlandschaft Eifel sein und sich als geschätzter Reisebegleiter etablieren. Dass er durch Format und Einband besonders reisetauglich ist, kommt ihm gewiss zusätzlich zugute.

Hans und Barbara Otzen, den beiden Autoren der Texte, und *Gabriele Nohn-Steinecke* und *Achim Gaasterland*, den Fotografen der meisten Bilder, möchte ich herzlich für ihre Arbeit danken. *Winrich C.-W. Clasen*, dem Leiter des cmz-Verlags, mit dem der Rheinische Verein seit über 25 Jahren vertrauensvoll zusammenarbeitet, und *Dr. Karl Peter Wiemer*, unserem wissenschaftlichen Redakteur, gilt mein besonderer Dank.

Für den Rheinischen Verein hat dieser »Klosterführer Eifel« auch deswegen eine besondere Bedeutung, weil wir damit nach einigen Jahren der Abstinenz wieder ein Jahrbuch vorlegen und unseren Mitgliedern überreichen können. Diese »anschauliche« Einladung in die Eifel spreche ich allen aus, deren Neugier auf die Klosterlandschaft geweckt ist, seien sie Mitglieder oder – noch – nicht Mitglieder im Rheinischen Verein. Dem Buch wünsche ich eine große Verbreitung und viele interessierte Leserinnen und Leser.

Köln, im Sommer 2018

Prof. Dr. Christoph Zöpel

Vorsitzender des Rheinischen Vereins für Denkmalpflege und Landschaftsschutz

Einführung

Die Eifel breitet sich als eine der großartigsten Kulturlandschaften Deutschlands zwischen Aachen, Köln/Bonn, Koblenz und Trier aus. Steinzeitmenschen durchstreiften den Landstrich, Kelten schmolzen hier Erze zu Eisen. Die Römer übernahmen das Gebiet, eigneten sich die Errungenschaften der Kelten an und erschlossen das Gebiet wirtschaftlich und militärisch. Ein gut ausgebautes Wegenetz beförderte den Handel und ließ schnelle Truppenbewegungen zu. Eine »moderne« Wasserleitung brachte Frischwasser aus dem Zentrum der Eifel nach Köln. Landwirtschaftsgüter versorgten die Bevölkerung und das Militär mit Nahrungsmitteln. Außergewöhnliche Paläste, wie die in Trier, die vielen, noch in Resten erhaltenen »villae rusticae« und Tempelanlagen, Kunst- und Gebrauchsgegenstände zeugen von der großartigen römischen Lebenswelt zwischen Rhein, Mosel und Maas.

Mit dem Ende der römischen Herrschaft ging auch die antike Kultur weitgehend unter. Doch das Christentum, das schon in römischer Zeit Ausbreitung gefunden hatte, überstand die nun folgende Umbruchszeit. Im Zuge der fränkischen Landnahme übernahmen die Merowinger auch die Herrschaft über die Eifel. Ihrem König Chlodwig war es gelungen, nicht nur alle Franken, sondern auch weitere germanische Stämme zu unterwerfen. Um das Jahr 500 konvertierte Chlodwig zum christlichen Glauben und ließ sich am Weihnachtstag von Bischof Remigius in Reims taufen. Damit war die christliche Geschichte des mittelalterlichen Abendlandes vorgeprägt.

Die administrative Aufteilung des Frankenreichs erfolgte in Gauen (lat. pagi). Hatten die Römer den Bergzug zwischen Rhein, Mosel und Maas noch »Arduenna silva« (= Hochwald) genannt, so taucht die Bezeichnung »Eifel« erstmals im 8. Jh. auf (»Eifflensis pagus«). Der Eifelgau umfasste mit den Quellgebieten von Erft, Urft, Kyll und Ahr die nördlichen und nordöstlichen Teile der Eifel. Westlich davon breitete sich der Ardennengau aus, dessen Bezeichnung noch auf den römischen Ursprung zurückgeht. Die frühmittelalterliche Grenzziehung in der Eifel folgte in etwa der römischen Provinzscheide zwischen Ober- und Niedergermanien, die am Rhein an der Mündung des Vinxtbaches erfolgte. Diese Grenzziehung setzte sich dann in den Diözesangrenzen der Bistümer Trier und Köln fort und markierte die Sprach- und Kulturscheide zwischen dem niederrheinischen und dem moselländischen Einflussgebiet.

Im eigentlichen Kernraum der Eifel, geprägt von einer tief bewaldeten, von Flusstälern durchzogenen Landschaft, suchten die Ordensgründer die Abgeschiedenheit, die für ihr monastisches Leben so wichtig war. Diese Berglandschaft war gleichzeitig für die Herrscher des frühen Mittelalters, den Kaiser und seine Erzbischöfe, auch ein politischer Kernraum, war er doch von den Verbindungswegen ihrer Machtzentren Aachen, Köln und Trier durchzogen. So profitierten die Klostergründungen vom Wohlwollen der Herrscher, später auch der lokalen Fürstenhäuser, wie die zahllosen Schenkungen aus unterschiedlichsten Quellen zeigen, die den oft weit verstreuten Besitz der Klöster über Jahrhunderte mehrten. Um diese Klöster im Kernraum der Eifel geht es in diesem »Klosterführer Eifel«.

Umfänglicher Besitz aus Königsgut bahnte die Territorienbildung der Klöster an. So erhielten Stablo-Malmedy, Prüm und auch Kornelimünster ab dem 13. Jh. reichsunmittelbaren Charakter. Gleichzeitig gingen von den großen Klöstern Tochtergründungen in der Eifel aus. Als ein Beispiel sei die Übernahme der vorhandenen Zelle in Kesseling durch Prüm genannt.

Der Reichtum der Klöster barg im Laufe der weiteren Entwicklung des Mittelalters aber auch Gefahren. Wohlstand folgte Sittenverfall mit verheerenden wirtschaftlichen Folgen. Die benediktinische Armutsregel drohte in Vergessenheit zu geraten. Ab dem 11. Jh. traten Reformorden hervor, allen voran der der

Zisterzienser, die zu den alten Mönchsregeln zurückkehrten. Eine wichtige Vorreiterrolle übte Abt Poppo in Stablo aus. Unter seiner Ägide entstand die großartige Basilika von Stablo, von der heute nur noch ein Turmstumpf existiert. Mit der Reform gewannen die Klöster auch an neuer innerer Kraft, wie sie beispielsweise in den Skriptorien hervortrat. In diesen Schreibwerkstätten wurden Prachthandschriften von den Mönchen gefertigt; einige Klöster entwickelten sich zu wahren Kunstzentren.

Bernhard von Clairvaux, der bedeutendste Mönch des Zisterzienserordens, suchte höchstpersönlich den Platz für das erste Zisterzienserkloster in der Eifel aus. Die Erneuerung des christlichen Zusammenlebens durch die Zisterzienser drückte sich auch in ihrer Baukunst aus. Der weitgehende Verzicht auf Ornamentierung, Bauschmuck und auch Türme sowie die gewählte Abgeschiedenheit der Standorte konzentrierten den Blick auf das Wesentliche – die Liturgie.

Eine ungeheure Faszination ging von der neuen Klosterbewegung aus; zahlreiche Adelige versorgten die neuen Klöster mit großzügigen Stiftungen. Bald schon rief Himmerod das Tochterkloster Heisterbach ins Leben. Weitere Neugründungen waren das Zisterzienserinnenkloster St. Thomas an der Kyll und im Umfeld der Eifel die Klöster von Hoven, Schweinheim und Bürvenich.

Parallel zur Zisterzienserreform erfolgte die Chorherrenreform. Die Chorherren wollten als Klerikergemeinschaft in Verpflichtung zu Askese und Keuschheit nach den Regeln des Kirchenvaters Augustinus (354–430) leben. Diese Augustiner-Chorherrenreform ist in der Eifel mit dem Kloster Springiersbach verbunden. Nach dessen Anerkennung erlebte die Chorherrenbewegung regen Zuspruch, und die Mönche aus Springiersbach wurden weithin zur Neugründung und Reform bestehender Klöster, teilweise als Doppelklöster, eingesetzt. In der Eifel waren dies Kloster Steinfeld und die Abtei Rolduc als Mutterkloster von Marienthal an der Ahr sowie Kloster Martental.

Ebenfalls auf Augustinus berufen sich die Prämonstratenser, die ein durch strenges Fasten, Beten und Büßen gekennzeichnetes, an Gott ausgerichtetes Leben führen. Gegründet wurde der Orden von Norbert von Xanten (1080–1134), der zunächst als Wanderprediger durch die Lande zog und dann mit Gleichgesinnten in Prémontré bei Laon ein Kloster gründete. Nachdem auch diese Gemeinschaft päpstliche Anerkennung fand, wurden Tochterklöster gegründet. In der Eifel ist Wenau eine der Folgeeinrichtungen. 1130 schloss sich auch Steinfeld den Prämonstratensern an.

Die am Ende des Mittelalters durchgreifende Reformbewegung umfasste auch die Gründung von adeligen Ritterorden, die das mönchische Dasein mit dem Kampf für die Verteidigung des Glaubens verbanden. In der Eifel engagierten sich vor allem die Hospitalorden der Johanniter. Schon früh traten sie in Adenau auf.

Bettelorden entstanden angesichts der problematischer werdenden Sozialbedingungen in den Städten. Ihr Armutsgebot galt nicht nur für Mitglieder, sondern für den Orden schlechthin. Zu dieser Gruppierung zählen Franziskaner, Dominikaner und Karmeliten. Sie waren aber in der Eifel kaum vertreten, setzte hier doch die Verstädterung erst sehr viel später ein. Immerhin hatten die Franziskaner eine Niederlassung in Hillesheim. Und erst im 15. Jh. gründeten die Karmeliten in Tönnisstein ein Kloster.

Eine der nachhaltigsten Reformbemühungen ging von der Bursfelder Kongregation aus. Angesichts von Verweltlichung, Geschäftemacherei, Aneignung klösterlichen Besitzes und Ausschweifungen sehnten sich viele Kleriker nach der Rückbesinnung auf die Mönchsideale des heiligen Benedikt. Diese Rückbesinnung vollzog zuerst Johannes Dederoth, der 1430 Abt des Klosters Bursfelde an der Weser wurde. Die Grundlage seiner Reform beruhte auf dem Verbot jeglichen Privateigentums sowie auf der Konzentration auf den feierlichen Gottesdienst und das gemeinsame Zusammenleben. Als Abt Johannes 1439 an der Pest gestorben war, setzte sein Nachfolger Johannes von Hagen die Reform fort. Weitere Klöster schlossen sich dieser Reformbewegung an. In ihrer besten Zeit um 1500 zählte die Bursfelder Kongregation an die 80 Klöster. 1472 übernahm Maria Laach die Regeln der Kongregation, zuletzt auch Stablo-Malmedy im Jahr 1645.

Die Zeit der Glaubensspaltung hat in der Eifel nur punktuelle Spuren hinterlassen. Die drei großen Erzbistümer Köln, Trier und auch Mainz blieben beherrschend; nur einzelne der weltlichen Eifeler Territorialherren schlossen sich der neuen Glaubensrichtung an, wie etwa die Grafen von Manderscheid. Die nach dem Dreißigjährigen Krieg Raum gewinnende Gegenreformation brachte neue Klostergründungen hervor, so die der Kapuziner und Jesuiten. Vor allem setzte rege Bautätigkeit ein, oft auch als barocke Bauwut bezeichnet. Kirchen wurden neu ausgestattet, Klosteranlagen neu errichtet. Viele dieser prächtigen Sakralbauten haben bis heute Bestand und zeigen die hohe künstlerische Leistungsfähigkeit im Eifelraum.

Das Zeitalter der Aufklärung stellte die katholische Herrschaft vor neue Herausforderungen. Die Forderung nach Aufhebung der geistlichen Fürstentümer wurde lauter. Die kritische Betrachtung des Klosterwesens führte schon vor der eigentlichen Säkularisation zu Klosteraufhebungen, so in den zur österreichischen Monarchie zugehörigen Ländereien, wie etwa das Trinitarierkloster in Vianden. Andere Klöster waren schon so verweltlicht, dass sie in Stifte umgewandelt wurden.

Das eigentliche Ende des Klosterlebens, das Ende der »Eifilia Sacra«, bescherte die Säkularisation. Als 1794 französische Revolutionstruppen das linke Rheinufer besetzten, plünderten sie die Klöster und zogen ihr Gut ein. Das 1802 von Napoleon erlassene Dekret zur Säkularisation beinhaltete zweierlei Maßnahmen: die Aufhebung kirchlicher Institutionen und Verstaatlichung ihres Besitzes sowie die Auflösung der geistlichen Herrschaften des Heiligen Römischen Reichs. Die Klöster wurden mitsamt ihrem Besitz versteigert, das Inventar oft verschleudert. Dort, wo Klosterkirchen als Pfarrkirchen übernommen wurden, blieben diese bestehen.

In nachnapoleonischer Zeit hatte neues monastisches Leben es schwer, wieder Fuß zu fassen, zweifelsohne auch, weil der Protestantismus der neuen preußischen Herrscher über das Rheinland dem gegenüber wenig aufgeschlossen war. Erst langsam kehrten wieder Ordensleute in die alten Klöster zurück. Der von Bismarck initiierte Kulturkampf brachte erneute Rückschläge. Der Wiederbelebung monastischen Lebens setzte der Nationalsozialismus ein brachiales Ende. Nach dem Zweiten Weltkrieg war es dann für die Klöster umso schwieriger, den Neubeginn zu wagen. Die meisten dieser Orden sind heute seelsorgerisch tätig, betreiben Schulen, Alten- und Krankenpflege. Wenigen Neugründungen steht eine größere Zahl an Schließungen durch Nachfolgeprobleme gegenüber. Angesichts der Altersstruktur besteht vielerorts keine Chance mehr auf eine Fortführung der Klostergemeinschaften. So ergab es sich, dass in letzter Zeit eine Reihe von Konventen – der von Zweifall 2006, der von Calvarienberg 2016, der von Himmerod 2017 und der von Mariawald im Jahr 2018 – ihre Schließung bekanntgeben mussten. Andererseits gibt es aber auch gefestigte Gemeinschaften mit einer über 800 oder 900 Jahre währenden Tradition – wie Maria Laach oder Steinfeld –, ohne die das heutige Erscheinungsbild der Eifel nicht denkbar wäre.

Nordeifel

Essig: Nach der Säkularisation errichteter Wohnbau der neuen Besitzer des Klosters Essig (vgl. Seite 46; Foto: Achim Gaasterland)

Bad Münstereifel

Eine Klosterstadt mit historischem Stadtkern

Im heutigen Bad Münstereifel gründete Markward, der dritte Abt des Klosters Prüm, im Jahr 830 eine Filiale, die er das »Novum Monasterium« nannte. Im Jahr 844 schenkte Papst Sergius II. dem Kloster die Reliquien des römischen Märtyrerpaars Chrysanthus und Daria. Noch im gleichen Jahr begannen die Mönche mit dem Bau einer neuen Klosterkirche, die dem Märtyrerpaar geweiht wurde. Die zunehmende Schar der Pilger, die zur Anbetung der Reliquien anreisten, ließen um das Kloster eine Siedlung entstehen. Im Laufe der Zeit kamen Kloster und Siedlung unter die Herrschaft der Jülicher Grafen, die ab 1265 mit dem Bau der Burg und der Stadtbefestigung von Münster-

Das „Rote Rathaus" (erstmals erwähnt 1476) diente auch als Gewandhaus

Foto: Winrich C.-W. Clasen

eifel, das sich nun »Monasterium in Eiflia« nannte, begannen. Sie legten ein planmäßiges Straßennetz für den Ort an, der 1298 erstmals als Stadt bezeichnet wurde. Seit dem 14. Jh. war Münstereifel einer der Hauptorte im Herzogtum Jülich, der 1356 zum Sitz eines Gerichts erhoben wurde und eine städtische Selbstverwaltung erhielt. Mit der im 15. und 16. Jh. aufkommenden Wollweberei gewann Münstereifel an Wohlstand, was man noch heute an der wertvollen historischen Bausubstanz der Stadt erkennen kann. Im Zuge der Gegenreformation holten die Münstereifeler Ratsherren Kapuziner, Jesuiten und Karmelitinnen in die Stadt, um der Ausbreitung der evangelischen Konfession entgegenzutreten. Vor allem die schulischen Bemühungen der Jesuitenniederlassung machten Münstereifel zu einem geistigen Zentrum der humanistischen Bildung in der Eifel. Die französische Besetzung Ende des 17. Jh. überlebte Münstereifel noch relativ unbeschadet, verarmte aber in der folgenden Zeit durch die Verlagerung des Tuchgewerbes in die vorindustriellen Textilstandorte am Rhein. Insofern blieb der mittelalterliche Stadtkern mit seinen malerischen Fachwerk- und Steinhäusern aus vielen Jahrhunderten erhalten – ein Ensemble, das komplett unter Denkmalschutz steht. Besonders beachtenswert darunter sind die Kanonikerhäuser am Klosterplatz mit dem Romanischen Haus aus dem Jahr 1167.

18 Türme umfasst die erhaltene Stadtbefestigung von Bad Münstereifel, darunter vier Stadttore. In die Stadtbefestigung integriert ist die Ruine der Landesburg der Jülicher Grafen. Im Altstadtkern von Bad Münstereifel erhebt sich die ehemalige Benediktiner-Stiftskirche St. Chrysanthus und Daria. Das gotische Rathaus der Stadt stammt im Kern aus dem 13. Jh. Hier

Tourismus-Information: 53902 Bad Münstereifel, Kölner Str. 13 (Bahnhof), Tel.: (02253) 542244, www.bad-muenstereifel.de • Zweigstelle im Schwanen-Apotheken-Museum, Werther Str. 15, Tel.: (02253) 7631

Bongart, Harald und Broere, Theo: Bad Münstereifel, Ein Stadtrundgang, Bad Camberg 2003 • **Firmenich, Heinz:** Bad Münstereifel (Rheinische Kunststätten), Neuss 1962

hatten in der Blütezeit Münstereifels die Tuchmacher der Stadt ihre Lager, von dem aus sie ihre Tuchverkäufe abwickelten. Seit 1956 führt Münstereifel die Bezeichnung »Kneipp-Heilbad«, seit 1967 steht der Zusatz »Bad« vor dem Ortsnamen.

① Benediktinerkloster St. Chrysanthus und Daria

Das frühchristliche Märtyrerpaar Chrysanthus und Daria starb der Legende nach als Opfer seines Glaubens unter dem römischen Kaiser Diokletian im Jahr 304. Das Paar wurde in einem gemeinsamen Grab in der römischen Nekropole des Thrason in der Via Salarai Nuova beigesetzt. Die vom Papst dem Münstereifeler Kloster übergebenen Reliquien des Märtyrerpaares ermöglichten den Aufschwung des Klosters und bildeten die Grundlage für dessen spätere Bedeutung.

Anstelle der heutigen Pfarrkirche St. Chrysanthus und Daria bestanden bereits drei Vorgängerbauten. Den Ursprung bildete eine Cella, eine kleine hölzerne Kapelle, möglicherweise vom hl. Willibrordus um 700 auf einem Pfahlrost errichtet. Der zweite Bau entstand um 750 schon als steinerne Saalkirche. Die von den Benediktinern aus Prüm ab 844 errichtete erste Klosterkirche wurde um das Jahr 1050 um ein Westwerk erweitert, allerdings um das Jahr 1100 durch Brand in Mitleidenschaft gezogen.

Anfang des 12. Jh. begannen die Benediktinermönche mit dem Bau der neuen Klosterkirche, der nunmehrigen Pfarrkirche St. Chrysanthus und Daria, indem sie zunächst das Westwerk erneuerten, das seine Ähnlichkeit mit dem von St. Pantaleon in Köln nicht verhehlen kann. Das Langhaus richteten sie in der Breite an dem karolingischen Vorgängerbau aus. Mitte des 12.

Das Westwerk der Pfarrkirche St. Chrysanthus und Daria

Foto: Achim Gaasterland

Jh. erfolgte die Einwölbung des gesamten Kirchenschiffs mit Kreuzgratgewölben anstelle der vorherigen Flachdecke. Letztlich entstand eine dreischiffige Pfeilerbasilika ohne Querschiff mit imposantem Westwerk und einem lang gestreckten Hochchor über einer fünfschiffigen Krypta. Immer wieder musste an dem Kirchenbau, der kaum durch kriegerische Ereignisse gelitten hatte, Teile ausgebessert oder erneuert werden. Vor allem der Untergrund aus Fließsand und der Gewölbeschub machten statische Sicherungen erforderlich, deren letzte 1980 abgeschlossen werden konnten. Das Kloster wurde übrigens noch im 12. Jh. in ein Kollegiatsstift umgewandelt.

Die ehemalige Benediktinerklosterkirche ist das bedeutendste Bauwerk von Bad Münstereifel. Das Westwerk wird von einem quadratischen Mittelturm dominiert, an das sich drei durch Emporen unterteilte und übergiebelte Kreuzflügel anlegen. Der westliche Kreuzflügel weist eine tonnengewölbte Vorhalle im

Untergeschoss mit dem Zugang zur Kirche auf, der beidseitig von je einem schlanken, hohen Treppenturm flankiert wird, von denen der südliche 1584 und der nördliche 1876–93 erneuert werden musste. Die Schäfte der eingestellten Säulen des rundbogigen Portals in der Vorhalle wurden aus Kalksinter der römischen Wasserleitung erstellt. In die Seiten der Vorhalle wurden romanische Reliefs der Märtyrer eingearbeitet, die ursprünglich vom Friedhofstor der früheren Stiftsimmunität stammen. Das Mittelschiff der Kirche geht direkt in den zweijochigen Langchor mit abschließender Halbkreisapsis, die von einem gemeinsamen Satteldach eingedeckt sind, über. Im Obergaden sind romanische Rundbogenfenster und rundbogige Fenster des 19. Jh. zu sehen, die anstelle der vorherigen Barockfenster eingearbeitet wurden. Die Seitenschiffe gehen unter Pultdächern in die Chornebenräume über. Das dreiteilige kreuzgratgewölbte Mittelstück der Krypta tritt halbrund unter dem Chor hervor. Der nach Westen anschließende Grabraum der Kirchenpatrone ist tonnengewölbt.

Reich ist die Ausstattung der Pfarrkirche St. Chrysanthus und Daria. Der Hochaltar mit einer Deckplatte aus Kalksinter der römischen Wasserleitung stammt noch aus dem frühen 11. Jh. Das Sakramentshaus wurde 1480 von einem Kanoniker gestiftet, das Taufbecken 1619 vom Bürgermeister. Das Weihwasserbecken ist mit zwei skulptierten Köpfen versehen, eventuell entstammt es es einem früheren Taufstein. Im Mittelraum des Westwerks befindet sich das kunstvolle Hochgrab des Grafen Gottfried von Bergheim. Im Kirchenschiff steht ein Triptychon aus dem Jahr 1470. Acht Leinwandgemälde mit Darstellungen aus dem Leben der Märtyrer findet man im Chor. Weiter verfügt die Kirche über wertvolle Holzskulpturen, so eine gotische

St. Crysanthus und Daria: 53902 Bad Münstereifel, Langenhecke 3, Tel.: (02253) 180360, www.kirche-muenstereifel.de

Ohlert, Joseph-Matthias und Bernhard: Bad Münstereifel St. Chrysanthus und Daria, Regensburg 1991 • **Schaffer, Wolfgang:** Bad Münstereifel – Stiftskirche St. Chrysanthus und Daria, Jesuitenkirche St. Donatus, in: Rheinischer Verein (Hg.): Klosterführer Rheinland, Köln 2003

Marienfigur in der Krypta, über einen Dreisitz mit einem Reliquienkasten darüber an der rechten Chorseite, über Epitaphe und über Reste romanischer und gotischer Wandmalereien.

Eher kurios ist die Geschichte des kölnischen Flügelaltars aus der Kirche. Dieses bedeutende gemalte Kunstwerk aus der ersten Hälfte des 15. Jh., das der so genannten Kölner Schule zugeordnet wird, zeigt in neunzehn Bildern das Leben und Leiden Christi. Heute befindet sich der Altar in der Kirche von Kirchsahr im Kreis Ahrweiler, ein Ort, der seit dem 11. Jh. im Besitz des Stiftes Münstereifel ist. Der Altar wurde dem Gastprediger Johannes Cremer aus Kirchsahr 1782 für seine anrührende Predigt in der Stiftskirche übergeben.

Man fragt sich heute, wie so etwas möglich ist. Doch der spätgotische Flügelaltar war in der Stiftskirche längst durch einen prunkvolleren Barockalter ersetzt worden – die Kirchenväter in Münstereifel konnten nichts mehr mit ihm anfangen.

Foto: Hans Otzen

Langhaus der Stiftskirche mit gotischen Grabplatten

Das Romanische Haus

Foto: Hans Otzen

Es zählt zu den ältesten steinernen Wohnhäusern des gesamten Rheinlandes. Es wurde 1167 für einen der Stiftsherren in Münstereifel errichtet – das vormalige Prümer Filialkloster war in ein Stift umgewandelt worden, nur so konnte sich ein Stiftsherr einen solch aufwendigen Bau leisten. Es handelt sich um einen unterkellerten, zweigeschossigen verputzten Bruchsteinbau mit schiefergedecktem Satteldach.

Typisch für den Bau sind die romanischen Doppelfenster. Ihre Säulen wurden aus Kalksinter, dem „Marmor" der Römischen Eifelwasserleitung, gefertigt. Nach der Auflösung des Stifts in napoleonischer Zeit verfiel das Haus, seine baugeschichtliche Bedeutung geriet in Vergessenheit.

Foto: Rolf Reinhardt

In den 1960er Jahren wurde es renoviert und nahm die heimatgeschichtliche Sammlung des Studienprofessors Karl Hürten (1856–1925) auf, die er 1912 im Orchheimer Tor der Stadt untergebracht hatte. Nach ihm und seinem Sohn Toni (1888–1978) ist das Museum benannt worden.

Hürten-Museum: 53902 Bad Münstereifel, Langenhecke 6, Tel.: (02253) 8027 , www.huertenmuseum.de, geöffnet Sa, So und feiertags 11–17 Uhr sowie nach Vereinbarung

② Jesuitenkolleg

Im beginnenden 17. Jh. fanden die reformatorischen Glaubensgedanken bei der Münstereifeler Bevölkerung, vor allem bei den wirtschaftlich für die Stadt so bedeutenden Wollwebern, Zuspruch. Die mehrheitlich katholisch orientierten Ratsherren wollten angesichts dieser Voraussetzungen mit einer entsprechenden schulischen Ausbildungsstätte die Situation ihrer Glaubensrichtung stabilisieren, denn in der großen Eifelregion zwischen Köln und Trier gab es zu diesem Zeitpunkt keine höhere schulische Lehranstalt. Mit ihrem Wunsch wandten sie sich an den Jesuitenorden, der 1534 als Gegenreaktion der katholischen Kirche auf die Reformation gegründet worden war und 1544 in Köln seine erste Niederlassung in Deutschland errichtet hatte, um durch ihn in Münstereifel ein Kolleg mit Kirche und Schule zu einzurichten.

Pater Heinrich Rinkop traf als erster Jesuit zusammen mit einem Laienbruder seines Ordens 1625 in Münstereifel ein. Seine Situation war angesichts der eher evangelisch orientierten Bevölkerung nicht einfach. Doch konnte sich Rinkop durch seine seelsorgerische Tätigkeit Ansehen in der Stadt verschaffen. Doch war der Jesuitenzentrale in Köln der Widerstand in Münstereifel durchaus zu Ohren gekommen. Erst nach langem Ringen konnte Pater Rinkop erreichen, dass der Jesuitenorden 1627 einen Magister entsandte, der künftig die erste Klasse Grammatica unterrichten sollte. Auch wenn die Ordensleitung weiterhin zögerlich blieb, waren 1631 schon drei Patres in Münstereifel tätig, Ende 1636 waren es sechs, und seit 1640 gab es gar zwölf Patres, die zusammen mit Magistern und Laienbrüdern in der Jesuiten-Residenz in Münstereifel tätig waren. Die Zahl der Schüler stieg bis 1650 auf über 200 an. Der Unterricht wurde im Rathaus und in Privathäusern abgehalten. Längst war der Zeit-

Ehemalige Jesuitenkirche und heutige Filialkirche St. Donatus

Foto: Achim Gaasterland

punkt gekommen, nunmehr konkret über einen Kirchen- und Kollegiatsbau nachzudenken. 1648 erhielt die Residenz von der Stadt einen Bauplatz seitlich des Marktplatzes zugewiesen. Für die Kirche war das Patrozinium des hl. Donatus, des Schutzpatrons gegen Unwetter, Blitzschlag, Hagel und Feuersbrunst, vorgesehen. Zu diesem Zweck ließ Papst Innozenz XX. 1646 das Grab des im 2. Jh. als Märtyrer gestorbenen römischen Heerführers Donatus öffnen und übersandte der Jesuitenniederlassung in Münstereifel Reliquien des Heiligen.

Nicht zuletzt durch die päpstliche Unterstützung waren die Jesuiten längst zu einem festen Bestandteil des gesellschaftlichen Lebens in Münstereifel geworden. Und auch deswegen erhob die Ordensleitung ihre Residenz in Münstereifel zum Jesuitenkolleg. Mit den Bauarbeiten für das Kolleg wurde 1652, mit dem der Kirche 1659 begonnen. Es entstand ein vierflügeliges Bauensemble aus dem Kirchenschiff und den drei Flügeln der dreigeschossigen Kollegiatsbauten. An der Südseite wurde das Bauensemble 1724–27 durch Anbau von zwei Gymnasialflügeln mit Tordurchfahrt, Hausteinportal und großen Rechteckfenstern an der Straßenfront ergänzt.

Die aus politischen Gründen erfolgte Aufhebung des Jesuitenordens durch Papst Clemens XIV. im Jahr 1773 bedeutete auch das Ende der Jesuitenkollegs in Münstereifel. Zu diesem Zeitpunkt war das Kolleg reich begütert. Dazu zählten neben den eigentlichen Kolleggebäuden neun Güter und Höfe, zwei Weiden, fünf Waldungen, fünf Pachtberechtigungen, fünf Renten, sechs Gemeindesteuern und kleinere Vermögen. Bedeutend war darüber hinaus die umfangreiche Bibliothek aus jahrhundertealten Handschriften, Notenblättern (aus dem 11. bis 13. Jh.), Dokumenten (aus dem 16. und 17. Jh.) zur Hexenproblematik – die auch im Münstereifeler Raum im 17. Jh. eine Rolle spielte –, sowie nicht zuletzt eine Ausgabe des »Hexenhammers«. Dazu gab es eine Schulbibliothek, die für die Lehrer wie für die Schüler gleichermaßen wichtig war – die Lehrer unterrichteten in Latein, in die sie die »Nebenfächer« wie Deutsch, Geschichte, Erdkunde oder Mathematik einbauen mussten.

Mit dem Einmarsch französischer Revolutionstruppen im Jahr 1794 war das endgültige Ende des ehemaligen Jesuitenkollegs in Münstereifel gekommen. Seine Güter wurden vom französischen Staat eingezogen. Die Jesuitenkirche gelangte in den Besitz der Münstereifeler Pfarrgemeinde, der Betrieb der Schule wurde später der Stadt Münstereifel übertragen. Der Lehrbetrieb lief zwar weiter, wurde aber ab 1808 nach französischen Lehrplänen als Sekundärschule ausgerichtet.

Nach dem Ende der napoleonischen Herrschaft hob Papst Pius VII. das Verbot des Jesuitenordens auf, aber die Jesuiten kamen nicht nach Münstereifel zurück. Mit den Preußen herrschten wieder geordnete Verhältnisse, Lehrergehälter wurden wieder bezahlt. War die Schülerzahl am Ende der napoleonischen Zeit auf 18 gesunken, so gab es 1820 wieder 123 Schüler. Unter dem neuen Namen »St. Michael-Gymnasium«, zurückgehend auf das Gründungsflugblatt vom 29. September 1625, dem Michaelistag, wurde der Lehrbetrieb als »Königliches Gymnasium« weitergeführt, bis etwa 1850 auch noch nach jesuitischen Lehrvorstellungen. Nach dem Zweiten Weltkrieg kam das Gymnasium in Landesträgerschaft, seit 1974 ist es in Trägerschaft der inzwischen zum Kurbad erhobenen Stadt Bad Münstereifel.

Im 19. Jh. hatte die Pfarrgemeinde von Münstereifel nicht genügend Mittel für den Unterhalt der Jesuitenkirche. Mitte des

Schaffer, Wolfgang: Bad Münstereifel – Stiftskirche St. Chrysanthus und Daria, Jesuitenkirche St. Donatus, in: Rheinischer Verein (Hg.): Klosterführer Rheinland, Köln 2003

Jesuitenkirche St. Donatus in Bad Münstereifel: 53902 Bad Münstereifel, Markt 9, www.kirche-muenstereifel.de • **St. Michael-Gymnasium:** 53902 Bad Münstereifel, Markt 11, Tel.: (02253) 92130, www.stmg.de

19. Jh. drohte ihr Abriss wegen Baufälligkeit, doch konnte gerade noch rechtzeitig eine Gebäudesicherung vorgenommen werden. Im Zweiten Weltkrieg wurde die Kirche schwer von Bomben getroffen, 1958 renoviert, 1977 wegen Einsturzgefahr geschlossen und nach dreijähriger Sicherung wieder bezogen und letztlich nach einem Brand im Jahr 2011 erneut renoviert.

Heute stellt sich das ehemalige Jesuitenkolleg als eines der repräsentativsten und historisch interessantesten Gebäudeensembles von Bad Münstereifel dar. Die Gebäude wurden in verputzter Bruchsteinbauweise errichtet, die Kirche mit weißem und das Gymnasiumsgebäude mit gelbem Anstrich versehen. Die ehemaligen Klostergärten reichen bis zur alten Stadtmauer den Hang hinauf.

Die ehemalige Jesuitenkirche und heutige Filialkirche St. Donatus ist ein Saalbau mit dreiseitig geschlossenem Chor, dem ein Dachreiter entsprechend der Bettelordensarchitektur aufgesetzt ist. Der 1670 geweihte, der Gotik nachempfundene Kirchenbau steht vor allem durch seine sparsame Außengliederung stilistisch der Kölner Jesuitenkirche nahe. Die zum Markt weisende Westfassade zieren ein Rundbogenportal, darüber eine große Fensterrosette und in der Höhe unter schlichtem Giebel hohe zweiteilige Obergeschossfenster in Hausteinrahmung. Im Inneren fügt sich die auf zwei Säulen stehende Orgelempore mit beidseitigen Emporen aus Holz in die Westseite ein. Das hölzerne Netzgewölbe wurde nach dem Brand 2011 in alter Form einschließlich der historischen Farbgebung erneuert.

Das Orgelgehäuse stammt noch aus dem Jahr 1780; das Werk ist eine niederländische Arbeit aus dem Jahr 1850. Von der ursprünglichen Innenausstattung sind noch drei Altäre, die Chorschranke, die Kanzel, die Beichtstühle, das Kirchengestühl und die Altarblätter, allerdings teilweise erneuert, vorhanden. Darüber bietet das Kirchenschiff noch zwei große Ölgemälde aus dem 17. und 18. Jh. sowie eine 1656 gefertigte Silberbüste des heiligen Donatus.

Bad Neuenahr-Ahrweiler

③ Kloster Calvarienberg – Von einer Hinrichtungsstätte zum Wallfahrtsort

Foto: Gabriele Nohn-Steinicke

Die Ursprünge des Ahrweiler Klosters Calvarienberg, das sich auf einem Hügel auf der der Stadt gegenüberliegenden Ahrseite erhebt, sind legendär. Danach glaubte ein im Jahr 1440 aus Jerusalem zurückgekehrter Kreuzritter, bei dem es sich um den Grafen von Blankenheim gehandelt haben soll, in diesem Hügel Ähnlichkeiten mit dem als Kalvarienberg (lat. *calvaria* = Hirnschale, Schädel) bezeichneten Berg Golgatha, der Hinrichtungsstätte Christi, erkannt zu haben. Die Ahr erschien dem Kreuzfahrer als der »Bach Cedron«, auch war für ihn die Entfernung zwischen Ahrweiler und dem gegenüber liegenden Hügel mit der Entfernung zwischen dem Prätorium des Pilatus in Jerusalem und dem Berg Golgatha identisch. »Kopp« hatten die Ahrweiler den Hügel auf der gegenüberliegenden Ahrseite bislang genannt, weil sich hier die Gerichtsstätte der Stadt mit dem Galgen befand. Jetzt waren die Ahrweiler froh und dankbar, den Anregungen des Kreuzritters folgend ihren »Kopp« von nun an Kalvarienberg nennen zu können. Die Gerichtsstätte verlegten sie auf den nahen Ellig. Der Kalvarienberg wurde schon schnell Ziel von Wallfahrern, so dass im Jahre 1502 auf dem Hügel eine Kapelle errichtet wurde. Diese im Jahr 1505 geweihte Kapelle enthielt schon die Kreuzigungsgruppe, die dann später in der zweiten Kapelle und schließlich in der jetzigen Klosterkirche ihren Standort fand. Der Strom der Pilger auf den Kalvarienberg nahm stetig zu, so dass die erste Kapelle Anfang des 17. Jh. durch eine größere Kapelle ersetzt wurde. Von dieser zweiten Kapelle ist noch die Krypta unter dem Westteil der heutigen Klosterkirche mit der 14. Station des Kreuzweges von der Ahrbrücke auf den Kalvarienberg erhalten. 1630 zogen auf Betreiben des Kölner Kurfürsten Ferdinand Franziskaner aus Brühl auf den Kalvarienberg und begannen 1664 an der Südseite der Kapelle mit dem Bau eines Klosters. 1678 war dann das neue Gotteshaus als einschiffige Hallenkirche fertiggestellt, die Bildstöcke des Kreuzwegs kamen 1732 hinzu.

1803 verließen die Franziskaner gezwungenermaßen ihr Kloster auf dem Kalvarienberg. 1806 erwarb der Ahrweiler Vikar Jakob Giesen die Klosteranlage. Über seine Erben gelangte das Anwesen an die Berggesellschaft Ahrweiler, eine Vereinigung von Bürgern der Stadt, die dort eine Schule einrichteten, die sich dort aber nicht halten konnte. Die Gebäude standen leer und drohten zu verfallen. 1838 bezogen Schwestern vom Orden der Ursulinen, ein im 16. Jh. gegründeter Orden mit der schwerpunktmäßigen Zielsetzung der Mädchenausbildung, das Kloster und gründeten dort zunächst eine Elementar- und später auch eine höhere Schule mit Pensionat für Mädchen. Die Ursulinen wirkten so erfolgreich in Ahrweiler, dass sie schon bald Filialen

Foto: Hans Otzen

Orgelempore der Klosterkirche Calvarienberg

gründen konnten, 1848 in Aachen, 1853 in Trier, 1895 in Saarbrücken, 1896 in Krefeld und 1902 in Koblenz. 1897 wurden die barocken Klostergebäude durch einen im neugotischen Stil gehaltenen Neubau ersetzt. Weitere Zubauten erfolgten in den 1920er Jahren und nach dem Zweiten Weltkrieg.

Den Kulturkampf meisterten die Schwestern bravourös, hatten sie doch als Fürsprecherin Kaiserin Augusta, die im Revolutionsjahr 1848 mit ihren Kindern Zuflucht im Kloster gefunden hatte. So konnte in den 1870er Jahren der Schulbetrieb auf dem Kalvarienberg wenigstens in eingeschränkter Form weitergeführt werden, einige der Schwestern flüchteten allerdings nach Belgien. Nach dem Ende des Kulturkampfes lief der Unterricht wieder normal, der Orden war bemüht, Reformen in der Mädchenbildung auch in ihrer Klosterschule zu realisieren. 1909 wurde die Internatsschule als Lyzeum anerkannt und bis 1928 zum Oberlyzeum erweitert, womit den Schulabgängern der Besuch der Universität ermöglicht wurde.

Mit der Machtergreifung der Nationalsozialisten begann erneut eine schwere Zeit auf dem Kalvarienberg. Die Schule wurde am 18. März 1940 geschlossen, kurz darauf als »Ahrberg-Schule«, Kreisoberschule für Mädchen, wieder eröffnet. Im weiteren Verlauf des Krieges zog ein Lazarett in die Klostergebäude ein, 1944 musste der Unterricht vorläufig eingestellt werden, doch schon am 1. Oktober 1945 konnte das Oberlyzeum den Betrieb wieder aufnehmen. 1954 wurde das Schulangebot um eine Realschule erweitert, die 1968 einen eigenen Gebäudekomplex und eine eigene Leitung erhielt. Längst hatte das Gymnasium auf dem Kalvarienberg auch Knaben aufgenommen.

Trotz erfolgreichen Lehrbetriebs war es den Ordensschwestern bald nicht mehr möglich, die Schule weiterzuführen. 2016 musste Oberin Sr. Maria Monheim verkünden, dass die Kongregation die Leitung abgibt, »weil sich uns seit mehr als 20 Jahren keine jungen Frauen mehr angeschlossen haben«. 15 der 18 Schwestern verließen den Kalvarienberg, um in den Trierer Orden der Ursulinen umzusiedeln. Das Klosterareal mit einer Fläche von 27.000 qm soll an eine Entwicklungsgesellschaft übergehen, die es in Kooperation mit der Stadt, ihren Bürgern, der Kirche und dem Tourismus einer neuen Nutzung zuführen will. Die Ursulinen übertrugen 2017 die Trägerschaft ihrer Schulen auf die neu gegründete »Schulstiftung Calvarienberg Ahrweiler«, die der Aufsicht des Bistums Trier unterliegt. Die Realschule als reine Mädchenschule und das gemischte Gymnasium sowie ein Tagesinternat mit Hausaufgabenbetreuung gehen weiter. Die Klosterkirche ist inzwischen entweiht, bleibt aber der Blickpunkt des ehemaligen Klosterareals. Diese 1678 fertiggestellte Klosterkirche ist ein lang gestreckter, einschiffiger Saalbau mit sechs Jochen, flach schließendem Chor und Kreuzrippengewölbe – insgesamt ein Barockbau mit gotischen Elementen, wie er der zeitgenössischen Architektur der Franziskaner entsprach.

Der äußerlich kaum gegliederte Baukörper der Kirche stellt sich in klösterlicher Schlichtheit dar, nur ein achtseitiger Reiter bekrönt das Dach. Spitzbogige Fenster auf einer Seite des Kirchenschiffes erhellen das Innere; an die andere Seite lehnt sich der Klosterbau an. An den Langhauswänden sind große barocke Holzfiguren aus der Zeit Ende des 17. Jh. angebracht. Wertvollstes Ausstattungsstück der Klosterkirche ist die 1505 entstandene spätgotische Kreuzigungsgruppe, die schon in der ersten Kirche auf dem Kalvarienberg stand und jetzt an der Rückwand des Chores ihren Platz als Blickfang in der Kirche gefunden hat.

Der Kreuzweg zur Klosterkirche wurde 1732 geweiht. Er setzt am Ahrweiler Ahrtor an und zieht sich über 14 Stationen bis auf den Berg hinauf. Die Stationen enthalten einfache, aber ausdrucksvolle Steinreliefs.

Rauff-Schäfer, Andrea: Marienthal, in: Frauenklöster im Rheinland und in Westfalen, Regensburg 2004 • **Otzen, Barbara und Hans:** Bad Neuenahr-Ahrweiler. Kloster Calvarienberg, in: Die schönsten Klöster und Stifte im Rheinland, Köln 2007

Schulstiftung Calvarienberg Ahrweiler: 53474 Bad Neuenahr-Ahrweiler, Kalvarienbergstr. 50, Tel.: (02641) 3830, www.ursulinenkongregation.de • **Ahrtal-Tourismus Bad Neuenahr-Ahrweiler e.V.:** 53474 Bad Neuenahr-Ahrweiler, Hauptstr. 80, Tel.: (02641) 91710, www.ahrtal.de

Rundgang zu den Klosterhöfen in Ahrweiler

Ahrweiler ist mit seiner komplett erhaltenen Stadtmauer, der frühgotischen Hallenkirche St. Laurentius und den reizvollen Fachwerkhäusern eine der attraktivsten Städte in der Eifel. Außergewöhnlich ist zudem die große Zahl an Adelshöfen in der Stadt, in der im Frühmittelalter die Abtei Prüm größter Landbesitzer war. So ist dann auch der Prümer Hof der „Mutterhof" fast aller Ahrweiler Kloster- und Adelshöfe. Auch wenn der eigentliche Prümer Herrenhof Anfang des 15. Jh. aufgelassen wurde, besteht heute noch die Kellnerei am Marktplatz, mit dem Restaurant Kleinertz. Der Prümer Urbar von 893 weist für Ahrweiler 24 Höfe auf, die an Vasallen der Abtei verlehnt wurden. Aus diesen Höfen hat sich die Stadt Ahrweiler entwickelt. Zu den bedeutendsten, bis heute erhaltenen Klosterhöfen in Ahrweiler zählt der Klosterrather Hof (heute: Hotel Rodderhof). Der Kolventurm aus dem 13. Jh. beherbergt heute ebenfalls ein Hotel. Der jetzige, 1680 erbaute Blankartshof beherbergt das Stadtarchiv. Im Ehrensteiner Hof aus dem 14. Jh. ist heute das Restaurant Eifelstube zu finden. Insgesamt befanden oder befinden sich über zwanzig solcher Kloster- und Adelshöfe in Ahrweiler.

Blankartshof (1680), ehemaliger Adelshof

Foto: GFreihalter, Wikimedia Commons

Enzen-Antonigartzem

④ Ehemaliges Prämonstratenserkloster – Klosteridylle der Voreifel

Foto: Achim Gaasterland

Das Rittergeschlecht von Gertzen war in der Voreifel auf den Burgen Sinzenich und Langendorf ansässig. Ihren Stammsitz errichteten sie in der ersten Hälfte des 13. Jh. in Niedergartzem, dem heutigen Antonigartzem. Im Jahr 1352 stiftete Emmerich von Gertzen am Stammsitz eine dem hl. Antonius Eremitus, dem ägyptischen Mönch, Asket und Einsiedler aus der frühen Christenzeit geweihte Kapelle. Zur Kapelle ließ Emmerich ein Wohngebäude für drei Klausnerinnen errichten. Schon bald wurde es üblich, den kleinen Konvent nach seinem Patron »Antonigartzem« zu nennen. Anfänglich schien sich der Konvent gut zu halten, auch weil die Witwe des Stifters den

Kloster Antonigartzem: 53909 Zülpich-Enzen, Ockersweg. Die Wohnanlage ist in Privatbesitz und kann nur von außen besichtigt werden. www.praemonstratenser.de

Konvent unterstützte. Doch dann verließen die Klausnerinnen den Ort wieder. 1474 wurde das Kloster durch Hubert von Gertzen mit Franziskanermönchen neu belebt. Unter ihrer Führung entstand die 1500 geweihte Klosterkirche, die den ältesten bis heute erhaltenen Klosterteil darstellt. Schon Anfang des 16. Jh. verließen auch diese Mönche das Kloster wieder. Der Stifterfamilie war ihr Kloster so wichtig, dass Wierich von Gertzen 1520 Franziskanerinnen aus Mariaweiler bei Düren an den Konvent berief. Über die weitere Entwicklung des Klosters ist wenig bekannt, doch wütete auch hier der Dreißigjährige Krieg so verheerend, dass die Klostergebäude nicht mehr bewohnt werden konnten. Unter der Herrschaft von Arnold von Wachtendonk, Herr zu Gartzem, konnten die Nonnen 1681 in die neu gebauten Klostergebäude zurückkehren. Teile der bis heute erhaltenen Wohngebäude des früheren Klosters stammen aus dieser Zeit. Ab 1704 belegten es Mönche des Prämonstratenserordens, dem das Kloster schon lange durch den Kölner Erzbischof unterstellt war, bis zu dessen Auflösung im Zuge der Säkularisation. In napoleonischer Zeit wurden das Kloster veräußert und die Burg abgerissen.

Die privaten, wechselnden Besitzer des ehemaligen Klosters von Antonigartzem nutzten die vierflügelige, um einen Innenhof gruppierte und noch an der Süd- und Westseite von Wassergräben umgebene Anlage mit einer Ausdehnung von etwa 50 m Breite und 80 m Länge in den letzten zwei Jahrhunderten landwirtschaftlich. Teile der Anlage, die für diesen Zweck nicht geeignet waren, verfielen seither. Der Verfall der Anlage setzte sich bis zum Ende des 20. Jh. rapide fort. 1998 erwarb ein Privatmann die Anlage mitsamt den dazugehörigen 2 ha Land und sanierte das Mauerwerk aller Gebäudeteile, erneuerte die

Dachstühle und legte den Innenhof sowie die Außenanlagen gärtnerisch an. Das Herrenhaus nutzt der neue Besitzer seither als sein Wohnhaus.

Die ehemalige Klosterkirche ist als ein um 1500 entstandener, spätgotischer einschiffiger Saalbau in das Geviert der Anlage integriert. Nach der Säkularisation nutzten die privaten Besitzer die Kirche als Stallgebäude, nahmen entsprechende Einbauten vor und brachen den Chor ab. Heutige Besitzer integrierten den Kirchenbau in ihre Wohnung.

Die um 1680 entstandenen Klostergebäude wurden aus verputztem Bruchstein errichtet und mit steingefassten Fenstern versehen. Weitere Gebäudeteile entstammen dem 18. und 19. Jh. Davon am besten erhalten ist die Nordseite. Hier sind der Innenausbau und die Dachstühle teilweise noch original. Einige der Bögen und Türen dieser Gebäudeteile weisen noch auf ihre ehemalige Nutzung hin.

Das Wachhäuschen an der Immunitätsgrenze

Foto: Achim Gaasterland

Essig

⑤ Birgittenkloster Mariastern – Ein Kloster wird zur Gärtnerei

Der kleine Ort Essig, heute Ortsteil der Gemeinde Swisttal, lag in antiker Zeit an einer nicht unbedeutenden Römerstraße, die im Mittelalter als Teil der Aachen-Frankfurter-Heerstraße genutzt wurde. Es war die Krönungsstraße der deutschen Könige und Kaiser, die vor allem eine Handels- und Pilgerroute war. Am Ende des Mittelalters hatte die Pilgerbewegung einen neuen Höhepunkt erreicht, den Menschen auf den Pilgerstraßen musste geholfen werden. Durch Essig zogen die Pilger auf dem Jakobus-Weg, vom Bonner Jakobushospital über Rheinbach kommend weiter in Richtung Euskirchen. Hier hatte das Ehepaar Johann von Schleiden und Anna von Blankenheim im Jahr 1432 ein Grundstück zur Errichtung eines Hospitals für die Pilger gestiftet, das sich bedürftiger, durchreisender Gläubiger annehmen sollte. Der zuständige Pfarrer aus dem benachbarten Odendorf hatte die Zustimmung dazu erteilt. Eine Maria und Jakobus geweihte Kapelle und ein Armenfriedhof ergänzten die Baulichkeiten, die bis 1439 fertiggestellt waren. Der Stifter der Kapelle, Nicolaus Sasse, übertrug die Kapelle 1446 mit allen Gütern Milla Ameloncks, der Äbtissin des Birgitten-Ordens, zu Sonnenberg in der Diözese Utrecht, damit sie von dort aus einen Birgitten-Konvent in Essig ins Leben rufe. So waren es

Foto: Achim Gaasterland

Foto: Hans Otzen

Scheune (19. Jh.)

zunächst auch Nonnen aus dem Birgittenorden, die in das Kloster am Hospital einzogen. Seit 1454 war das Kloster nicht mehr bewohnt. Danach übernahmen 1482 Augustiner-Chorfrauen aus Köln das Kloster. Der Kölner Erzbischof unterstellte 1551 den Konvent in Essig dem Abt von Steinfeld. Ab etwa 1663 führten Schwestern aus dem nach der Augustinerregel lebenden Prämontratenserorden den Klosterbetrieb. Aus den Annalen geht hervor, dass 1716 dort 16 nichtadelige Schwestern wohnten. Mit der Schließung des Klosters im Jahr 1802 wurde das Inventar aufgelöst, die Kapelle abgerissen und die Orgel verkauft. Der Abriss des größten Teils der ehemaligen Klostergebäudes erfolgte 1905. Heute sind nur noch wenige Teile erhalten, so weithin sichtbar die Klostermauer an der Bundesstraße nach Euskirchen. Der geschwungene Giebel des Haupthauses stammt wohl noch vom Ende des 17. Jh. Auf dem Dach ist die Windfahne mit dem siebenteiligen Marienstern befestigt, ein Bezug auf den früher im Ort befindlichen Kreuzweg der Sieben Fußfälle. Heute hat eine Baumschule ihren Sitz auf dem Klostergelände.

Bürgerverein Essig e.V. (Hg.): Auf dem Essi(n)g. Geschichte und Geschichten, Swisttal-Essig 1999

Kloster Mariastern: 53913 Swisttal-Essig, Sternstr. 7 • **Baumschule Johannes Brauweiler:** 53913 Swisttal-Essig, Sternstr. 7, Tel.: (02255) 1276, www.baumschule-brauweiler.de

Füssenich

⑥ St. Nikolaus-Stift – Erst Kloster, dann Landwirtschaftsschule

Der Zülpicher Ortsteil Füssenich verdankt seinen Ursprung einem römischen Gutsbesitzer namens Fuscinus, der hier an einer Seitenstraße der großen Römerstraße Köln-Zülpich-Trier ansässig war. An dieser Stelle fand man bei Ausgrabungen einen Matronenstein mit der Inschrift, die schon den Ortsnamen trägt: »Matronis Aufaniabus Fuscinius«.

Den Ausgangspunkt des mittelalterlichen Siedlungsplatzes Füssenich bildete das im Jahr 1147 vor Ort gegründete Prämonstratenserinnenkloster. In diesem Jahr stiftete der Kölner Erzbischof Arnold I. die St.-Nikolaus-Kapelle in Füssenich dem Abt des Hamborner Prämonstratenserklosters und überließ ihm dazu umfangreichen Landbesitz. Petrissa, die Frau des Edelvogtes Hermann von Alfter, trat als Stifterin des an der Kapelle errichteten Klosters auf. Ihre Tochter Maria war erste Vorsteherin dieses Klosters, das später in ein adeliges Damenstift umgewandelt, bis ins 15. Jh. hinein als Doppelstift geführt wurde. Papst Hadrian IV., Kaiser Friedrich II. und Papst Klemens V. stellten unter anderem Schutzbriefe für das Damenstift aus.

Doch gingen die Kriegswirren der folgenden Jahrhunderte nicht spurlos am Stift vorbei. Erst nach dem Dreißigjährigen Krieg trat wieder Ruhe ein. Dank des großen Landbesitzes, durch Zehnteinnahmen und Renten konnte Anfang des 18. Jh. eine neue Klosterkirche errichtet werden. Der romanische Altbau an der Südseite des Innenhofes wurde erst 1815 abgerissen. Bis Mitte des 18. Jh. erfolgte der Neubau der Klostergebäude. Im Zuge der Säkularisation wurde die Kirche der Pfarre übergeben; die landwirtschaftlich genutzten Klostergebäude kamen im Laufe der Zeit in verschiedene Hände und gelangten schließlich

Foto: Achim Gaasterland

Das barocke Ensemble aus Kirche und Stiftsbauten

in den Besitz der 1813 geborenen Magdalena Hambloch, die unverheiratet geblieben war. In ihrem 1886 errichteten Testament vermachte sie »das Ackergut Kloster Füssenich dem Erzbischöflichen Stuhl zu Köln zu dem Zwecke, darin eine Erziehungsanstalt für Mädchen zu errichten.« Philipp Kardinal Krementz, der damalige Kölner Erzbischof, entsprach dem Wunsch der 1892 gestorbenen alten Dame und gründete am Klostergut eine Landwirtschaftsschule für Mädchen unter dem Namen »St. Nikolaus-Stift zu Kloster Füssenich«. Bis 1896 wurde das ehemalige Klostergut durch Augustinerinnen in ein Mädchenpensionat zur landwirtschaftlichen Ausbildung umgewandelt.

Das bis heute renommierte St. Nikolaus-Stift ist längst Berufsfachschule für Ernährungs- und Hauswirtschaft, für Kinderpflege sowie seit einigen Jahren auch Fachoberschule für Sozialpädagogik und Sozialarbeit. Bis 1950 wirkten an der Schule die Cellitinnen aus dem Mutterhaus Köln und danach

Foto: Hans Otzen

Die im 19. Jh. oberhalb von Füssenich errichtete Aldericus-Kapelle

die Schwestern vom Göttlichen Herzen Jesu, die aus Breslau flüchten mussten und ihr Mutterhaus nach Füssenich verlegten. Ende 1998 lösten sie ihre Niederlassung im St. Nikolaus-Stift auf. Heute ist das Berufskolleg St. Nikolaus-Stift eine katholische Schule für den Bereich Sozial- und Gesundheitswesen mit Internat; letzteres wird 2019 geschlossen werden müssen.

Die neue Klosterkirche St. Nikolaus wurde zwischen den Jahren 1711–16 als einschiffiger gotisierender Hallenbau in Ziegelbauweise mit dreiseitig geschlossenem Chor und großem Dachreiter errichtet. Kräftige Strebepfeiler strukturieren die zur Straße gerichtete Seitenfassade. Ein noch romanischer Flügel des Kreuzganges wurde Ende des 19. Jh. als nördliches Seitenschiff in die Kirche einbezogen – ebenso stammt die anstoßende Sakristeiwand auch noch aus der Frühzeit der Anlage. Die westliche Nonnenempore, die einst doppelt so weit in das Kirchenschiff hinein ragte, hatte direkten Zugang vom

Obergeschoss des Klostergebäudes. Der weiß gehaltene Innenraum der Kirche wird durch sechs flache Kreuzrippengewölbe abgeschlossen. Wertvollstes Stück der Barockausstattung ist der in Weiß und Gold gehaltene Hochaltar mit zweigeschossiger Predella.

Darüber hinaus ist als Ausstattungsstück und historisch erwähnenswert der aus Blaustein gefertigte Sarkophag des seligen Aldericus (= Alderich) im Mittelgang der Kirche. Der Überlieferung nach soll er französischer Königssohn gewesen sein, der nach Rom und Köln gepilgert war und schließlich im Kloster Schweine versorgte. Als er eines Tages Schafe über die Weide trieb und dabei mit seinem Hirtenstock in den Boden stieß, entsprang an dieser Stelle eine Trinkwasserquelle. Er ging als ein Beispiel an Demut, Frömmigkeit und Pflichttreue in die Geschichte des Klosters und des Dorfes ein.

Alderichs Gebeine wurden 1642 nach Zülpich gebracht, seit dem 16. Jh. ist seine Verehrung bezeugt. In Richtung auf Gut Dirlau, das früher einmal zum Klosterbesitz gehörte, baute man ihm eine Kapelle (s. Abbildung gegenüber), die von einer großen, unter Naturschutz stehenden Rosskastanie beschattet wird.

Raffauf-Schäfer, Andrea: Zülpich-Füssenich, St. Nikolaus (ehem. Klosterkirche und St. Nikolaus-Stift), in: Frauenklöster im Rheinland und Westfalen, Regensburg 2004 • **Otzen, Barbara und Hans:** Zülpich-Füssenich St. Nikolaus-Stift, in: Klöster und Stifte im Rheinland, Köln 2007

Kath. Kirchengemeinde St. Nikolaus Füssenich: 53909 Zülpich-Füssenich, Sankt-Nikolaus-Str. 3, Tel.: (02252) 33 26 • **Berufskolleg St.-Nikolaus-Stift Füssenich:** Schule der Sekundarstufe II / Bereich Sozial-und Gesundheitswesen mit Internat & Wohnheim, 53909 Zülpich Füssenich, Brüsseler Str. 68, www.st-nikolaus-stift.de • **Nordeifel Tourismus:** 53925 Kall, Bahnhofstr. 13, Tel.: (02441) 99457-0, www.nordeifel-tourismus.de

Hoven

⑦ Kloster Marienborn – Mit der romanischen „Hovener Madonna“

Die Ursprünge der heutigen Klosterkirche von Hoven sind in der karolingischen, der heiligen Maria geweihten Kirche eines Gutshofes zu finden, der im Prümer Urbar, dem nach einem Normanneneinfall 893 gefertigten Güterverzeichnis der Abtei Prüm, als »Halmhova« (= Getreidehof) aufgeführt wird. Daraus hat sich der heutige Ortsname Hoven, inzwischen ein Zülpicher Ortsteil, entwickelt. An dieser Kirche stiftete im Jahr 1188 der Kölner Erzbischof Philipp von Heinsberg einen Zisterzienserinnenorden. Vom Mutterhaus St. Thomas an der Kyll in der Eifel wurden hierfür Nonnen abberufen, denn dort war der Zulauf inzwischen so groß geworden, dass sich der Trierer Erzbischof als Landesherr an der Kyll zur Anregung einer Aussiedlung veranlasst sah. Die Vereinbarung zwischen den beiden Erzbischöfen beinhaltete, dass der Besitz des Hauses geteilt wurde. Das neue Kloster erhielt alle Besitzungen von St. Thomas im Erzbistum Köln, dem Mutterhaus verblieben die Besitzungen im Erzbistum Trier. Weitere Stiftungen und Besitzübertragungen ließen das neue Kloster schnell prosperieren, so dass es bereits 1191 die Bestätigung durch Papst Coelestin III. erhielt.

Der berühmteste Bewohner des neuen Klosters war der in Köln gebürtige, später heilig gesproche Hermann-Joseph, ein im Kloster Steinfeld wirkender Mystiker, der hier die letzten Jahre seines Lebens verbrachte und hier auch fast 90-jährig am 7. April 1241 starb. Er wurde in der Klosterkirche beigesetzt, aber kurze Zeit später nach Kloster Steinfeld überführt.

Im Jahr 1466 richtete ein Brand großen Schaden am Kloster an. Auch waren die wirtschaftlichen Verhältnisse des Klosters schlechter geworden. Weitere Kriegsunruhen führten dazu, dass

Die Klosterkirche mit den Bauten der Krankenanstalten im Vordergrund

Foto: Hans Otzen

sich das Kloster nicht mehr selbst unterhalten konnte. Deshalb inkorporierte man im Jahr 1525 die Pfarrkirche St. Maria, die inzwischen das Zweitpatrozinium St. Maximin erhalten hatte, dem Kloster. Damit waren auch die Pfründe der Kirche an das Kloster übergegangen, das auf diese Weise seine weitere Existenz sichern konnte. Nun erhielt die Kirche eine Nonnenempore und einen Kreuzgang. Doch dann hatte der Dreißigjährige Krieg verheerende Folgen für das Kloster. Zülpich und Hoven wurden durch hessisches Militär geplündert, die Pfarrkirche St. Margareta eingeäschert. Die Ordensschwestern siedelten sicherheitshalber nach Köln über.

Trotz allem ging das Leben des Klosters Marienborn nach den Schrecken des Krieges weiter. Nach einem weiteren Brand wurde 1722 unter der Äbtissin Leonora von Bönninghausen zu Waldeck die Klosteranlage bis 1777 erneuert. Das Kloster übte weiterhin seine Funktion als Ausbildungs- und Unter-

Foto: Archiv Hans Otzen

„Hovener Madonna“ , holzgeschnitzte Statue (Höhe 67 cm), um 1160/70

bringungsort für die unverheirateten Töchter des rheinischen Adels aus. Dies brachte dem Kloster zwar immer wieder neue Stiftungen ein, führte auf Dauer aber zu einer zunehmenden

Verweltlichung des Klosterlebens. Visitationsberichte aus dem 17. und 18. Jh. geben Auskunft über das Leben im Kloster. Darin wurden die Klosterzucht bemängelt und Maßnahmen gegen die Verfehlungen angeordnet. Die Äbtissin Gertrud von Brackel wurde wegen solcher Verfehlungen gar für zwölf Jahre von ihrem Amt suspendiert.

Nach der Auflösung des Klosters Marienborn erwarb ein Bonner Geschäftsmann die Klosteranlage für für 28.000 Franken. Die profanierte Kirche tat fortan Dienst als Scheune. 1888 übernahm die Kölner Genossenschaft der Cellitinnen nach der Regel des hl. Augustinus die Klostergebäude und richtete hier die Krankenanstalten Marienborn ein, die schwer psychisch kranke Frauen versorgt. Seit 1985 ist diese als Fachklinik für Psychiatrie und Psychotherapie in die regionale Vorsorge des Kreises Euskirchen eingebunden.

Die Klosterkirche St. Maria und Maximin ist ein Saalbau aus dem 13. Jh. aus verputztem Bruchstein mit eingezogenem Querquadrat, östlichen Nebenkapellen, halbrunder Apsis und vorgelagertem Westturm. Dieser Westturm stammt im Kern noch vom Vorgängerbau des späten 11. Jh. Die unteren zwei Geschosse, auf denen sich der im 13. Jh. aufgesetzte achteckige Aufbau mit acht romanischen Doppelfenstern erhebt, sind quadratisch angelegt. Die Schweifhaube stammt aus der Barockzeit. Der Chor wurde Anfang des 13. Jh. zu einem außerordentlich hohen Raum vergrößert, danach auch das Mittelschiff. Die schmalen Rundbogenfenster des Chores vergrößerte man in der Barockzeit. Innen ist der flach gedeckte Chor durch einen Rundbogen von dem ebenfalls flach gedeckten Mittelschiff getrennt. Die mit Kreuzrippengewölben versehene zweischiffige Nonnenempore auf achteckigen Mittelpfeilern im Westteil des Mittelschiffes stammt aus der Zeit nach 1525, als die Kirche dem Kloster inkorporiert wurde. Wertvollstes Teil der Innenausstattung ist die »Hovener Madonna«, eine der bedeutendsten romanischen Skulpturen des Rheinlandes, die an die Tradition der franzö-

Foto: Hans Otzen

Chor (13./17. Jh.)

sischen Monumentalplastik anknüpft. Dieses Bildnis der thronenden Muttergottes mit dem gekrönten Kind auf dem Pfostenstuhl aus dem 12. Jh. stammt ursprünglich aus einer Köln-Marsdorfer Kapelle und war früher polychrom gefasst.

Als die Cellitinnen Ende des 19. Jh. die Krankenanstalten Marienborn errichten ließen, blieb der barocke Westflügel der ehemaligen Klostergebäude erhalten. Der spätgotische Nordflügel wurde dabei zweigeschossig ausgebaut. In der östlich der Kirche erhaltenen bruchsteinernen Immunitätsmauer aus dem 17. Jh. wurden Baureste der romanischen Klosteranlage verbaut.

Raffauf-Schäfer, Andrea: Zülpich-Hoven, Kloster Marienborn und Klosterkirche St. Maria und St. Maximin, Pfarrkirche, in: Frauenklöster im Rheinland und Westfalen, S. 146–147, Regensburg 2004 • **Otzen, Barbara und Hans:** Zülpich-Hoven. Kloster Marienborn, in: Klöster und Stifte im Rheinland, Köln 2007

Krankenhauskirche St. Maria und Maximin: 53909 Zülpich-Hoven, Luxemburger Str. 1, Tel.: (02252) 5 31 17 • **Fachklinik für Psychiatrie und Psychotherapie der Marienborn gGmbH:** 53909 Zülpich-Hoven, Luxemburger Str. 1, Tel.: (02252) 530, www.marienborn-psychiatrie.de • **Nordeifel Tourismus:** 53925 Kall, Bahnhofstr. 13, Tel.: (02441) 99457-0, www.nordeifel-tourismus.de

Foto: Hans Otzen

Die schlichte Pfarrkirche oberhalb des Ortes

Kesseling

⑧ Benediktinerpropstei – Geblieben ist der Klosterhof

An der Stelle auf einem Bergrücken oberhalb des Kesselinger Baches, an der der vom Steinerberg herabfließende Euzemich einmündet, erhebt sich weithin sichtbar die Kesselinger Pfarrkirche St. Petrus und Maternus auf historischem Grund des frühmittelalterlichen Ahrgaus. Der Ahrgau war Königsgut und wurde von der Pfalz in Sinzig verwaltet. 762 hielt sich der Frankenkönig Pippin der Jüngere auf einer seiner vielen Reisen durch sein Reich in Sinzig auf. Der Abtei Prüm schenkte er zu diesem Anlaß die damals an der Stelle der heutigen Pfarrkirche bestehende klösterliche Gemeinschaft namens »Cella Casleoca«. Damit fungierte die »Cella« als Prümsche Propstei, die Pippin dazu noch mit einem großen Waldstück ausstattete, das durch die Bäche Casella, Hallebracha, Dem und Casleoca begrenzt war – die Ortsnamen Cassel, Hallbacherhof, Denn und Kesseling erinnern noch daran. Von dieser Propstei aus wurde die Christianisierung der Region des Ahr-Eifel-Raumes eingeleitet.

Normannenhorden brandschatzten 892 die Abtei Prüm. Daraufhin veranlasste Abt Regino 893 die Erstellung eines neuen Urbars, eines Verzeichnisses der Güter und Einkünfte der Abtei. Nach diesem Urbar besaß die Propstei in Kesseling 120 Morgen Herrenland, die jährlich 20 Fuder Heu erbrachten. 21 Bauern waren der Propstei mit je einem Diensthufe von 30 bis 60 Morgen Land lehenspflichtig. Zum Besitz gehörten drei Morgen Weinberge in der Gemarkung Dernau, die durchschnittlich 3 Fuder Wein pro Jahr erbrachten. Außerdem besaß die Propstei sämtliche Nutzungsrechte am Wald, so das der Jagd, der Fischerei, der Schweinemast, der Viehweide. Dazu gehörten auch der Holzeinschlag und die Entnahme von Viehstreu wie Moos, Heidekraut, Ginster oder Laub und nicht zuletzt das Siedlungsrecht. Damit konnte das Kloster Waldrodungen zur Schaffung von Acker- und Weideflächen für neue Ortschaften vornehmen, was den Besitzstand des Klosters außerordentlich erweiterte. Im Laufe der Zeit kamen der klösterlichen Gemeinschaft in Kesseling weitere Besitztümer durch Schenkungen und Übertragungen zu. 1299 wurde die Kesselinger Kirche der Abtei Prüm inkorporiert und zur Pfarrkirche erhoben. Weiterhin bestand ein Prümscher Klosterhof in Kesseling. Als die längst zur Fürstabtei erhobene

Kath. Pfarramt Ahrbrück: 53506 Ahrbrück, Hauptstr. 22, Tel.: (02643) 6588, www.pfarreiengemeinschaft-ahrbrueck.de • **Ahrtal-Tourismus Bad Neuenahr-Ahrweiler:** 53474 Bad Neuenahr-Ahrweiler, Hauptstr. 80, Tel.: (02641) 9171-0, www.ahrtal.de

Foto: Hans Otzen

Ehemaliges Priorat (18. Jh.), heute Dorfgemeinschaftshaus

Abtei Prüm 1576 dem Erzbistum Trier einverleibt wurde, kam auch der Klosterhof in Kesseling unter Trierer Herrschaft.

Eine dem hl. Petrus geweihte Kirche in Kesseling ist bereits für das Jahr 772 bezeugt. Dieses Gotteshaus wurde in romanischer Zeit erneuert. Von dieser Kirche ist der östliche, quadratische Chorturm aus der ersten Hälfte des 13. Jh. mit Rautendach und eingezogener Halbkreisapsis mit Vierpassfenster erhalten. Zu Beginn des 18. Jh. wurde das Langhaus als baufällig bezeichnet. 1720 nahm die Abtei erste Sanierungsmaßnahmen vor, die Sakristei war aber schon verfallen. Insgesamt wurde der Wunsch nach einem größeren und helleren Kirchenschiff lauter. 1769 wurde dann seitens der Abtei Prüm ein Neubau für notwendig erachtet. Das 1791 endlich fertiggestellte, über den Resten des Baus aus dem 13. Jh. errichtete neue Langhaus schließt als einschiffiger Baukörper mit einem dreiseitigen Ostabschluss ab, dessen mittlere Wand der Chorturm bildet.

Gastronomie: Steinerberghaus

Wenig unterhalb des 531 m hohen Steinerbergplateaus nördlich von Kesseling errichtete der Bonner Eifelverein im Jahr 1911 eine Wanderhütte, die schon bald regen Zuspruch fand. Nach dem Zweiten Weltkrieg wurde die beliebte Wanderergaststätte von privater Hand weiter betrieben. Außerdem stehen drei Gästezimmer und ein Appartement zur Übernachtung zur Verfügung.

Viele Wanderwege führen aus dem Ahrtal und dem Kesselinger Tal zum Steinerberghaus hinauf, so von Osten aus Ramersbach, von Norden aus dem Altenahrer Langfigtal bzw. von Mayschoß über den Schrock oder von Dernau über den Krausberg, von Nordosten aus Rech über die Flucht nach Ägypten sowie von Süden aus Kesseling über den Serpentinen-Fahrweg.

Steinerberghaus: 53506 Kesseling, Auf dem Steinerberg 1, Tel.: (02647) 8024939, geöffnet Mi und Do 10–19 Uhr, Fr bis So und feiertags 10–21 Uhr

Von der Innenausstattung ist vor allem der barocke Hochaltaraufsatz zu erwähnen. Es handelt sich um den ältesten Aufsatz im Ahrgebiet, der 1695 vom Steinfelder Laienbruder Michael Pirosson für die Klosterkirche in Maria Laach geschaffen worden war. Nach der Säkularisation erfolgte wenige Jahre später die Versteigerung des Inventars der Klosterkirche von Maria Laach. Der Altar und weitere Kunstwerke kamen nach Kesseling. Die zwei barocken Seitenaltäre stammen aus dem 17. Jh. Der Ort Kesseling hat bis heute Teile seiner mittelalterlichen, engen Strukturen erhalten. Das Alte Pfarrhaus zeugt noch von der geistlichen Geschichte des Ortes. Wie alle klösterlichen Besitztümer war dieses frühere Prioratsgebäude im Zuge der Säkularisation konfisziert und versteigert worden. Es diente lange dem letzten Pfarrer von Kesseling als Wohnsitz. Nach dessen Auszug stand es zunächst leer und wurde dann zu einem Dorfgemeinschaftshaus ausgebaut und unter Denkmalschutz gestellt.

Barocke Abteigebäude mit Drahtskulptur des Kunsthauses NRW

Foto: Achim Gaasterland

Kornelimünster

⑨ Benediktinerabtei – Vom Kloster zum Kunsthaus

Benedikt von Aniane (* vor 750 im Languedoc, † 821) war ein einflussreicher Adeliger aus dem Süden Frankreichs, der als junger Mann mit König Pippin und später Karl dem Großen auf Kriegszug ging. Um das Jahr 782 gründete er in Aniane bei Montpellier ein Kloster. Hier in Aquitanien hatte Karl der Große seinen Sohn Ludwig als Unterkönig eingesetzt. Als Ludwig der Fromme trat dieser die Nachfolge seines 814 verstorbenen Vaters als Kaiser im Reich an. Benedikt folgte ihm an den Aachener Hof, wo er als Berater für den neuen Kaiser tätig wurde. Vor allem setzte er für Ludwig die unter Karl dem Großen begonnene Reformpolitik zur Vereinheitlichung des Klosterwesens im Reich unter der Benediktinerregel (*Regula Benedicti*), das um 540 vom hl. Benedikt von Nursia verfasste Klosterregularium, fort. Auf den 816–19 von Kaiser Ludwig eingesetzten Reformsynoden wurde die »Regula Benedicti« als »Capitulare monasticum« als allgemein verbindlich erklärt. Nach dieser Regel waren die Reichsklöster bis ins Hochmittelalter hinein organisiert.

In dieser Zeit der Synoden gründete Ludwig der Fromme 816/17 im Tal der Inde nahe Aachen ein Kloster, dem er den Namen des Flusses gab. Als ersten Abt dieses von Ludwig reich ausgestatteten Klosters St. Salvatoris ad Indam setzte er Benedikt von Aniane ein, der es zum Vorbild für alle karolingischen Reichsklöster im Frankenreich entwickeln sollte. Als Abt Benedikt von Aniane im Jahr 821 im Kloster starb, regte sich Widerstand gegen die einheitliche Reichskirchenpolitik, und die Bemühungen um die Zentralisierung dieses Bereichs auf den Herrscher hin erlahmten. Das Kloster Inden verlor seine Vorbildfunktion, Benedikt von Aniane geriet weitgehend in Vergessenheit. Aber durch seinen umfangreichen Reliquienschatz, Schürztuch, Schweißtuch und Grabtuch des Herrn, die biblischen oder »Salvator-Heiligtümer«, die das Kloster Ludwig dem Frommen verdankte, blieb Inden als Wallfahrtsort von großer Bedeutung. Selbst als Kaiser Karl der Kahle das Grabtuch für eine Klostergründung in Compiègne teilte, blieb Indens Bedeutung als Wallfahrtsstätte erhalten, denn als Ersatz übereignete er dem Kloster Schädelreliquien des hl. Papstes Cornelius sowie die des hl. Cyprianus. Die Verehrung des Papstes Cornelius († 253) begründete im 12. Jh. die Patronats- und Namensänderung des

Propsteikirche St. Kornelius: 52076 Aachen-Kornelimünster, Benediktusplatz 1, Tel.: Katholische Propsteigemeinde (02408) 2106, www.st-kornelius.de • **Kornelimünster Tourist-Info:** aachen tourist service e.v., 52070 Aachen, Krefelder Str. 123, Tel.: (0241) 18029–50, www.aachen-tourismus.de

Südflügel der Abtei (18. Jh.)

Klosters, das sich seither »Monasterium Sancti Cornelii ad Indam« nannte, wovon sich der spätere Ortsname Kornelimünster ableitete.

Die Wallfahrten nach Kornelimünster nahmen ab dem 13. Jh. soweit zu, dass sie bald der Heiligtumsfahrt nach Aachen und Wallfahrten nach Rom, Jerusalem oder Santiago de Compostela ebenbürtig waren. Nach 1349 wurde für die Heiligtumsfahrt nach Kornelimünster der 7-jährige Turnus der Aachener Heiligtumsfahrt übernommen. Dazu kam die jährliche Kornelioktav um den Festtag des Heiligen am 16. September, die bis heute durchgeführt wird.

In seiner 1000-jährigen Geschichte von der Gründung bis zur Auflösung im Jahr 1802 durchlebte die Benediktinerabtei Kornelimünster wechselhafte Schicksale. Normannenhorden überrannten die Abtei und brandschatzten sie in den Jahren 881 und 882. Der Kirchenbau aus der Gründungszeit, eine durch

Grabungen nachgewiesene dreischiffige Basilika mit Querhaus, Chorrechteck und Dreiapsidenabschluss mit westlich vorgesetztem Atrium, dem 875 ein Martyrium für die Reliquien der Heiligen Cornelius und Cyprianus angebaut wurde, musste erneuert werden. Ende des 10. Jh. war dieser Neubau als dreischiffige Pfeilerbasilika mit dreiteiligem Westbau vollendet. Dieser Westbau schuf mit seinen drei quadratischen Räumen und Anbauten die Verbindung des Mittelschiffs mit den anschließenden Klostergebäuden. Ein Lettner trennte den Chorraum vom Mittelschiff ab.

In der kurzen Zeit der Herrschaft Kaiser Ottos III. wurde der Abt von Kornelimünster zum Reichsfürsten erhoben, die Abtei erhielt die Reichsunmittelbarkeit sowie das Markt- und das Münzrecht. Dieses reichsunmittelbare »Münsterländchen«, zwischen dem Aachener Reich, dem Herzogtum Jülich und dem Herzogtum Limburg gelegen, hielt sich bis zum Ende der Feudalzeit selbstständig. Die wirtschaftliche Grundlage dieser Selbstständigkeit bildete der große Besitz der Abtei an Acker- und Weideland und Forstflächen, der gegen Ende an die 10.000 ha umfasste. Dazu verfügte die Abtei über Steinbrüche sowie mit Wasserkraft betriebene Eisen- und Kalkwerke.

Einen weiteren schweren Schicksalsschlag ereilte die Abtei Kornelimünster 1310, als Aachener Bürger das Kloster zerstörten. Dem vorausgegangen war eine Fehde zwischen dem Jülicher Grafen Gerhard V., der die Vogtei über Aachen innehatte, und der Aachener Bürgerschaft. Die Vogtei war an den Grafen von Falkenburg verpfändet worden. Zur Einlösung dieses Pfandes bediente sich der Jülicher Graf unlauterer Mittel, wogegen die Aachener Bürger heftig protestierten. Gerhard V. übte gleichfalls die Vogtei über die Abtei Kornelimünster aus, und so stand Abt Reinaldus in dieser Auseinandersetzung auf der Seite des Jülicher Grafen. Als die Aachener Bürger dessen gewahr wurden, stürmten sie das Kloster und hinterließen erhebliche Zerstörungen vor allem am Westbau. Der Kaiser

Foto: Andreas Törl, WikimediaCommons

Abteikirche mit der 1706 vorgesetzten oktogonalen Korneliuskapelle

setzte den Erzbischof von Köln und den Herzog von Brabant als Vermittler ein. Sie erwirkten, dass die Stadt Aachen für die Kosten des Wiederaufbaus einstehen, Seelenmessen stiften und den Hinterbliebenen der getöteten Mönche Buße zahlen musste.

Im Zuge der Erneuerung des Klosters wurde der Abteikirche ein in der Architektur von der Kölner Dombauhütte beeinflusster Chor im Stil der Hochgotik mit 5/8-Schluss und Maßwerk-Fenstern beigegeben. Weiter steigende Pilgerzahlen veranlassten Abt Heribert von Lülsdorf, 1470 die Kirche um zwei südliche Schiffe als Pilgerkirche zu erweitern. In dieser Zeit erhielt das Hauptschiff anstelle der vorherigen flachen Decke ein Kreuzrippengewölbe. Abt Heinrich von Binsfeld ließ 1520 zusätzlich die beiden Nordschiffe errichten. Die Apsis des kürzeren äußeren der beiden Schiffe mit der Sakristei und der Heiligtumskammer im Obergeschoss diente der Präsentation der Reliquien außerhalb des 7-Jahres-Turnus. Die Weihe beider Schiffe erfolgte 1532. Damit war der fünfschiffige Kirchenraum vollendet.

Rege Bautätigkeit begleitete in der Folgezeit die weitere Entwicklung der Abtei Kornelimünster. Der anhaltende Pilgerstrom steigerte die Bedeutung von Kornelimünster als Wallfahrtsort, das Kloster selbst verlor dagegen an Bedeutung. Es wandelte sich in ein Stift für adelige, nicht erbberechtigte Söhne, die für die Organisation der Pilgerfahrten und die Verwaltung des Münsterländchens zuständig waren. Die wirtschaftlichen Rahmenbedingungen blieben vorteilhaft. So konnten im 17. Jh. den Chören der Nordschiffe und denen des Mittelschiffs Galerien aufgesetzt werden, um zu den verschiedensten Gelegenheiten die Reliquien öffentlich präsentieren zu können. Dem Chor wurde 1706 die oktogonale Korneliuskapelle vorgegeben.

Zwischen 1721 und 1728 erfolgte der Neubau des Abteigebäudes als dreiflügelige Barockanlage. 1763 erhielt die Kirche eine neue Orgel mit 19 Registern auf zwei Manualen, der Entwurf des Prospekts dazu stammte vom Aachener Baumeister Johann Josef Couven.

Nach der Auflösung des Klosters wurde die Abteikirche 1804 der katholischen Gemeinde als Pfarrkirche mitsamt den Reliquien übergeben. Der Pilgerstrom nach Kornelimünster war nach wie vor ungebrochen. Die Abteigebäude erwarb ein Aachener Industrieller als Landsitz. In den Wirtschaftsgebäuden richtete er eine Textilfabrik ein. 1874 erwarb der preußische Staat die Abteigebäude für ein katholisches Lehrerseminar. 1906 kamen wieder Benediktiner nach Kornelimünster. Sie konnten aber die alten Abteigebäude im preußischen Besitz nicht mehr beziehen, sondern gründeten westlich von Kornelimünster die »Neue Benediktinerabtei Kornelimünster«.

Die Abteianlage. So einheitlich sich das Erscheinungsbild der barocken Abteigebäude auch darstellt, so uneinheitlich ist der über Jahrhunderte entstandene Baukörper der Abtei-

Foto: Achim Gaasterland

Das Innere der Abteikirche mit Blickrichtung auf den Chor

kirche. Sie besteht im Kern aus einem langen Mittelschiff mit zweijochigem Chor und 5/8-Schluss. Ihm vorgelagert ist die oktogonale Korneliuskapelle. Die niedrigeren Seitenschiffe schließen im Norden an und treten im Süden leicht zurück. Dem äußeren nördlichen Seitenschiff fehlen im Westen vier Joche. Der Westbau ist dem mittleren und inneren nördlichen Schiff vorgelagert. Die südlichen Seitenschiffe weisen quer zum Mittelschiff stehende Dächer wie auch Spitzbogenfenster und Strebepfeiler auf.

Der Chor trägt mit seinen hohen Spitzbogenfenstern und integriertem Maßwerk ein eigenes Dach. Das Mittel- und das innere nördliche Seitenschiff sind unter einem eigenen Satteldach vereint, das von einem Dachreiter bekrönt ist. Dieses Satteldach zieht sich bis über den Westbau hin. Das äußere nördliche Seitenschiff mit seinen zwei Treppentürmen hat ein eigenständiges Dach. Die Korneliuskapelle weist zwei überein-

Foto: Hans Otzen

Korneliusmarkt mit Häusern des 17./18. Jh.

ander liegende Fensterreihen mit Ochsenaugen darüber auf. Die Laterne wurde Ende des 19. Jh. erneuert. 1822 nivellierte man die Fußböden der Kirchenschiffe, um ein einheitliches Niveau der Teilräume zu erhalten. Insgesamt spiegelt der Kirchenbaukörper einen gotischen Charakter wider, der aber nicht als Ganzes, sondern in seinen Einzelteilen wirkt. Wie ein Fremdkörper erscheint das völlig aus dem Rahmen fallende vorgesetzte Oktogon der Korneliuskapelle, das in seiner Einmaligkeit den ganzen Reiz der Anlage ausmacht.

Im Inneren sind spätgotische Gewölbeausmalungen weitgehend erhalten. Zu der wertvollen Ausstattung zählt vor allem der Hochaltar aus dem 14. Jh. Bedeutend ist auch der Benediktusaltar im inneren Nordseitenschiff. Im äußeren Südseitenschiff steht ein Marienaltar aus der Mitte des 14. Jh. Das Chorgestühl aus dem Jahr 1317 zählt zu den ältesten erhaltenen im Rheinland.

Die heute noch bestehenden Abteigebäude entstanden zu Beginn des 18. Jh. unter Fürstabt Hyazinth Alfons von Suys, der 1718 die Vogteirechte über die Abtei und das Ländchen vom Pfalzgrafen als Nachfolger der Grafen und Herzöge von Jülich erworben hatte. 1719 begann er mit der Erneuerung der Anlage im Stil des maasländischen Barock, die eher an ein Adelspalais mit Ehrenhof als an ein Klostergebäude erinnert. Bis 1726 konnten die Residenz des Abtes als Mitteltrakt der dreiflügelig geplanten Anlage sowie der Nordflügel für die Verwaltung des Klosters fertiggestellt werden. Der Südflügel blieb zunächst in der Form des 17. Jh. bestehen. Um die Mitte des 18. Jh. wurde mit dem Neubau des Mönchskonvents und des Kreuzgangs begonnen. Mitte des 19. Jh. ersetzte der jetzige Südflügel, der an den Erfordernissen des preußischen Lehrerseminars ausgerichtet, aber im Stil der Gesamtanlage gehalten ist, den Vorgängerbau aus dem 17. Jh.

Die Ausstattung des Abteigebäudes mit Stuck und Gemälden ist weitgehend erhalten geblieben. Prunkvoll gestaltet ist der Kaisersaal im Obergeschoss mit einem großen Deckengemälde, das stilistisch Peter Paul Rubens folgt.

D**er historische Ortskern**. Reizvoll gruppieren sich die Bauten des Ortskerns von Kornelimünster um den Benediktusplatz und den Korneliusmarkt und die benachbarten Straßen. Die historische Bausubstanz überwiegend aus dem 17. und 18. Jh. besteht meist aus Bruchsteinbauten mit Blausteineinfassungen. Am Korneliusmarkt könnte das dreigeschossige Bruchsteinhaus (Nr. 12) aus dem Jahr 1670 möglicherweise auf ein Hospiz aus dem 12. Jh. zurückgehen, worauf seine halbrunde Apsis schließen lässt.

Stresius, Lothar: Kornelimünster – 1200 Jahre Benediktinerabtei und Propstei, Regensburg 2017 • **Hugot, Leo:** Aachen-Kornelimünster (Rheinische Kunststätten 66), Neuss 1990

Kunsthaus NRW

Foto: Moltkeplatz, Wikimedia Commons

Seit 1976 bieten die Abteigebäude von Kornelimünster den architektonischen Rahmen für die Ausstellung von Werken aktueller Kunst, die sich im Besitz der NRW-Landesregierung befinden. Das 1995 nach der Sanierung wiedereröffnete Museum dokumentiert die wichtigsten künstlerischen Tendenzen seit der Nachkriegszeit und die Fördertätigkeit des Landes für Künstler, die in Nordrhein-Westfalen leben. Der nur aus Förderankäufen bestehende Fundus des Museums bietet somit einen repräsentativen Querschnitt der Kunstentwicklung seit dem Zweiten Weltkrieg, der nicht auf Markttendenzen oder Publikumsgeschmack beruht. Unter den Aufkäufen der letzten Jahrzehnte befinden sich auch Werke von Künstlern von Weltruf: Bruno Goller, Ernst Wilhelm Nay, Manfred O. Ott („Startbahn für Beflügelte" 1985/2002; Foto s. oben), Siegmar Polke, Gerhard Richter und Günter Uecker. Die Präsentation der Werke setzt bewusst auf den spannungsvollen Kontrast zwischen den ausgestellten modernen Werken und der barocken Ausstattung des Klosters.

Kunsthaus NRW, 52076 Aachen-Kornelimünster, Abteigarten 6, Tel.: (02408) 6492, www.kunsthaus.nrw.de • Öffnungszeiten: Do bis Sa 14–18 Uhr, So 12–18 Uhr sowie nach Voranmeldung

Foto: Hans Otzen

Mariawald

⑩ Zisterzienserkloster – Aus der geistlichen Gemeinschaft wird ein weltlicher Verein

Einer Überlieferung zufolge, wie sie im Bruderschaftsbuch der »Archiconfraternitas septem dolorum« aus dem Jahre 1730 niedergelegt ist, erwarb der Strohdachdecker Heinrich Fluitter aus Heimbach 1471 in Köln eine Pietà. Er stellte das Schnitzwerk in einer hölzernen Kapelle an einer Wegkreuzung am Kermeter auf. Als immer mehr Pilger zur Pietà kamen, baute sich Fluitter eine Zelle an die Kapelle an und betreute die Pilgerstätte. Bis zu seinem Tod lebte er dort als Einsiedler. 1479 ließ der Heimbacher Pfarrer Johann Daum eine Kirche anstelle der Kapelle errichten und bat die Zisterzienser von Bottenbroich um Hilfe bei der Wallfahrtsbetreuung. Durch eine Urkunde aus

Foto: Hans Otzen

Portalfront der Abteikirche (Anfang 16. Jh.)

dem Jahr 1480 ist belegt, dass der Pfarrer Daum die Kirche mit der Pietà dem Zisterzienserorden schenkte. Daraufhin begann die Ordensgemeinschaft der Zisterzienser mit dem Bau eines Filialklosters zur Betreuung der Gläubigen. 1481 wurde die Kirche geweiht. Bis zu ihrer Vertreibung 1802 versahen die Mönche des Zisterzienserpriorats nicht nur die Wallfahrt auf dem Kermeter, sondern auch die Pfarrseelsorge in Heimbach.

Am 4. April 1486 zog die erste Mönchsgemeinde in das neu errichtete Kloster auf dem Kermeter ein. Dieser Tag gilt als Gründungsdatum der Abtei. Sie erhielt den Namen »Nemus Mariae« (= Mariawald). Ab 1491 begannen die Zisterzienser mit dem Neubau einer steinernen Kirche, die den hölzernen Bau des Pfarrers Daum ersetzte. Um 1520 konnte die Pietà in einen Schnitzaltar, verschiedene Szenen aus dem Leben Jesu von Verkündigung bis Tod und Auferstehung darstellend, eingearbeitet werden. 1539 wurde die neue steinerne Kirche geweiht.

Das Kloster auf dem Kermeter nahm zunächst eine positive Entwicklung, doch bereiteten die Kriege der Folgezeit, insbesondere der Dreißigjährige Krieg, große Probleme. Das 18. Jh. war dann eine Zeit der relativen Ruhe, in der sich auch das klösterliche Leben wieder entfalten konnte. Der Einmarsch französischer Revolutionstruppen 1794 beendete diese Phase. Am 2. April 1795 wurde das Kloster aufgehoben, Land und Inventar versteigert. Die Pietà von Mariawald kam mit dem Schnitzaltar in die Heimbacher Pfarrkirche St. Clemens, wo sie bis heute noch steht.

Foto: Achim Gaasterland

Kirchenportal mit den Figuren des hl. Bernhard von Clairvaux und den drei Gründeräbten des Zisterzienserordens

Dass das Kloster Mariawald im 19. Jh. eine Wiederbelebung erfahren konnte, verdankt sie dem Theologen und Abt des Elsässer Klosters Œlenberg, Ephrem van der Meulen. Dieser hatte sich einen Namen als Redner und Lehrer gemacht, trat 1874 in das Trappistenkloster (= Zisterzienser von der strengeren Observanz) Œlenberg ein und wurde schon zwei Jahre spater zu dessen Abt gewählt. Hier zeigte er auch sein wirtschaftliches Können. Es gelang ihm, durch Landzukäufe das Kloster einträglich zu organisieren und begründete die noch heute bedeutende Bibliothek der Abtei. Von dem damals auf französischem Staatsgebiet befindlichen Kloster aus suchte er nach einer Möglichkeit zur Gründung eines neuen Zisterzienserklosters in Deutschland. Zu diesem Zweck erwarb er die Klosterruine Mariawald, die er 1862 mit Mönchen aus Œlenberg besiedeln konnte. Der Wiederaufbau der Klosteranlage zog sich – mit Unterbrechung während des Deutsch-Französischen Krieges 1870/71 und des Kulturkampfes – bis 1891 hin. Als abschließender Bauteil wurde 1887–91 auf den Fundamenten des spätgotischen Vorgängerbaus eine neue einschiffige kreuzrippengewölbte Kirche mit Kapellen und lang gestrecktem Mönchschor im 5/8-Schluss errichtet. Während des Kulturkampfes hatten die Mönche sogar von September 1875 bis zum 18. Oktober 1887 das Kloster verlassen müssen, das der preußische Staat allerdings nicht enteignen konnte, da als Eigentümer immer noch Ephrem van der Meulen eingetragen war.

Im Ersten Weltkrieg wurden 33 der Mönche des 1909 zur Abtei erhobenen Klosters Mariawald eingezogen. Drei von ihnen fielen. Die Nachkriegszeit bereitete dem Kloster und seinen Bewohnern große Probleme, die mit der Machtübernahme durch die Nationalsozialisten sogar zur Aufhebung des Klosters führten. Wieder wurden Mönche zum Kriegsdienst eingezogen. 1941 mussten die verbliebenen Patres das Kloster verlassen, die Brudermönche als Landarbeiter für das in ein Gemeindegut umgewandelte Kloster Dienst leisten. Im Herbst 1944 war die Front nahe an das Kloster herangerückt, die Räumlichkeiten wurden in ein Feldlazarett umgewandelt. Im Zuge der Ardennenoffensive verlagerte sich die Front wieder rückwärts, das Lazarett wurde aufgelöst, die letzten Brudermönche vertrieb man. Die Gebäude standen leer.

Am 28. April 1945 traf Pater Christophorus Elsen (ab Dezember 1946 auch Abt), den der Abt des Klosters Œlenberg zuvor zum Hausoberen (= Superior) von Mariawald ernannt hatte, auf dem verwaisten Klostergelände von Mariawald ein. Die meisten der in alle Winde verstreuten Mönche fanden sich wieder im Kloster ein. Wieder waren einige von ihnen gefallen, andere gestorben oder wurden vermisst. Schon war mit dem Wiederaufbau des Klosters begonnen worden, der sich bis 1959 hinzog. Eine Renovierung der Klosterkirche erfolgte mit der Anpassung an die liturgischen Änderungen des Zweiten Vatikanischen Konzils in den Jahren 1962–64.

Lange Jahre war die Abtei Mariawald das einzige männliche Trappistenkloster in Deutschland.

Rursee-Touristik: 52152 Simmerath-Rurberg, Seeufer 3, Tel.: (02473) 93770, Zweigstelle 52152 Simmerath-Einruhr, Franz-Becker-Strasse 2, Tel.: (02485) 317, www.rursee.de

Klosterkirche von Südosten mit Immunitätsmauer

Der heute malerisch am Kermeter oberhalb der Talsperren des Rursee-Verbandes gelegene Klosterbezirk der Abtei Mariawald ist im Wesentlichen erhalten. Im 19. Jh. wurden Teile des Kreuzgangs neu gestaltet. Der sich östlich anschließende Wirtschaftshof ist erneuert worden, das 1538 gebaute Hoftor besteht in seiner alten Form.

Oberhalb der Abteigebäude wurde kurz nach dem Zweiten Weltkrieg ein Soldatenfriedhof angelegt, auf dem 414 Tote des Zweiten Weltkrieges ruhen. Die meisten von ihnen starben während ihres Aufenthalts im Feldlazarett. Unter den Toten sind auch russische und polnische Soldaten, die in Verbänden der Wehrmacht gekämpft hatten. Ein 11 m hohes, auf einem Bruchsteinsockel errichtetes Kreuz aus Eiche und ein Gedenkplatz bilden den Mittelpunkt der Ehrenanlage.

Der Wille der Mönche von Mariawald, die Klostertradition immer wieder neu zu beleben, hat die Gemeinschaft in ihrer über

Foto: Hans Otzen

Blick auf Mariawald vom Soldatenfriedhof aus

500-jährigen Tradition aufrecht erhalten. Dreimal wurde der Konvent vertrieben, unter Napoleon, während des Kulturkampfes und in der Nazizeit, doch jedes Mal kehrten die Mönche mit neuer Kraft zurück. Anfang des 21. Jh. war diese Kraft aber erschöpft. Seit Jahrzehnten ging die Zahl der Berufungen zurück. Eine Visitation im Mai 2016 durch Bernardus Peeters, den Abt der Mutterabtei Tilburg, ergab, dass die Aufrechterhaltung der Abtei unter diesen Umständen und angesichts des Gesundheitszustandes der Mönche nicht mehr gewährleistet sei. Im Januar 2018 fasste daraufhin die »Kongregation für die Institute geweihten Lebens und für die Gesellschaften apostolischen Lebens« in Rom den Beschluss zur Schließung und zum Verkauf des Klosters. Der Beschluss basierte aber auch auf der Tatsache, dass 2008 der Bitte des damaligen Abtes Josef Vollberg durch Papst Benedikt XVI. entsprochen wurde: zur Liturgie und Observanz im alten Ritus des Ordens zurückzukehren, der bis zu den Reformen des Zweiten Vatikanischen Konzils galt. Klostergemeinschaften, die die vorkonziliare lateinische Liturgie pflegen, konnten tatsächlich beachtliche Nachwuchszahlen aufweisen. Auch in Mariawald erhoffte man sich dadurch neue Impulse für den Konvent. Doch stattdessen ging ein Riss durch die Gemeinschaft, es schieden sogar zwei Novizen aus.

Die Wirtschaftsbetriebe des Klosters beschäftigen 30 Mitarbeiter. Doch sollen die Gaststätte, der Laden, die Likörfabrik

Hier gibt es noch die beste Erbsensuppe der Eifel

Abtei Mariawald: 52396 Heimbach, Mariawalder Straße, Tel.: (02446) 9506–30 (Pforte), www.kloster-Mariawald.de • **Klostergaststätte:** Weithin bekannt für ihre Erbsensuppe, geöffnet im Sommer Mo-Fr 10–18 Uhr, Sa, So + feiertags 9–18 Uhr, im Winter Mo-Fr 11–17 Uhr, Sa, So + feiertags 9–17 Uhr, 24.12. 11–14 Uhr, 25.12. geschlossen, 26.12. 9–17 Uhr, 31.12. 11–14 Uhr, 1.1. 9–17 Uhr • **Buchhandlung und Klosterladen:** Geöffnet So + feiertags im Anschluss an die Hlg. Messe (ca. 11.30 Uhr) – 18 Uhr, ansonsten täglich 11–18 Uhr, im Winter bis 17 Uhr, 24.+31.12 11–14 Uhr, 25.12. geschlossen, 26.12.+1.1. 11–17 Uhr, Karfreitag 11–14.45 Uhr, die Produkte des Klosters und des Klosterladens können auch online bestellt werden, www.shop-Mariawald.de • **Klosterangebot:** Gastaufenthalt für männliche Gäste, Tage der Stille und des Gebets, Info beim Gästebruder Tel.: (02446) 9506-0, weibliche Gäste werden an das Trappistenkloster Maria Frieden verwiesen.

und die Buchhandlung zunächst geöffnet bleiben. Der Eigentümer der Immobilie und Betreiber der Klosterbetriebe ist der »Verein Trappistenkonvent Mariawald«, der ausdrücklich darauf hinweist, dass die Betriebe wirtschaftlich gesund sind und einen entscheidenden Beitrag zum materiellen Erhalt der Klosterbauten beitragen.

Für die Eifel ist die Schließung des so traditionellen Klosters Mariawald ein großer Verlust. Viele Menschen, nicht nur Gläubige, werden diesen spirituellen Ort vermissen. Es bleibt zu hoffen, dass ein neuer Träger gefunden wird, der die Würde des Ortes wahrt.

Schaffer, Wolfgang: Heimbach, Kloster Mariawald, in: Rheinischer Verein (Hg.): Klosterführer Rheinland, Köln 2003 • **Otzen, Barbara und Hans:** Heimbach. Abtei Mariawald, in: Die schönsten Klöster und Stifte im Rheinland, Köln 2007

Foto: Hans Otzen

Die Wirtschaftsgebäude (19. Jh.) des ehemaligen Klosters

Marienforst

⑪ Augustinerinnenkloster – Erst Immunität, dann Botschaft und immer noch Bauernhof

Fast zeitgleich mit dem Bau der Godesburg gründeten etwas oberhalb am Godesberger Bach zu Beginn des 13. Jh. Nonnen aus dem Prämonstratenser-Kloster in Füssenich bei Zülpich am Rand des Kottenforstes ein der Gottesmutter Maria geweihtes Frauenkloster (»Mariae de Foresto«). Leider gibt es über die Stiftung selbst keine Dokumente mehr. Eine erste urkundliche Nennung erfolgte 1228 als »conventus apud cottenforst«. Der Einfachheit halber wurde es schon bald als Kloster »Cottenforst«, zuweilen auch als Kloster Marienforst bezeichnet. Auch bis zur Auflösung des Klosters Mitte des 15. Jh. sind nur wenige

Urkunden erhalten geblieben. Nachdem das Kloster in wirtschaftliche Schwierigkeiten geriet, mussten Ländereien verkauft werden. Die Nonnen zogen sich zeitweilig auf den ihnen verbliebenen Besitz Wattendorf zurück, ein Dorf, von dem heute nur noch die Wattendorfer Mühle übrig geblieben ist. Auch wurde die klösterliche Ordnung von den zumeist adligen und keiner bestimmten Ordensregel unterworfenen Nonnen nicht mehr eingehalten. Zucht und Ordnung waren, wie unter Erzbischof Dietrich II. von Köln berichtet wurde, verfallen. Deshalb löste der Erzbischof im Jahr 1450 das Kloster auf. Verbunden mit der Schließung war die Neugründung eines Klosters nach der Regel des hl. Augustinus, das er dem Birgittenorden übergab und das nun endgültig den Namen »Kloster Marienforst« erhielt. Dieses Kloster wurde als Doppelkloster unter Leitung einer Äbtissin geführt. Mönche und Nonnen lebten in getrennter Klausur. Vor allem diente es Töchtern aus dem Adelsstand, deren Mitgift den weiteren Wohlstand des Klosters förderte, als Wohnsitz. Kloster Marienforst wurde auch als Wallfahrtsort bekannt. Hier wurde eine Reliquie des hl. Sebastian verehrt. Im Truchsessischen Krieg nahm das Dach der Klosterkirche Schaden, ansonsten überstand die Klosteranlage die Kriege der folgenden Jahrhunderte fast unbeschädigt. Im Laufe der Zeit entstanden neben der zweischiffigen Klosterkirche und den Konventsgebäuden noch ein Waschhaus, eine Schmiede, eine Schreinerei, eine Weberei, ein Brauhaus, ein Branntweinhaus, ein Kelterhaus sowie eine Bibliothek.

Am Ende der Feudalzeit lebten noch 25 Nonnen und zwölf Mönche im Kloster Marienforst. Die Nonnen führten die Landwirtschaft, die Mönche versahen die Seelsorge in der

Kloster Marienforst und Villa Engels: 53177 Bonn-Bad Godesberg, Marienforster Str. 50 • **Stadtmarketing Bad Godesberg:** 53173 Bonn-Bad Godesberg, Ria-Maternus-Platz 1, Tel.: (0228) 18 42 690, www.godesberg-stadtmarketing.de

Foto: Hans Otzen

Barocke Wirtschaftsgebäude des Klosters

Pfarre Rüngsdorf und den benachbarten Kapellen. Bei der Aufhebung des Klosters 1802 waren noch der Prior, acht Mönche und drei Laienbrüder anwesend. 1803 wurde die Klosterkirche an die Cantonalpfarre von Godesberg übergeben. Doch führte die ortsferne Lage dazu, dass man die Funktion der Pfarrkirche auf die Michaelskapelle unterhalb der Godesburg übertrug. Die Klosterkirche wurde auf Abbruch verkauft, die Kirchenausstattung an Kirchen und Kapellen der Umgebung verteilt. Den Landwirtschaftsbetrieb übernahm der vormalige Ökonom des Klosters, der Bonner Franz Ries. Unter einem späteren Besitzer, dem Kommerzienrat Peter Friedrich aus'm Weerth, wurde das Klostergelände in den 1830er Jahren zu einem gepflegten Landgut umgestaltet. 1878 erwarb Friedrich August Engels, ein Vetter von Friedrich Engels, die Anlage und ließ innerhalb des vormaligen Klosterbereiches die Villa Engel errichten. Diese Villa diente ab 1974 als Residenz der indischen Botschaft. Die Öko-

Foto: Achim Gaasterland

Portal zum Immunitätsbezirk des Klosters

nomiegebäude werden als Milchviehbetrieb genutzt, für den die umliegenden Weiden und Äcker die Futtergrundlage bilden.

Bis heute wird die Klosteranlage Marienforst von der ehrwürdigen Immunitätsmauer umgeben. Der Zugang erfolgt durch das rundbogige Eingangsportal mit zwei Nischen für Statuen, die abhandengekommen sind. Es trägt die Jahreszahl 1625. An das Tor schließt eine große Fachwerkscheune aus dem 18. Jh. auf steinernem Sockel an. Im hinteren Teil des Areals stehen noch alte Wirtschaftsgebäude sowie das Äbtissinnenhaus aus dem Jahr 1752. Außerdem ist das Backhaus erhalten.

Schloßmacher, Norbert: Bonn-Bad Godesberg. Gut Marienforst, in: (Rheinischer Verein (Hg.): Klosterführer Rheinland, Köln 2003 • **Strang, Elke:** Das Kloster Marienforst bei Bad Godesberg von seiner Gründung im 13. Jh. bis zur Auflösung 1802, Bonn 1955

Foto: Gabriele Nohn-Steinecke

Das Kloster aus südwestlicher Richtung inmitten der Weinberge

Marienthal

⑫ Augustinerinnenkloster – Marienlob aus einem Seitental der Ahr

Im Zentrum der Weinahr erheben sich in einem zu Dernau gehörigen Seitental des Hubaches die Ruinen der ehemaligen Klosterkirche von Marienthal. Im Mittelalter befand man sich hier im Herrschaftsbereich der erstmals 1081 urkundlich erwähnten Saffenburg. Als ihre Besitzer werden Graf Adolf von Nörvenich gemeinsam mit Albert von Saffenberg ausgewiesen. Zu ihrem Herrschaftsgebiet gehörten Dernau, Mayschoß, Laach und Rech. Die Herrschaft blieb bis zur Ablösung durch die französische Verwaltung in ihrem Umfang und in ihrer rechtlichen Selbstständigkeit unverändert. Der zentrale

Wirtschaftsfaktor war in diesem kleinen Herrschaftsbereich der Weinbau. Hier waren viele Klöster begütert, vor allem solche, die an ihrem Standort keine Reben züchten konnten, so auch das Kloster in Klosterrath, das sich heute in Rolduc auf niederländischem Gebiet befindet. Die Herren von Saffenburg hatten die Vogteirechte von Klosterrath inne.

Klosterrath ist eine im Jahr 1104 erfolgte Gründung des Chorherren Ailbert von Antoing, der sein vorheriges Kloster verlassen hatte, weil seiner Auffassung nach dort nicht strikt genug nach den Ordensregeln gelebt und gearbeitet wurde. Das von ihm gegründete Augustiner-Chorherrenstift beinhaltete neben dem Kanonikerkonvent spätestens seit 1107 auch eine Frauengemeinschaft, was damals für Augustinergemeinschaften durchaus üblich war. Wie auch in Springiersbach kam es allerdings bald zu Zwistigkeiten hinsichtlich des Besitzes und zu unterschiedlichen Auffassungen über die Arbeitsteilung zwischen den männlichen und weiblichen Insassen. Die Klosterrather Jahrbücher (*Annales Rodenses*), die seit Gründung des Klosters in lateinischer Sprache verfasst wurden, berichten darüber – und stellen weit darüber hinaus eine wichtige Geschichtsquelle über Ereignisse des 12. Jh. dar. Abt Borno sah sich 1126 genötigt, die Nonnen aus dem Kloster auszulagern, und richtete ihnen an der Pfarrkirche des Ortes einen eigenständigen Kanonissenkonvent ein. Graf Adolf von Saffenberg nahm sich als Vogt von Klosterrath der Kanonissen an. 1136 stellte er ihnen in seinem eigentlichen Herrschaftsbereich an der Ahr eigenen Grund zur Verfügung und stattete das neue Frauenkloster im Hubachtal, das nun St. Maria genannt wurde, mit weiteren Gütern aus. 1138 konnte dort die erste Messe gefeiert werden. Die tatsächliche Übersied-

Otzen, Barbara und Hans: Dernau. Kloster Marienthal, in: Die schönsten Klöster und Stifte im Rheinland, Köln 2007 • **Hardering, Klaus:** Abtei Rolduc (Rheinische Kunststätten 568), Köln 2018

Foto: Hans Otzen

Äbtissinnenhaus (18. Jh.)

lung der Nonnen erfolgte dann 1140, ihre damalige Kirche wurde ein Jahr später geweiht.

Marienthal wurde schnell ein reiches Kloster, denn es erfreute sich des Wohlwollens des einheimischen Adels, der so manche seiner Töchter hier unterbrachte. Damals umfasste die Klosteranlage neben der Kirche und Unterkünften mit einem Priorhaus eine Küche, eine Brennerei und Bäckerei und nicht zuletzt Häuser für Kranke und Gäste. Einkünfte flossen aus reichen Besitzungen wie etwa Äcker und Wald bei Rech und Walporzheim sowie Wingerte im Umkreis bis hinauf nach Vettelhoven und in Ahrweiler. Was das Kloster nicht von Adligen um ihres Seelenheils willen als Schenkung erhielt, wurde erworben, wie etwa vom Kloster Rolandswerth Holzrechte im Flamersheimer Wald.

Unabhängig war der Augustinerinnenkonvent in Marienthal trotz seiner wirtschaftlichen Selbstständigkeit aber nicht. Es war weiterhin dem Abt von Klosterrath unterstellt, der für Marien-

Foto: Achim Gaasterland

Die Ruine der Klosterkirche

thal einen Prior und einen »capellan« als Gehilfen ernannte. Die Schwestern des Klosters waren dem Prior zu Gehorsam verpflichtet. Insgesamt gibt es aber nur wenig schriftliche Zeugnisse über die weitere Entwicklung des Konvents. Doch ein Dokument, wenn auch nur in einer späteren Abschrift, ist von besonderer Bedeutung.

Um 1250 entstand im Augustinerinnenkloster von Marienthal das »Rheinische Marienlob«, von den Germanisten als »manlob« bezeichnet. Dieses über 5.000 Verse umfassende mittelhochdeutsche Dichtwerk ist ein hymnischer Lobgesang auf die Hl. Jungfrau. Die Anfangsverse stehen für den gesamten Inhalt: »Ich bin de lof der reinsten vrowen, / Die godes ougen ie mochten beschowen, / Die godes geist so wold bedowen, / Dat si is vrow üver alle vrowen.« (»Ich bin das Lob der reinsten Frau, die Gottes Augen je erschauen konnten, die Gottes Geist so betauen wollte, dass sie Herrin über alle Frauen ist«). Als Autor wird der damalige Prior Thomas vermutet. Die erstmals 1455 bezeugte Abschrift des Ursprungstextes findet sich heute in der Niedersächsischen Landesbibliothek.

Der Dreißigjährige Krieg bedeutete auch für das Kloster Marienthal einen schweren Einschnitt. 1632 brandschatzten schwedische Truppen das Kloster, und erst fast am Ende des Dreißigjährigen Krieges, im Jahre 1646, brannten die Franzosen die Klostergebäude nieder. Der Neubau aus dem Jahre 1699 wich von der mittelalterlichen Anlage grundlegend ab. Auch der Klostergarten wurde dabei nach Süden erweitert. Der in diesem Klosterteil 1762 als Äbtissinnenhaus errichtete Rokokopavillon hat als einziges Gebäude bis heute komplett überdauert. In der napoleonischen Ära wurde das Kloster aufgehoben und von den Nonnen verlassen. Die wertvolle Einrichtung ging an die Pfarrkirchen der Umgebung, das meiste an die Pfarrkirche in Aremberg, wo man heute diese prächtigen barocken Kunstwerke, so drei Altäre, den Beichtstuhl, die Kommunionsbank und die Kanzel, noch sehen kann. Den Hauptaltar musste man kürzen, um ihn in der kleinen Kirche aufstellen zu können.

Als die Klosterkirche von Marienthal 1811 zum Verkauf auf Abbruch anstand, machten die Marienthaler regen Gebrauch davon, wie man an ihrem heutigen Zustand leicht erkennen kann. Der Klosterkomplex ging danach durch mehrere Hände, bis er 1925 Sitz der Staatlichen Weinbaudomäne wurde, der man 1952 als Domäne des Landes Rheinland-Pfalz die Staatliche Weinlehr- und Versuchsanstalt in Bad Neuenahr anschloss. Die

Weingut Kloster Marienthal: 53507 Marienthal, Klosterstr. 3–5, Tel.: (02641) 98060, www.weingut-kloster-marienthal.de, Weinschänke mit eigenen Weinen und Spitzenweinen der Eigentümer im Sortiment, führt Veranstaltungen durch, Weinverkauf und Gastronomie täglich 10.30–18.30 Uhr geöffnet • **Ahrtal-Tourismus:** 53474 Bad Neuenahr-Ahrweiler, Hauptstr. 80, Tel.: (02641) 91710, www.ahrtal.de

Mutterkloster von Marienthal: Abtei Rolduc

Das Mutterkloster von Kloster Marienthal gehört zu den wichtigsten religiösen Monumenten im niederländischen Limburg und steht auf der UNESCO-Liste der 100 bedeutendsten Gebäude der Niederlande. Der 900 Jahre alte Abteikomplex beherbergt ein Abteihotel, ein Restaurant, ein Konferenzzentrum, Privatwohnungen, Büro- und Praxisräume und das Großseminar des Bistums Roermond.

Abtei Hotel Rolduc: NL – 6464 EP Kerkrade, Heyendallaan 82, Tel.: +31 (0)45 54 66 888, www.rolduc.nl

Weinbaudomäne hatte über 18,5 ha Rebland in Bewirtschaftung, darunter die Lagen Marienthaler Klostergarten und Stiftsberg in Alleinbesitz. Die Qualität der Domänen-Weine zeigte sich an den vielen Preisen, die sie national wie auch international erzielen konnten. Das Land Rheinland-Pfalz veräußerte 2004 das Anwesen mit den dazugehörigen Weinbauflächen an ein Konsortium aus den beiden Winzern Meyer-Näkel und Brogsitter sowie den beiden großen Ahr-Winzergenossenschaften, die hier heute den Betrieb als Weingut Kloster Marienthal KG mit einer angeschlossenen Weinschänke weiterführen.

Ahrwein

Der Weinbau an der Ahr hat antike Wurzeln. Erste Reben gelangten über die griechische Kolonisation Südfrankreichs von Marseille die Rhône aufwärts. Die Römer verbreiteten die Kultur des Weinbaus an Mosel, Rhein und Ahr. Die Franken griffen die Weinbautradition auf. Mit der Christianisierung breitete sich das Klosterwesen als großer Förderer des Weinbaus aus; im Ahrtal war dies vor allem das Kloster Prüm. Über Jahrhunderte spielte der Weinbau eine wichtige wirtschaftliche Rolle an der Ahr. Doch brachten Marktferne und der Reblausbefall im 19. Jh. einen Einbruch, von dem sich die Ahrwinzer nur langsam erholten. Ein wichtiger Schritt auf diesem Weg war die Gründung von Winzergenossenschaften. So besteht in Mayschoß die älteste Winzergenossenschaft der Welt. Vor einigen Jahrzehnten setzte ein wahrer Qualitätssprung ein: Einzelne Winzer wie auch Winzergenossenschaften an der Ahr konnten seither höchste Auszeichnungen für ihre Weine erringen.

Die Ahr ist das einzige größere deutsche Rotweingebiet. Traditionell wird hier die Spätburgunderrebe kultiviert, daneben auch der Portugieser. Eine Ahrspezialität ist der Frühburgunder vor allem aus dem östlichen Teil des Ahrweingebietes. *Klein – aber fein!* ist längst die Devise des Weinbaus an der Ahr. Den besten Platz für eine Ahrweinprobe findet man in der Schänke des Weinguts Kloster Marienthal angesichts der romantischen Kulisse der Klosterkirche, wo die erlesenen Tropfen der neuen Besitzer kredenzt werden – die aber auch die Qualitätstradition der ehemaligen Domäne fortsetzen.

Info: www.ahrtal.de/ahrwein/

Foto: Hans Otzen

Nideggen

⑬ Johanniterkommende – Eine wehrhafte Burg dominiert den Ort

Im Frühmittelalter war das fränkisch-merowingische Reich in Gaue unterteilt, das an Vasallen der Könige als Lehen vergeben wurde. Die Lehensnehmer waren die Gaugrafen, die ihre Position durch die Vererbung des Lehens absichern konnten. So bildeten sich Adelsgeschlechter heraus, die ihren Territorialbereich durch Vergrößerung abzusichern suchten. Eines der markantesten Beispiele dafür bildeten die Grafen des Jülichgaus. Seit dem 9. Jh. stand Jülich unter der Herrschaft der Kölner Erzbischöfe, vor Ort wirkten die Grafen von Jülich als ihre Vögte. 1081 wurde Gerhard I. als erster Graf von Jülich urkundlich erwähnt. Mehrere Grafen gleichen Namens folgten ihm. Unter

Pfarrkirche St. Johann Baptist (12./13. Jh.)

Foto: Achim Gaasterland

Graf Wilhelm I. (1142–1176) erweiterte sich das Jülicher Territorium erheblich, die Spannungen mit den Kölnern nahmen entsprechend zu. Sein Sohn Wilhelm II. begann schon ein Jahr nach seinem Amtsantritt mit dem Bau der Burg Nideggen auf hohem Fels über dem Rurtal. Dieser Standort wurde im Grenzgebiet zur Herrschaft Monschau errichtet, sollte aber vor allem das gräfliche Territorium gegen die Kölner Erzbischöfe sichern. Gleichzeitig begann der Jülicher Graf mit dem Bau einer Johannes dem Täufer geweihten Kirche auf dem Burgplateau. Die Jülicher Grafenfamilie übergab 1219 die Johanneskirche dem Johanniterorden. Damit wurde dem Orden auch die Verpflichtung zur Seelsorge der Bewohner in der sich um die Burg bildenden Gemeinde übertragen. Um 1282 ging die Verpflichtung an die Johanniter über, die bis 1794 den Pfarrer in Nideggen stellten. Im Chor der Kirche erinnern die Bögen in der Nord- und Südwand an die beiden Ordensgemeinschaften, für die hier das

Chorgestühl zum gemeinsamen Chorgebet aufgestellt war. Aber die Johanniter weigerten sich, die Nideggener Kirche in eine Stiftskirche umzuwandeln. Dazu wurde 1313 in Nideggen eine zweite, diesmal dem Evangelisten geweihte Johanneskirche am Brandenburger Stadttor, das allerdings damals noch nicht existierte, gebaut. Diese Kirche, in der Graf Wilhelm V. die Gebeine der seligen Christina von Stommeln, die von den Gläubigen zur Linderung von Lähmungen, Gichtleiden und Fieberkrankheiten angerufen wurde, überführen ließ, wurde 1342 in den Rang einer Stiftskirche erhoben und mit 26 geistlichen Stellen ausgestattet. Sie war ab 1444 Sitz des Hubertusordens. Dieser Orden wurde von Herzog Gerhard I. von Jülich in Erinnerung an seinen Sieg über den Grafen von Egmond, mit dem der Erbfolgestreit zwischen Jülich und Geldern endete, ins Leben gerufen. Als Ordenssitz bestimmte Gerhard die Stiftskirche seiner Residenz Nideggen. Wann diese, Johannes dem Evangelisten geweihte Kirche unterging, ist heute nicht mehr nachzuvollziehen. Jedenfalls wurden 1652 den Franziskaner-Minoriten die Ruinen der Stiftskirche überlassen. Diese errichteten auf dem Grund der vormaligen Stiftskirche eine neue Kirche im Stil der Renaissance, die 1697 geweiht werden konnte. Der Orden übernahm in der Stadt und deren Umgebung Messdienste sowie ab 1655 den höheren Schulunterricht. Das Minoritenkloster blieb mit zehn bis achtzehn Insassen bis zum Ende der Feudalzeit bestehen.

St. Johann Baptist. Die Nideggener Pfarrkirche St. Johann Baptist entstand 1177 bis 1219 im ummauerten Burgfriedhof als dreischiffige Emporenbasilika aus Buntsandstein des Burgfelsens mit Chorquadrat und Apsis. Der Westturm überragt die Kirche nur wenig. 1637 wurde der Turm durch einen Blitzschlag zerstört, weitere Zerstörungen erlitt das Gebäude durch die Kriegsereignisse 1647, so dass die Kirche erst 1657 erneuert war. Im 18. Jh. richteten Erdbeben erheblichen Schaden an. In ihrer Funktion als Pfarrkirche, deren Pfarrer zwar vom Johanniter-

Christus in der Mandorla, Pfarrkirche St. Johann Baptist (12./13. Jh.)

Foto: Winrich C.-W. Clasen

orden gestellt wurden, überdauerte sie die Zeit der Säkularisation unbeschadet. Eine umfassende Restaurierung erfolgte 1898 bis 1900 nach Plänen von Dombaumeister Arntz, Straßburg. In den Kriegsjahren 1944/1945 wurden große Teile der Kirche vorwiegend durch Artilleriebeschuss beschädigt. Der Wiederaufbau erfolgte in den 1950er Jahren und war am 31. Mai 1957 mit der Weihe des neuen Altars vollendet.

Die stileinheitliche Johanneskirche ist von außen nur sparsam gegliedert, lediglich die Apsis weist im Außenbau einen Rundbogenfries aus Blatt- und Kopfkonsolen und Lisenen auf. Der Chor ist mit rundbogigen Blendarkaden geschmückt. Die Harmonie der Architektur spiegelt sich in ihren Maßen wider. Länge und Breite stehen im Verhältnis 2:1. Quadratisch ist der Innenraum, quadratisch der vorgesetzte Chor, quadratisch der westlich vorgesetzte Turm. Vom flach gedeckten Mittelschiff richtet sich der Blick auf die farbenprächtigen Fresken des Chores. Sie wurden um 1240 im Übergangsstil von der Romanik zur Gotik geschaffen, aber erst 1898 wiederentdeckt und restauriert. Sie stellen den thronenden Christus in einem mandelförmigen Lichtschein mit den vier Evangelistensymbolen dar. Zur Ausstattung zählen neben verschiedenen Tafelgemälden insbesondere eine 1313 geschaffene Muttergottesdarstellung mit Kind, eine Skulptur der hl. Katharina und die ausdrucksstarke Figur von Johannes dem Täufer, die beide der Zeit um 1330 entstammen.

Die Burg. Graf Wilhelm II. von Jülich begann 1177 auf einem steil über dem Rurtal aufragenden Felssporn mit dem Bau des Bergfrieds als Wohnturm, dem imposanten und mächtigen Jenseitsturm mit seinen berüchtigten Kerkern. Drei prominente »Gäste« mussten für längere Zeit Quartier im Kerker des Bergfrieds nehmen: zwei Erzbischöfe und der Bruder Kaiser Karls IV. Zum Ausbau der Burg ließ Wilhelm II. die Bauquader der nahe gelegenen Burgruine Berenstein einsetzen, die sich in ihrer gelblichen Färbung von dem später eingesetzten Baumaterial aus dem roten Buntsandsteinfelssporn deutlich unterscheiden. Wilhelm III. setzte den Ausbau von Burg Nideggen fort. Unter Gerhard VII. von Jülich wurde jenseits des ummauerten Burgfleckens die planmäßig angelegte Ortschaft begründet, damals als »Nydeckin« bezeichnet, der er 1313 das Stadtrecht verlieh. Der Ausbau der Burg wurde ab 1340 durch Wilhelm V. fortgesetzt. Sein Sohn wurde als Wilhelm I. erster Herzog von Jülich. Er ließ auf dem Burggelände von Nideggen den Palas als einen der größten Saalbauten des Mittelalters anlegen. Bis 1356 war Burg Nideggen der Hauptsitz der Jülicher Grafen.

Schäfer, Theo: Die Pfarrkirche St. Johannes in Nideggen (Rheinische Kunststätten 200), Neuss 1985 • **Mainzer, Udo:** St. Johannes in Nideggen (Rheinische Kunststätten 507), Köln 2008

Im Laufe des 16. Jh. hatte die Burg ihre militärische Bedeutung verloren. Sie war danach nur noch Sitz eines Jülicher Kellners als Verwalter der im Jülichen Erbfolgekrieg beschädigten Anlage. Endgültig zerstört wurde Burg Nideggen im Verlauf des Pfälzischen Erbfolgekriegs, als Truppen des französischen Königs Ludwig XIV. in die Eifel vordrangen und die Burg 1689 plünderten und niederbrannten. Im 18. Jh. verfielen die Burgreste, das Erdbeben von 1756 besorgte den Rest. Die gesamte Anlage wurde 1794 auf Abbruch verkauft. Im Lauf des 19. Jh. begann sich in der Nidegger Bürgerschaft das Interesse für die Burg zu regen. Die Nidegger erwarben die Burgreste und übergaben sie an den Kreis Düren, der auch heute noch im Besitz der Burg ist. 1901 konnte in der Burg ein Burgenmuseum eingerichtet werden. In den 1950er Jahren wurde die Anlage unter Beachtung der mittelalterlichen Bausubstanz restauriert. Seit 1979 hat das Burgenmuseum im Turm seinen Sitz. Auf dem Burggelände

St. Johann Baptist: 52385 Nideggen, Kirchgasse 6, Tel.: (02427) 1262, www.gdg-Nideggen.de • **Burg Nideggen:** 52385 Nideggen, Kirchgasse 10, Tel.: (02427) 1252, www.burg-nideggen.de, das Burggelände ist frei zugänglich • **Burgenmuseum:** 52385 Nideggen, Tel.: (02427) 6340, www.kreis-dueren.de, im Bergfried der Burg Nideggen, Di bis So 10–17 Uhr, 24.12. geschlossen, Weiberfastnacht bis 12 Uhr, Rosenmontag geschlossen, Einzel-, Gruppen- sowie themenspezifische Führungen nach Voranmeldung • **Burggastätte Burg Nideggen:** Kirchgasse 10, Tel.: 12 52, www.burgrestaurant-nideggen.de, Gasträume, Bankettraum • **Dürener Hütte:** DAV-Sektion Düren, D-52349 Düren, Kolpingstr. 24, Tel.: (02421) 4 34 50 www.dav-dueren.de, entstanden aus den Ruinen des ehemaligen Pförtnerhauses der Burg Nideggen, 15 Lager zur Übernachtung für Selbstversorger • **Rureifel-Tourismus:** 52396 Heimbach, An der Laag 4, Tel.: (02446) 805790, www.rureifel-tourismus.de • **Nationalparktor:** 52385 Nideggen, Im Effels 9, Tel.:(02427) 330 1150, www.nationalparktor.de; informiert u.a. über den nahegelegenen Nationalpark Eifel, täglich geöffnet, Eintritt frei

befindet sich ein Restaurant; außerdem hat der Alpenverein, Sektion Düren, im Burggelände die Dürener Hütte eingerichtet.

Dürener Tor (14. Jh.; 19. Jh. rekonstruiert)

Foto: Hans Otzen

Die Stadt. Der Burgort Nideggen ist mit seiner Stadtmauer an die Ostseite der Burgbebauung angesetzt. Die Mauer ist im Kern noch vorhanden. Von den einst vier Stadttoren gibt es noch das Dürener Tor im Osten und das Zülpicher Tor im Süden, beide in Bruchsteinmauerwerk errichtet. Vom zentralen Marktplatz aus blickt man auf die beiden trutzigen Stadttore. Im Pfälzischen Erbfolgekrieg wurde nicht nur die Burg Nideggen, sondern auch die ganze Ortschaft zerstört, aber im Lauf der folgenden Zeit wieder aufgebaut. Da Nideggen nach den Kriegen des 17. Jh. kaum mehr Bedeutung hatte, blieb die Bausubstanz bis heute so weit erhalten, wie sie nach dem Zweiten Weltkrieg erneuert werden konnte. So besteht die Nideggener Altstadt heute aus sehenswerten Fachwerk- und Buntsandsteinhäusern.

Das Dürener Tor besteht aus einem quadratischen Torturm mit gotischem Spitzbogen, das von beidseitigen Rundtürmen an der Außenseite flankiert wird. Der Oberbau des Stadttores mit Turmwalmdach und Rundturmkegeldächern entstammt der Erneuerung Ende des 19. Jh. Das Zülpicher Tor ist ein hoher Rechteckturm mit zwei gotischen Obergeschossen. Das dritte Geschoss mit Walmdach wurde ohne historische Vorlage im Zuge der Erneuerung Ende des 19. Jh. aufgesetzt.

Wenau

⑭ Prämonstratenserinnenkloster mit weitgehend erhaltenen Klosterbauten

Vom 10. Jh. an zogen Millionen von Pilgern aus ganz Europa ins spanische Santiago de Compostela zum Grab des Apostels Jakobus. Im Rheinland führte ihr Weg über Altenberg, Köln, Düren und Kornelimünster nach Aachen. Auf dem Weg zwischen Düren und Kornelimünster stiftete Graf Walram II. Paganus von Limburg im Jahre 1122 westlich von Stolberg das Prämonstratenserkloster Wenau als Doppelkonvent für Männer und Frauen nach den Regeln des Norbert von Xanten. Dieses Kloster bot den Pilgern Rast und Herberge. Die neue Prämonstratenser-Gemeinschaft stand unter dem Schutz des Abtes von Floreffe bei Namur und dem der Herren von Limburg, denen auch die nahe gelegene Laufenburg gehörte, die sie zur Sicherung ihres Territoriums gegen Kurköln und Jülich und gleichermaßen zum Schutz ihres neu gegründeten Klosters errichteten. Im 13. und 14. Jh. entwickelte sich die Ordensgemeinschaft von Wenau zu einem Zentrum christlicher Kultur.

Gut 200 Jahre hatte sich der Doppelkonvent gehalten, bis 1340 die Mönche in das neu gegründete Kreuzbrüderkloster Schwarzenbroich, eine Stiftung des Grafen Werner V. von Merode, abwanderten. Danach wurde Wenau ausschließlich als adeliges Frauenstift weitergeführt. 1542 wurde das Kloster im Geldrischen Erbfolgekrieg geplündert. 1561 vernichtete ein Brand die Gebäude. 1642 zerstörten Truppen König Ludwigs XIV. von Frankreich das Kloster. Erst 1678 konnte der Wiederaufbau der Klosterkirche abgeschlossen werden. Im 18. Jh. erhielt die Klosterkirche ihre barocke Ausstattung.

Klosterkirche mit Pfarrhaus (13. Jh.)

Foto: Achim Gaasterland

1802 wurde Kloster Wenau nach 680-jährigem Bestehen aufgelöst und an den letzten Prior Lambert Severin von Geldern verpachtet. Im Auflösungsprotokoll von 1802 wurde festgehalten, dass die letzten Bewohner, zehn Nonnen und fünf Laienschwestern, Wenau innerhalb von zehn Tagen zu verlassen hätten. Die Klosterkirche diente der 1804 neu gegründeten Pfarre St. Katharina als Pfarrkirche, Teile der Klostergebäude wurden weiterhin zu kirchlichen und caritativen Zwecken sowie als Dorfschule genutzt. Die Renovierung nach dem Zweiten Weltkriegs war erst 2002 abgeschlossen.

Der malerisch in einer Talsenke gelegene Klosterbaukomplex – bestehend aus der Kirche, dem anschließenden Pfarrhaus und einem Wirtschaftshof mit großer Tordurchfahrt – hat die Aufhebung des Klosters 1802 ohne nennenswerte Veränderungen überstanden.

Bei der heutigen Pfarrkirche St. Katharina handelt es sich um eine dreischiffige Pfeilerbasilika mit dem Turm an der Westfassade. Der einst runde Chor wurde Ende des 15. Jh. durch einen spätgotischen Polygonalabschluss ersetzt. Im Zuge dieser Arbeiten erhielt der Turm einen spätgotischen Knickhelm und das nördliche Seitenschiff ein neues Gewölbe. Die Nonnenempore ragte zu Klosterzeiten viel weiter in das Kirchenschiff hinein. Die Fresken im Innenraum zur Passion Christi stammen aus dem 13. Jh., die Rankenausmalung ist spätgotisch. Die monumentale Kreuzigungsskulpturengruppe ist das wertvollste Stück der Innenausstattung. Sie entstand in den Jahren 1250/60 und zeigt in der Mitte den gekreuzigten Christus, der von Maria auf der linken und Johannes auf der rechten Seite flankiert wird. Längst ist diese kunstvolle romanische Arbeit als ältestes vollständig erhaltenes Beispiel dieser Art aus dem maasländischen

Pfarrbüro Katholische Pfarrkirche St. Katharina: 52379 Langerwehe, Wenau 6, Tel.: (02423) 22 21 • **Verein der Freunde von Wenau e.V.:** https://katharina-wenau.kibac.de

Foto: Achim Gaasterland

Klosterkirche (13. Jh.) mit Stiftsgebäuden

Kulturbereich von ihrem ursprünglichen Standort an der Nordseite des Turms in die Kirche verbracht worden.

Die Stiftsgebäude entstanden nach einem Klosterbrand im Jahr 1561 weitgehend neu. Der Ost- und Westflügel der Stiftsgebäude stammen noch aus dieser Zeit. Im Westflügel mit seinen Staffelgiebelfronten ist noch Mauerwerk aus dem Vorgängerbau eingearbeitet. Im lang gestreckten Ostflügel besteht auch der Kreuzgang. Am Südende der Anlage steht das barocke, ebenfalls mit Staffelgiebeln versehene Wohnhaus der Vorsteherin. Ostwärts schließen sich die Wirtschaftsgebäude überwiegend aus dem 17. und 18. Jh. und das ehemalige Wohnhaus des Priors an.

Candels, Heinrich: Das Prämonstratenserinnenstift Wenau, Mönchengladbach 2004 • **Candels, Heinrich:** Kloster Wenau in Langewerwehe (Rheinische Kunststätten 203) Neuss 1977

Laufenburg: Vom Forsthaus zum Restaurant

Die 1217 erstmals urkundlich erwähnte, von den Limburger Grafen auf schmaler Bergzunge über dem Wehebachtal errichtete Laufenburg geriet 1359 an den Herzog von Jülich, wurde schließlich 1678/79 von französischen Truppen zerstört und in der Folgezeit nur noch als Forsthaus genutzt.

Die heutige Gestalt der Burganlage geht auf eine tiefgreifende Umgestaltung am Ende des 14. Jh. zurück. Die fünf Türme der Burg wurden Ende des 19. Jh. im Stil der Zeit mit neuen Obergeschossen, auskragendem Wehrgang und spitzen Turmhelmen erneuert. Der Turm an der Südwestecke, der nur noch drei Geschosse hat, weist eine Altarnische aus, so dass hier eine spätgotische Kapelle zu vermuten ist. Das barocke Tor trägt das Wappen der Familie von Metternich, die ab 1790 im Besitz der Burg war.

Seit 1917 ist die Laufenburg in den Händen der Stolberger Fabrikantenfamilie Pry, deren Nachfahren die Burg noch heute besitzen. Sie hat die Anlage seit langem an einen Gastronomen verpachtet.

Gaststätte Laufenburg: 52379 Langerwehe-Wenau, Laufenburger Steingracht, Tel.: (02423) 2252, bietet gutbürgerliche Küche.

Foto: Achim Gaasterland

Foto: Achim Gaasterland

Zweifall

⑮ Prämonstratenserinnenkloster – Hausbesetzung durch die letzte Nonne

In der Zeit des Nationalsozialismus wurden an die 200 Klöster geschlossen, enteignet und ihre Insassen vertrieben. So geschah es auch 1941 der Schwesternschaft des Dürener Karmels, der zu den »Unbeschuhten Schwestern der Allerseligsten Jungfrau vom Berge Karmel«, dem weiblichen Pendant des männlichen Ordens der Karmeliter, gehört. Die Karmelitinnen standen auf der Straße, aber Priorin Mutter Angela fand mit den Schwestern Unterkunft in der Stadt. Um den Karmelitinnen eine neue Bleibe zu verschaffen, gründete Maria Kerschgens 1948 eine Stiftung. 1954 erwarb die Stifterin für den speziell für diesen Zweck gegründeten Klosterverein »Karmelitinnen e. V.

Zweifall« ein Grundstück auf einer Anhöhe in Zweifall, dem südlichsten Ortsteil von Stolberg in der Voreifel, für das neu zu errichtende Kloster. Noch im gleichen Jahr wurde mit dem Bau des Klosters namens Maria Königin begonnen, in das die Ordensschwestern am 4. Dezember 1955 feierlichen Einzug hielten.

Streng ist der Tagesablauf der Karmelitinnen in Zweifall, einer Stätte der Ruhe und des Gebets. In der Klosterkapelle findet Montag bis Samstag um 7.30 Uhr, sonn- und feiertags jeweils um 8.00 die Heilige Messe statt, täglich wird um 15.00 Uhr der Rosenkranz gebetet, dazu gibt es liturgische Gebete – trotzdem fanden die Schwestern noch Zeit, ihre Hostienbäckerei und eine kleine Landwirtschaft zu betreiben. Diese Hostienbäckerei versorgte das gesamte Bistum Aachen und stellte die wirtschaftliche Grundlage des Konvents dar, der sich selbst versorgte. Weitere Einnahmen entstammten dem Verkauf von selbstgemachten Leckereien, Tees sowie Kräuterlikör und aus der Vermietung von Zimmern an Gäste.

2005 feierte das Kloster Zweifall sein 50-jähriges Bestehen. Doch für die Zukunft stand es schlecht um das Kloster. Seit Jahren gab es keine Neueintritte mehr. Zuletzt waren nur noch drei Nonnen verblieben. Nach Auffassung der vatikanischen Ordenskongregation konnte kein Kloster mit einer so geringen Anzahl von Insassen geführt werden. Deshalb wurde Anfang 2005 in Rom beschlossen, das Kloster Zweifall zu schließen und bei Oberschwester Helene um Zustimmung nachgesucht. Im Juni wurde dann der Beschluss zunächst ausgesetzt, aber vom Vatikan eine Prüfungskommission eingesetzt, um die Sachlage vor Ort noch einmal zu prüfen. Diese Kommission bestand aus zwei hohen Mitgliedern des Karmeliterordens. Auch diese Kommission sah den Fortbestand des Klosters nicht mehr

Karmelitinnenkloster e.V.: 52224 Stolberg-Zweifall, Klosterstr. 40, Tel.: (02402) 7 21 35 • **Stolberg-Touristik:** 52222 Stolberg, Zweifaller Str. 5, Tel.: (02402) 9990081, www.stolberg.de

Foto: Achim Gaasterland

Chor der Klosterkirche

gewährleistet. Der Beschluss zur Aufhebung des Konvents wurde Anfang 2006 bekräftigt und die Diözese Aachen mit der Durchführung beauftragt. Doch weigerten sich die drei verbliebenen Schwestern. Die Hostienbäckerei und der kleine Verkaufsladen sicherten dort ihren Lebensunterhalt. Und sie würden erst gehen, wenn ihr Alter oder ihre Gesundheit ein Verbleiben nicht mehr zuließe. Sie erhielten Unterstützung aus dem Ort und aus Nachbargemeinden. Protestschreiben wurden eingereicht. Das Bistum Aachen, das zwar dem Aufhebungsbeschluss folgte, wollte zumindest die Klosterkirche in ihrer Funktion für Messen aufrechterhalten.

Die Situation um den Karmeliterinnenkonvent von Zweifall problematisierte sich schon bald weiter, als die Priorin Schwester Helene am 26. Juli 2006 im Alter von 83 Jahren verstarb. Nun hielten nur noch Schwester Katharina und Schwester Maria Regina die Stellung vor Ort. Der Klosterverein »Karmelitinnen e. V. Zweifall«, der alle Geschäfte des Klosters führte und sein Vermögen verwaltete, war mit dem Ableben der Priorin ohne Vorstand. Die Wahl von Schwester Maria Regina zur Subpriorin und stellvertretenden Vorsitzenden des Vereins war vereinsrechtlich unwirksam. Auf Betreiben des Aachener Bischofs setzte das Amtsgericht Aachen im August 2011 einen Notvorstand für den Klosterverein »Karmelitinnen e.V. Zweifall« ein. Damit war den beiden Schwestern der Zugang zum Konto des Klostervereins gesperrt.

2014 verließ Schwester Katharina das Kloster. Seither ist Schwester Maria Regina allein im Kloster verblieben. Allerdings wird sie von einem ehrenamtlichen Freundeskreis unterstützt. Mit dem festen Willen, ihr Leben hier im Kloster als eremitische Karmelitin zu verbringen, backt sie weiter Hostien. Zwischenzeitlich beauftragte der Notvorstand einen Anwalt, um für das Kloster einen geeigneten Käufer zu finden, wobei die möglichen Investoren den karitativen Charakter der Anlage erhalten müssen. Die Immobilie liegt inmitten eines Naturschutzgebietes, was Umnutzungen des Areals ausschließt. 2017 war es dann soweit. Die Klosteranlage hat, nachdem mehrere potentielle Interessenten abgesprungen waren, endlich einen Käufer gefunden.

Schwester Maria Regina hält weiter das Kloster »besetzt«. Aber für sie ist gesorgt. Niemand hat Interesse daran, dass sie das Haus verlässt, denn wer sollte dann weiterhin für die Immobilie sorgen? So kann sie zunächst in der Anlage verbleiben und wird sich dann in ein Schwesternkloster begeben, um dort ihr karmelitisches Leben weiterführen zu können.

Koch, Heinrich (Hg.): Zweifall. Wald- u. Grenzdorf im Vichttal, Osnabrück 1968

Westeifel

Prüm: Das Kirchenschiff der Basilika St. Salvator (18. Jh.) (vgl. Seite 143; Foto: Gabriele Nohn-Steinecke)

Dahlem

⑯ Abtei Maria Frieden – Körperöl, Kräuterlikör und Messgewänder

Die Abtei Maria Frieden auf dem Dahlemer Plateau auf 550 m Höhe ist eine der jungen Klostergründungen in der Eifel. Hier bot sich kurz nach dem Zweiten Weltkrieg für den Orden der »Zisterzienser der Strengen Observanz« (OCSO), auch unter der Bezeichnung »Trappisten« bekannt, die Chance, einen Neuanfang zu beginnen. Dieser Orden entstand im 17. Jh. als Reformzweig der Zisterzienser. Es war vor allem der Abt des Klosters La Trappe in Frankreich, der diese Reformbewegung propagierte. Die Mitglieder des Ordens der Trappisten leben in selbst auferlegter Askese, die durch strenge Schweige-

Klosterkirche (1958 geweiht)

Foto: Achim Gaasterland

regeln, harte Handarbeit, insbesondere in der Landwirtschaft, und strenge Abstinenzregeln gekennzeichnet ist.

1952 erwarb die Abtei Mariawald, dem Orden der »Zisterzienser der Strengen Observanz« angehörend, von der damaligen britischen Besatzungsmacht die ehemalige Schäferei Dahlemer Binz. Diese Anlage war 1935 von der Nationalsozialistischen Volkswohlfahrt als »Musterschäferei« mit einem Erholungsheim angelegt und von den Briten beschlagnahmt worden. Mit den erworbenen 35 ha Land bezweckte der Trappisten-Orden, in der Eifel auch ein Trappistinnenkloster, das einzige in Deutschland, zu gründen. Angesichts der schrecklichen Erfahrungen aus dem gerade erst zurückliegenden Krieg benannten die Mönche aus Mariawald das neue Kloster »Maria Frieden«.

Zunächst waren es drei Mönche aus Mariawald, die die Gebäude der Schäferei als Unterkunft für die Nonnen herrichteten. So konnten noch im Dezember 1952 die ersten vier Nonnen, die der holländischen Abtei Koonigsoord bei Tilburg entstammten, in Maria Frieden einziehen. Zum offiziellen Gründungsakt am 8. Dezember 1953 waren bereits 16 Nonnen versammelt. Ihren Lebensunterhalt bestritten die Nonnen zunächst mit der Landwirtschaft. Sie betrieben Hühner-, Schweine- und Rinderzucht. Im September 1954 begannen sie zusätzlich, Kräuterlikör herzustellen. Bereits Ostern 1954 hatten sich erste Frauen als Postulantinnen zur Aufnahme in das Kloster eingefunden.

Das Vorhaben, auf der Dahlemer Höhe einen Militärflughafen für düsengetriebene Jagdflugzeuge einzurichten, hätte fast das Ende des jungen Konvents bedeutet. Düsenlärm und das

Klosterkonvent Maria Frieden e.V.: 53949 Dahlem, Abtei Maria Frieden 40, Tel.: (02447) 91779-0, www.mariafrieden-ocso.de; Kräuterlikör und Körperpflegemittel sind an der Klosterpforte erhältlich; Besucher und Gäste können an den Gebetszeiten in der Kapelle teilnehmen; eine Besichtigung des Klosters oder der Werkstätten ist nicht möglich.

Jacobi, Klaus: 50 Jahre Kloster Maria Frieden, in: Jahrbuch Euskirchen 2003, S. 184–188 • Abtei Maria Frieden Dahlem 1953–2003, Lindenberg 2003

Schweigen der Trappistinnen hätten nicht miteinander vereinbart werden können. Ein Bittgesuch an den damaligen Bundeskanzler Adenauer soll den Ausschlag gegeben haben, das Vorhaben wieder aufzugeben.

Damit stand der Weiterentwicklung des jungen Konvents auf der Dahlemer Höhe nichts mehr im Wege. Am 21. September 1955 wurde Maria Frieden zur Abtei erhoben. Nun ging man daran, die provisorischen Gebäude der Abtei für die gewachsene Gemeinschaft zu erneuern. Die Klosteranlage wurde entsprechend ausgebaut, der Grundstein für eine neue Kirche gelegt, deren Einweihung 1958 erfolgte. Der Ausbau der Klostergebäude war 1960 abgeschlossen.

Weitere Veränderungen standen in Maria Frieden an. Die Landwirtschaft war nicht mehr einträglich genug, wurde eingeschränkt, dann ganz aufgegeben. Zusätzlich zum Verkauf des Klosterlikörs erschlossen sich die Schwestern mit dem Aufbau einer Weberei und der Herstellung von Paramenten wie Messgewändern, Stolen, Chormänteln, Segensvelen und Altardecken eine weitere Einnahmequelle, die neben dem Likörverkauf aus der Kräuterwerkstatt, in der mittlerweile auch Körperpflegemittel erzeugt werden, ihren Lebensunterhalt sichert. Heute leben 25 Nonnen in der Abtei Maria Frieden. Um 4.05 Uhr beginnt der Tag mit den Vigilien, neun weitere Gebetszeiten folgen bis zur Nachtruhe um 20.00 Uhr. Dazwischen liegen die vormittäglichen und nachmittäglichen Arbeitszeiten. Die Mahlzeiten werden schweigend eingenommen.

Echternach

⑰ Benediktinerabtei – Pilgerströme zur Springprozession

Inwieweit die Römische Villa von Echternach Ausgangspunkt der mittelalterlichen Ansiedlung war, ist umstritten. Ausgangspunkt des reichsunmittelbaren Territoriums von Echternach an der Sauer, die heute die Grenze zu Deutschland bildet, war die Abtei Echternach, die vom frühen Mittelalter bis zum Ende der Feudalzeit Bestand hatte. Zur Gründung dieser Abtei erhielt Willibrord (657–739), Bischof von Utrecht und Lehrer des hl. Bonifatius, von Irmina von Oeren, einer Vorfahrin Karls des Großen, ihren Anteil an einem Hof in Echternach. Die Gründung erfolgte im Jahr 698, wenig später wurde mit dem Bau der Klosterkirche begonnen. Es ist davon auszugehen, dass Irmina bereits eine Cella auf ihrem Grund in Echternach zur Aufnahme von durchreisenden Gläubigen gegründet hatte, die Willibrord zur Kirche erweiterte. Im Jahr 706 schenkten der fränkische Hausmeier Pippin der Mittlere und seine Gemahlin Plektrudis Willibrord auch ihren Anteil am Hof in Echternach, den sie mit Irmina zu gleichen Teilen besaßen. Darüber hinaus stellte Pippin die Abtei unter seinen besonderen Schutz. Im Jahr 751 wurde Echternach zur königlichen Abtei der Karolinger erhoben. Das Gebiet der Abtei, die durch Schenkungen reich geworden war, reichte weit über die Sauer hinaus und lag zum größten Teil im heutigen Deutschland, zu kleineren Teilen auch in Luxemburg und in den Niederlanden.

Willibrord starb im Jahr 739. Sein Grab in der Abtei wurde Ziel einer zunehmenden Schar von Pilgern. 757 wurde Willibrord heiliggesprochen. Seit dieser Zeit wird neben dem hl. Petrus auch der hl. Willibrord als Patron der Kirche genannt. Schon um 800 musste in Echternach eine größere Klosterkirche errichtet wer-

Westwerk der Abteikirche (11. Jh.)

Foto: Raimond Spekking, Wikimedia Commons

den, um die zahlreichen Pilger aufzunehmen. Die Ausmaße dieser doppelchörigen Basilika mit Krypta waren für die Zeit außergewöhnlich und zeigen die damals große Bedeutung der Abtei. Auf ihren Außenmauern steht auch die heutige Kirche.

In der Tradition Willibrords, der Wissenschaft und Schreibkunst förderte, entwickelte sich die Abtei unter Karl dem Großen zu einem Zentrum der Buchmalerei, die sich aus irisch-angelsächsischen Wurzeln weiterentwickelte. Eine Evangelienhandschrift ist erhalten, die im Besitz Willibrords gewesen sein soll, das »Willibrord-Evangeliar«, das heute in der Pariser Bibliothèque Nationale aufbewahrt wird.

Nach dem Aufstieg des Klosters Echternach folgte der Abstieg. Die Ordnung im Kloster nahm ab, von etwa 950 bis 973 leiteten sogar Laienäbte das Kloster. Am 15. März dieses Jahres hatten sich die Echternacher Kanoniker dann vor dem Reichstag von Magdeburg für den Niedergang des Klosters zu verantworten. Nunmehr wurde Abt Ravanger aus der Abtei St. Maximin in Trier mit der Leitung des Klosters betraut. Er führte die Benediktinerregel ein: So gelangte das Kloster wieder zu neuer Blüte.

Am 22. August 1016 brannte die Abtei Echternach ab. Die karolingische Kirche wurde im frühromanischen Stil erneuert und konnte am 31. Oktober 1031 geweiht werden. Charakterisiert ist dieser Bau, der in der Größe dem Vorgängerbau entspricht, durch den »Echternacher Stützenwechsel«, bei dem die auf Pfeilern ruhenden großen Bögen durch je zwei kleinere Entlastungsbögen auf einer Säule entlastet werden. Nun erwachte auch die Echternacher Schreibstube zu neuem Glanz. In dieser Zeit schufen die Mönche so berühmte Schriften wie den »Codex aureus Epternacensis« (s. Abbildung gegenüber), den »Codex Aureus Escorialensis« oder das Speyerer Evangeliar.

Größte Bedeutung erlangte die Abtei Echternach unter ihrem Abt Thiofried (1081–1110), einem gelehrten Theologen und Geschichtsschreiber. Ihm gelang es, mehrere im 9. und 10. Jh. durch Entfremdung verlorengangene Besitzungen zurückzugewinnen. Auch konnte er die Rechte der Abtei gegenüber ihren Vögten wieder stärker durchsetzen. Parallel zu dieser wirtschaftlichen Konsolidierung bekam Echternach seine geistliche und künstlerische Bedeutung zurück – es war das zweite goldene Zeitalter der Abtei. In dieser Zeit entstanden so bedeutende Handschriften wie der »Libellus de libertate Epternacensi«, eine kurze Schilderung der Abtei mit Rechten, Schenkungen und Privilegien, verfasst um 1192 vom Mönch Theoderich, dem Vorsteher der Klosterschule, um die Immunität des Klosters Echternach vor den Vereinnahmungsbestrebungen des Erzbischofs Johannes I. von Trier zu schützen. Theoderich hat auch mit dem »Liber aureus Epternacensis«, der Hauptgeschichtsquelle für die frühmittelalterliche Geschichte Luxemburgs, begonnen. Seine Strichzeichnungen dokumentieren schon erste gotische Einflüsse in der Echternacher Schreibstube.

Foto: The Yorck Project, Wikimedia Commons

Das Gleichnis vom reichen Mann und armen Lazarus. Goldenes Evangeliar, (Folio 78 recto)

Die Nachfolger Theoderichs entwickelten sich zu Reichsfürsten. Die Abtei war reichsunmittelbar geworden und unterstand niemand anderem mehr als dem römisch-deutschen Kaiser. Nur dem Kaiser leisteten die Äbte ihren Eid. Das Recht der Investitur, der eigenständigen Wahl ihrer Äbte, verlor die Abtei allerdings unter Kaiser Ludwig dem Bayern (1314–1347).

Die Kriege und Missstände des 15. Jh. beeinflussten auch die Disziplin in Echternach. Unter dem 54. Abt Burchard Poszwin von Neuerburg (1490–1506) wurde zwar eine Klosterreform durchgeführt, aber in kirchlicher Hinsicht war Echternach seit dem 16. Jh. dem Papst direkt unterstellt. Die kirchliche Erneuerung als katholische Antwort auf die Reformation löste nach dem Dreißigjährigen Krieg in Echternach rege Bautätigkeit aus. Es entstanden eine Schule, eine Kapelle und neue Klosterbauten. Bis heute prägen die prunkvollen Barockbauten jener Epoche das Stadtbild Echternachs.

Die Abtei Echternach blieb bestehen, bis französische Revolutionstruppen 1794 das gesamte linke Rheinufer besetzten. Sie plünderten die Abtei und schändeten das Grab Willibrords. Die Abtei wurde dann im Zuge der Säkularisation versteigert. Ein Unternehmer richtete in den Gebäuden eine Fayancerie ein. Einzelne Gebäudeteile verfielen, stürzten teilweise ein. Eine Bürgerinitiative bemühte sich angesichts des Verfalls, die

Willibrordus Basilika Echternach: L-6436 Echternach, Porte St. Willibrord, Tel.: (+352) 72 02 30, web.cathol.lu • **Abteimuseum:** L-6486 Echternach, 11, Parvis de la Basilique, Tel. (+352) 72 74 72, web.cathol.lu, geöffnet Palmsonntag bis Allerheiligen täglich 10–12 und 14–17 Uhr, Juli / Aug. bis 18 Uhr • **Dokumentationszentrum:** Basilika Echternach, Tel.: (+352) 72 01 49, web.cathol.lu, geöffnet täglich 10–12 und 14–17 Uhr, Nov. bis März nur Sa und So, während der Gottesdienste an Sonn- und Feiertagen, während liturgischer Feiern sowie während Begräbnis- oder Pilgermessen geschlossen • **Verkehrsamt Echternach:** L-6486 Echternach, 9–10, Parvis de la Basilique, Tel.: (+352) 720230, www.visitechternach.lu

Die Echternacher Springprozession

Die Ursprünge der Echternacher Springprozession gehen auf das Mittelalter zurück. In der heutigen Form besteht sie seit dem 19. Jh. Die Springprozession findet jeweils Pfingstdienstag zu Ehren des hl. Willibrord statt. Sie wird vom Willibrordus-Bauverein organisiert und legt die Reihenfolge der Pilger- und Musikgruppen, den Prozessionsweg usw. fest.

Der Prozessionsablauf beginnt morgens um 5.15 Uhr mit den Jugendlichen, die an der Echternanch-Sternwallfahrt teilgenommen haben. Um 7.30 Uhr werden die Pilger aus dem Raum Prüm-Waxweiler, die am Pfingstsonntag zu einer dreitägigen Fußwallfahrt aufgebrochen waren, an der Sauerbrücke in Echternacherbrück empfangen und zur Basilika geleitet. Gleichzeitig treffen auch die Pilgergruppen aus den Nachbarpfarreien ein. In der Basilika findet um 8.00 Uhr eine Pontifikalkonzelebration statt. Danach versammeln sich die ersten Teilnehmergruppen der Springprozession im Ehrenhof der Abtei.

Nach dem Pontifikalamt und einer kurzen Ansprache des Erzbischofs von Luxemburg setzt sich die Prozession gegen 9.00 Uhr in Bewegung. Tausende von Teilnehmern und Schaulustigen zieht die Prozession an. Dabei springen die Teilnehmer von einem Bein auf das andere, indem sie sich langsam nach einer alten Polkaweise vorwärts bewegen. Die Prozession verläuft vom Abteihof zur Sauergasse, vorbei an der Peter-und-Paul-Kirche, über den Marktplatz zur Bahnhofstraße und Krämergasse, bis sie an der Basilika und damit am Grab Willibrords ankommt. Die Schlussandacht findet gegen 13.00 Uhr statt, wenn alle Gruppen eingetroffen sind.

Foto: David Edgar, Wikimedia Commons

Kirche zu retten. Dem »Echternacher Willibrordus-Bauverein« gelang es, die Kirche im neoromanischen Stil neu entstehen zu lassen. Im Jahr 1868 konnte sie als Pfarrkirche von Echternach geweiht werden. Im Zweiten Weltkrieg wurden Teile der Abtei gesprengt; Beschuss richtete weiteren Schaden an. Der Wiederaufbau richtete sich an der romanischen Architektur aus, wobei man sich für die Wiedererstehung des Westwerks an dem von Paray-le-Monial orientierte. In der Krypta blieben die Fresken aus dem 11. Jh. erhalten. Die erneute Weihe erfolgte 1953. Die Kirche übt weiterhin große Anziehungskraft auf Pilger aus, soll doch die Willibrordusquelle in der Krypta bei Ekzemen Heilung bieten. Echternach ist auch weithin bekannt für seine Springprozession, die von der UNESCO in die Liste des Weltkulturerbes aufgenommen worden ist.

Heute besteht in der ehemaligen Klosteranlage neben dem Abteimuseum und dem Dokumentationszentrum der Abtei das »Lycée classique d'Echternach«, dem ein Internat angeschlossenen ist. Das Abteimuseum ist in den beeindruckenden Kellergewölben des Abteilpalastes aus dem Jahr 1727 untergebracht. Gezeigt werden Faksimiles der schönsten Handschriften aus dem Echternacher Skriptorium, so der »Codex Aureus Epternacensis« oder der »Codex Aureus Escorialensis«. Dazu wird ein Überblick über das Leben und Werk des hl. Willibrord geboten.

Ein Dokumentationszentrum in der Abtei, zu erreichen in der Abteikirche vor dem Abgang zur Krypta, informiert über die Springprozession sowie die Geschichte der Basilika. Zu sehen sind Devotionalien, eine Statue und das Reliquiar des hl. Willibrord. In den anliegenden Gängen sind Überreste von Grabsteinen aus dem 11. bis 18. Jh. untergebracht.

Hausemer, Georges und Hoffmann, Guy: Echternach entdecken. Das vielschichtige Portrait einer einzigartigen Stadt, Echternach 2005 • **Grebe, Anja:** Codex Aureus. Das Goldene Buch von Echternach, Darmstadt 2012

Klosterkirche mit Nebengebäuden von Südwesten

Himmerod

⑱ Zisterzienserkloster – Eine weitere Abtei geschlossen

Albero von Montreuil, Erzbischof von Trier, setzte sich bei Bernhard von Clairvaux, dem Erneuerer klösterlichen Gemeinschaftslebens, für die Gründung eines Zisterzienserklosters im Amtsbereich von Trier ein. Daraufhin bestellte Bernhard 1134 einen Gründungskonvent unter Abt Randulf. Dieser ließ sich zunächst in Winterbach an der Kyll nieder. Doch Bernhard bestimmte 1135 einen endgültigen Standort in der tiefen Einsamkeit ausgedehnter Wälder im abgeschiedenen Eifelgebiet des Salmtals, wo ihm Albero sein Gut »Heimerode« überließ. Dort gründete Bernhard sein 14. und zugleich erstes deutsches

Foto: Gabriele Nohn-Steinecke

Foto: Hans Otzen

Kirchenschiff (18./20. Jh.)

Zisterzienserkloster. Im Frühjahr 1138 konnte Albero eine hölzerne Kapelle an diesem Standort weihen. Die Rodungsarbeiten für die endgültige Klosteranlage erfolgten 1138/39. Bernhard entsandte seinen Baumeister Archard nach Himmerod. Er schuf ein steinernes Gotteshaus nach dem Vorbild seiner von ihm entworfenen Mutterkirche in Clairvaux, einer kreuzförmigen Anlage mit viereckigem Chorabschluss. Die neue romanische Klosterkirche weihte Erzbischof Arnold von Trier am 1. Juni 1178 ein.

Das Kloster Himmerod erfreute sich großer Beliebtheit, war auch durch Schenkungen des Adels reich geworden. Schon in der Gründungsurkunde waren neben dem Gut Heimerode Weinberge in Wittlich, Kaimt, Kobern, Leutesdorf am Rhein und Orenhofen bei Trier genannt worden. In den folgenden Jahrzehnten erhielten die Mönche weitere Liegenschaften wie Acker, Wälder, Wiesen, Weiden, weitere Weinberge und später auch stehende und fließende Gewässer.

Foto: Achim Gaasterland

Die Westfassade der Klosterkirche

Unter der Leitung von Abt Hermann II. kam es zu einer weiteren Zisterzienser-Klostergründung im Erzbistum Köln. Auf Bitten des Kölner Erzbischofs zogen zwölf Himmeroder Mönche unter Abt Hermann II. auf den Stromberg (heute: Petersberg) im Siebengebirge, fanden aber bald bessere Bedingungen im Tal der Heister vor und errichteten dort Kloster Heisterbach. 1196 ist Hermann II. als erster Abt dieses Klosters nachweisbar. Von Heisterbach aus gründete er 1212 eine Filiation, Marienstatt im Westerwald.

Im weiteren Verlauf des Mittelalters entwickelte sich Kloster Himmerod zu einem religiösen und kulturellen Mittelpunkt in der Eifel. Die Grundlage hierfür bildete einerseits die effektive Arbeit der Klosterbetriebe sowie andererseits die hohe theologische Kompetenz der Klosterinsassen. Die jungen Mönche konnten nun das Kloster für theologische Studien an Ordenskollegien verlassen. Zwangsläufig war die Beziehung zur Universität Trier besonders eng. Am Ende des 17. Jh. war Abt Robert Bootz aus Himmerod sogar ihr Rektor.

Der Dreißigjährige Krieg erzwang aber zunächst eine Unterbrechung der weiteren Klosterentwicklung. Der von Abt Matthias IV. Glabus bereits 1640 begonnene Neubau der Klostergebäude konnte nicht weitergeführt werden. Trotz wirtschaftlicher Spätfolgen aus den Plünderungen der Kriegszeit gelang Abt Robert Bootz (1685–1730 in Himmerod) die Sanierung der ökonomischen Rahmenbedingungen des Klosters. Unter seiner Ägide setzte eine rege Bautätigkeit im Kloster wie auch bei den Klosterhöfen ein. Vor allem vollendete er den Neubau der Klostergebäude. Das Krankenhaus des Klosters wurde 1686 fertiggestellt, dessen Kapelle restauriert sowie eine Kapelle zu Ehren des seligen David von Florenz (1179), Mitglied des Himmeroder Gründungskonvents, errichtet.

Im Gegensatz zu anderen Klosterführern ließ Abt Leopold Camp (1731–1750) das romanische Gotteshaus nicht in den dominierenden Barock umwandeln, sondern wagte einen fulminanten Neubau. Am 10. Oktober 1751 erfolgte die Weihe. Es war eine barocke Klosterkirche ganz im Sinn schmuckfreier zisterziensischer Architektur ohne Türme, nur mit einem Dachreiter.

Die 1802 erklärte Säkularisation bedeutete auch das Ende des Zisterzienserklosters Himmerod. Der Konvent wurde aufgelöst, das Kloster versteigert. Der neue Besitzer ließ das kupferne Dach der Klosterkirche abbauen, deren Verfall dadurch nicht mehr aufzuhalten war. Nachfolgende Besitzer verwerteten die Ruine als Steinbruch, lediglich die Mühle und das Pförtnerhaus blieben erhalten. Später diente die Kirchenruine, von der im Wesentlichen nur noch der Giebel erhalten war, dem Eifelmaler Fritz von Wille als Motiv. Reichsgraf Ottokar von Kesselstatt verkaufte 1919 als letzter privater Besitzer die Ruine Himmerod an deutsche Trappistenmönche aus dem Zisterzienserorden der strengeren Observanz aus Mariastern in Bosnien, wohin sie nach dem Ersten Weltkrieg nicht zurückkehren konnten. 1922 übernahm die ehemalige Enkelabtei Marienstatt (als »Enkel«-Gründung von Himmerod ein Orden der Zisterzienser der ge-

Abtei Himmerod: 54534 Grosslittgen, Abteistr. 3, Tel.: (06575) 9513-0, www.abteihimmerod.de; Führungen nur nach Vereinbarung • **Museum „Alte Mühle“:** geöffnet April bis Okt. Di bis So und feiertags 14–17 Uhr

wöhnlichen Observanz) auf Initiative des Trierer Domkapitels den Konvent in Himmerod als Mutterabtei – Himmerod war damit von der »strengeren« zur »gewöhnlichen« Observanz zurückgekehrt. Unter schwierigsten Bedingungen begann man, die Klosteranlagen wieder aufzubauen. In der Nazizeit nahmen die Repressionen zu, ein Tochterkloster wurde in Brasilien gegründet, wohin viele der Mönche aus Himmerod auswanderten. Das Vermögen des Konvents wurde beschlagnahmt, an einen Neubau der Klosterkirche war nicht mehr zu denken.

Während des Zweiten Weltkriegs dienten die Klostergebäude in Himmerod als Lazarett. Zu dieser Zeit war Vitus Recke Abt des Klosters (1937–59). Nach dem Zweiten Weltkrieg nahm er das zurückgestellte Projekt des Kirchenneubaus endlich in Angriff. Architektonisch wurde dabei das zisterziensische Erscheinungsbild des 18. Jh. detailgenau übernommen. Die asketisch-zisterziensische Ausstattung des Klosters, die ganz auf die Raumwirkung abgehoben ist, gibt der 1962 in die Klosterkirche eingebauten Klais-Orgel ein besonders beeindruckendes Klangvolumen. Am Tag der Weihe der neuen Kirche im Jahr 1960 war Abt Vitus allerdings schon ein Jahr tot.

Die wirtschaftliche Grundlage des neu entstandenen Konvents in Himmerod bilden verschiedene Wirtschaftsbetriebe, so die Mühle, eine Buch- und Kunsthandlung, eine Gaststätte, ein Gäste- und Exerzitienhaus, eine Fischzucht und eine Käserei. 2014 gerieten die Wirtschaftsbetriebe des Klosters in finanzielle Schwierigkeiten. Es musste Insolvenz angemeldet werden. Durch strukturelle Neuorganisation und Personalabbau wurden die Probleme in den Folgejahren scheinbar behoben. Das Museum in der Mühle steht auch weiterhin Besuchern offen. In

Himmerod. Zisterzienserabtei Unsere Liebe Frau, Regensburg 2012 • **Otzen, Barbara und Hans:** Großlittgen. Zisterzienserabtei Himmerod, in: Die schönsten Klöster und Stifte im Rheinland, Köln 2007

diesem ältesten Gebäude der Anlage mit der beeindruckenden Dachstuhlkonstruktion ist auch noch der historische Backofen erhalten. Gezeigt werden Exponate zur Geschichte der Zisterzienser. Darüber hinaus gibt es eine Sammlung internationaler Emaillekunst sowie Bilderbestände von Künstlern aus der Region.

Im Oktober 2017 erfolgte dann der Paukenschlag: Das Zisterzienserkloster Himmerod in der Eifel wurde aufgelöst. Dies hatte das Kongregationskapitel der Mehrerauer Kongregation als höchste Instanz der deutschsprachigen Zisterzienserklöster entschieden: »Die wirtschaftlich angespannte Situation, aber vor allem die geringe Zahl der Mönche waren entscheidend für diesen schweren Schritt«, erklärte Abt Johannes. Vor sechs Jahren hätten noch zehn, derzeit nur noch sechs Mönche dem Konvent angehört.

Laut Abtei sind die Liegenschaften in den Besitz des Bistums Trier übergegangen. Der Betrieb von Buch- und Kunsthandlung wie auch der Gaststätte und das Übernachtungsangebot werden beibehalten.

Buch- und Kunsthandlung: Tel.: (06575) 9513-28, geöffnet März bis Okt. Di bis So und feiertags 11–18 Uhr, Nov. bis Feb. Mi bis So 11–17 Uhr, buchhandlung@abteihimmerod.de • **Klosterfischerei:** Betrieben durch die Divendo Integration GmbH (Integrationsbetrieb des DRK für schwerbehinderte Menschen), Tel.: (06575) 9513-29, twienert@divendo-integration.de, Ladenverkauf geöffnet Fr bis So und feiertags 11–18 Uhr; **Angelpark:** täglich geöffnet 8–17 Uhr, Angelköder vor Ort erhältlich • **Klostergärtnerei:** Tel.: (06575) 9513-63, karin.theisen-schaefer@klostergaertnerei-himmerod.de, geöffnet Di bis Sa 9–17 Uhr, So und feiertags 11–18 Uhr, Jan./Feb. Winterpause • **Himmeroder Klostergaststätte:** Tel.: (06575) 9513-44, klostergaststaette-himmerod@t-online.de, bietet regionale Küche, Spezialität sind fangfrisch zubereitete Forellen, geöffnet Di bis So und feiertags 11–21 Uhr • **Internationaler Orgelsommer:** Tel.: (06575) 9513-80, info@abteihimmerod.de

Die Himmeroder Denkschrift 1950

Foto: Hans Otzen

Nur kurze Zeit nach der Gründung der Bundesrepublik stellte das geänderte Machtgefüge in der Welt auch Deutschland vor neue Aufgaben. Spätestens seit Beginn des Koreakrieges 1950 hatte sich die Ost-West-Konfrontation zum Kalten Krieg ausgeweitet. Auch Deutschland musste nun einen Beitrag zur militärischen Sicherung des Westens leisten.

Vom 5. bis 9. Oktober 1950 tagten in Himmerod nach einem Vorgespräch im Kloster Walberberg bei Bonn ehemalige deutsche Wehrmachtsoffiziere, um im Auftrag der neuen Bundesregierung die deutsche Wiederbewaffnung vorzubereiten.

Das Ergebnis der Tagung ging unter der Bezeichnung »Himmeroder Denkschrift« in die Geschichte ein. Wesentlicher Inhalt der Denkschrift war die Frage der Legitimierung und gesellschaftlichen Akzeptanz der neuen Streitkräfte nach den schrecklichen Ereignissen des Zweiten Weltkriegs.

Die neuen Streitkräfte mussten demokratietauglich sein, also strikter parlamentarischer Kontrolle unterliegen. Nach innen mussten sie ein neues Selbstverständnis finden, ihre Soldaten sich als „Staatsbürger in Uniform" verstehen.

Die Mitglieder der Tagung legten die theoretischen Grundlagen für den Aufbau der neuen Streitkräfte fest; die »Innere Führung« ist seither das Fundament der Neuerungen der Bundeswehr im Vergleich zu ihren Vorgängerarmeen.

Kronenburg

⑲ Johanniterkommende – Ein Eifeler Burgstädtchen mit mittelalterlichem Flair

Auf 590 m Höhe erstreckt sich Kronenburg als einer der malerischsten Burgorte der Eifel über dem Tal der Kyll, die hier zum Kronenburger See aufgestaut wird. Hier hatten sich die Edelherren von Dollendorf auf einem nach drei Seiten abfallenden Bergsporn eine Burg errichtet, die erstmals 1277 in einer Urkunde der Reichsabtei Stablo-Malmedy erwähnt wird. Die Dollendorfer herrschten über ein beträchtliches Umland von Kronenburg. Diese Region lag allerdings im Interessenbereich der damaligen »Großmächte« von Luxemburg, Jülich und Kurköln. Flexibel mussten die Dollendorfer sein, und sicherten sich über einen Zeitraum von rund 150 Jahren ihre Unabhängigkeit, indem sie sich abwechselnd auf Luxemburger, Jülicher oder Kurkölner Seite schlugen. Anfang des 14. Jh. kaufte gar noch Kurtrier Rechte an dieser Herrschaft hinzu. Doch es waren die Luxemburger, die letztendlich die Oberhand gewannen. Sie hatten in diesem Teil der Eifel außerordentlich an Macht und Einfluss gewonnen, und so wundert es nicht, dass die Dollendorfer die Lehenshoheit Luxemburgs akzeptierten.

Auch kirchliches Leben lässt sich in der Herrschaft Kronenburg bis in das 13. Jh. zurückverfolgen. Damals hatte der geistliche Ritterorden der Johanniter eine Niederlassung in Kronenburg gegründet. Hier verfügte er über ein Haus sowie aus Äckern und Wiesen bestehenden Grundbesitz.

Wohl von der Johanniter Kommende in Kronenburg initiiert, wurde 1492 auf Veranlassung Mathilde von Virneburgs, der Witwe des Grafen Kuno von Manderscheid-Schleiden, mit dem Bau der heutigen spätgotischen Pfarrkirche St. Johann Baptist begonnen. Das Kirchenschiff wurde innerhalb des Mauerrings

Luftaufnahme (2016) von Kronenburg

errichtet, der wehrhafte Kirchenturm behielt seine Funktion als Wehrturm. Die Kommende Kronenburg wurde zu Beginn des 16. Jh. der Kommende Adenau inkorporiert. Die Adenauer besetzten bis zum Ende der Feudalzeit die Pfarrstelle in Kronenburg.

Der Burgort. Die Lage auf dem ummauerten Bergsporn ließ Kronenburg sein mittelalterliches Flair bewahren. Durch den wirtschaftlichen Niedergang der Eisenindustrie im 18./19. Jh. blieb der alte Ortskern innerhalb der Ummauerung weitgehend erhalten. So spiegelt das heutige Erscheinungsbild des Ortes noch die Feudalzeit wider. Er ist dreigeteilt. Dem zentralen Burggelände auf dem höchsten Punkt des Plateaus ist im Süden ein Vorhof vorgelagert, östlich erstreckt sich die Vorburg und nördlich das den Handwerkern und Bauern vorbehaltene »Tal«, wie die Burgsiedlung genannt wird. Der Zugang zur von einer Bruchsteinmauser aus dem 15. Jh. umgebenen Stadt erfolgt

Foto: Wolkenkratzer, Wikimedia Commons

KKK – Kronenburger Kunst- und Kulturtage

Foto: Hans Otzen

In der Tradition des Malernests Kronenburg entstand hier 1938 die »Meisterschule der Malerei« unter der Leitung des Malers Werner Peiner. Wenn sich auch die Nationalsozialisten zunächst der Initiative bemächtigten, konnte sie sich nach dem Zweiten Weltkrieg mit namhaften Künstlern wie Otto Pankok, Rolf Dettmann, Gisela und Wolfgang Martens frei weiter entwickeln. Es entstanden Galerien und Ausstellungen im malerischen Ortskern. Seitdem fördert die Aktion der »Kronenburger Kunst- und Kulturtage (KKK)« die Entwicklung und verwandelt alljährlich den Burgort in eine stimmungsvolle Galerie, zu der zahlreiche Kronenburger Bürger beitragen, indem sie ihre Wohnstuben für die Kunst öffnen.

Freies Forum Kronenburg e. V., 53949 Dahlem-Kronenburg, Johanniterstraße 15, Tel.: (06557) 931 015, www.freiesforum-Kronenburg.de/kunst-und-kulturtage • Gastronomie: Burghaus Kronenburg: 53949 Dahlem-Kronenburg, Burgbering 12, Tel.: (06557) 295, www.burghausKronenburg.de, Hotel-Restaurant im alten Amtshaus, Café geöffnet 12–17 Uhr, Restaurant 18–21 Uhr, Mo und Di Ruhetag, herrliche Terrassenaussicht, Zimmer im historischen Ambiente

Johanniterkirche: Pfarre St. Johann Baptist, 53949 Dahlem Kronenburg, Pfarrhaus, zuständig: Gemeinschaft der Gemeinden Blankenheim / Dahlem, 53945 Blankenheim, Zuckerberg 6, Tel.: (02449) 95140, www.gdg-blankenheim-dahlem.de

Foto: Hans Otzen

Nordtor und Haus Pallandt am Burgbering

durch das Nordtor, das aus dem vorangegangenen Jahrhundert stammt.

Der Burgbering geht in die Vorburg über. Die fünfeckige Hauptburg, die im Wesentlichen nur noch an ihren Grundrissen erkennbar ist, entstand im 14./15. Jh. Zu sehen sind noch ihre Grundmauern, so die des Bergfrieds, die von flankierenden Türmen und die vom Burgtor.

Bedeutendste Sehenswürdigkeit von Kronenburg ist die Pfarrkirche St. Johann Baptist, die nach 16-jähriger Bauzeit 1508 fertiggestellt wurde. Ihre Bezeichnung auch als »Johanniterkirche« weist auf die frühe Tätigkeit des Ordens in Kronenburg hin. Über der Tür der Sakristei und in einigen Schlusssteinen ist das Johanniterkreuz noch erhalten. Das in den Burgbering herein ragende Kirchenschiff lehnt sich an den wehrhaften Turm an. Durch die Ein-Stützen-Konstruktion des 13 m langen und 9 m breiten Langhauses wird dem Betrachter ein Eindruck von

Archiv Hans Otzen

Kronenburg – Stich von Wenzel Hollar (Anfang 17. Jh.)

Zweischiffigkeit vermittelt. Dieser Bautypus kommt mehrfach in der Eifel vor und folgt dem Vorbild der Hospitalkirche in Bernkastel-Kues. Die Mittelsäule trägt vier Sterngewölbe. Der quadratische Chor ist sterngewölbt. Der Anbau der Sakristei erfolgte 1517. Über dem Seitenaltar konnten Reste spätgotischer Gewölbemalereien mit Szenen aus dem Drachenkampf des heiligen Georg und Abbildungen der törichten Jungfrauen am Triumphbogen restauriert werden. Aus der Erbauungszeit der Kirche stammt auch der Altar, darüber ist eine spätgotische Kreuzigungsgruppe angebracht. Eine barocke Madonnenfigur steht im rechten Seitenschiff.

Ennen, Edith / Fehn, Klaus / Fink, Klaus: Kronenburg, Rheinischer Städteatlas, Bonn 1974 • **Herzog, Harald:** Burgen und Schlösser – Geschichte und Typologie der Adelssitze im Kreis Euskirchen, Köln 1989

Die Klosterkirche (13. Jh.) über dem Kreuzgang

Kyllburg

⑳ Kollegiatstift – Ein fast vollständig erhaltenes Stiftsensemble

Die Kyll entspringt als fast 130 km langer Eifelfluss auf 660 m Höhe in Belgien und mündet südwärts fließend bei Trier-Ehrang auf 123 m Höhe in die Mosel. Etwa auf halber Strecke zwingt ein Bergsporn die Kyll zu einer langen Schleife. Auf diesem Bergsporn errichtete der Trierer Erzbischof Theoderich um 1240 die Kyllburg, die sein Territorium an der Kyll gegen die den Trierern nicht immer wohl gesonnenen benachbarten Herren von Malberg schützen sollte. Der Bergsporn wurde aber schon viel früher in einer Schenkungsurkunde des Jahres 800 erwähnt, mit der das Ehepaar Elmfied und Doda dem Kloster

Foto: Gabriele Nohn-Steinecke

Klosterkirche von Osten

Prüm Ländereien im Bedgau (Bitburger Land) »iuxtra castrum Kiliberg« (= bei der Kiliburg) übertrugen.

Zur Finanzierung der Baukosten der Kyllburg verkaufte der Erzbischof die ihm durch Tod von Agnes von Malberg heimgefallene Lehen an das Kloster St. Thomas an der Kyll, wofür er sogar die Zustimmung des Trierer Domkapitels einholte. Inzwischen hatte sich Ritter Rudolf von Malberg, ein Verwandter der Agnes, der Herrschaft Malberg bemächtigt. Er versuchte die an St. Thomas verkauften Ländereien zurückzugewinnen. Als er das Kloster angriff, flüchteten die Nonnen nach Trier. Doch

Pfarrkirche St. Maria Himmelfahrt: 54655 Kyllburg, Auf dem Stift 5, Pfarramt: Auf dem Stift 2, Tel.: (06563) 2217, www.stiftskirche.kyllburg.net • **Verkehrsverein Kyllburger Waldeifel:** Haus des Gastes, 54655 Kyllburg, Tel.: (06563) 930244, www.eifel-direkt.de

Foto: Hans Otzen

Langhaus und Chor

bezwang ihn der Erzbischof, Rudolf musste sich fügen. Die inzwischen fertiggestellte Burg hielt den Ritter weiter in Schranken und bewährte sich auch in der Folge als Bollwerk gegen die Feinde des Kurfürstentums. Von der Kyllburg ist bis heute der Bergfried, der 1910 ein Zeltdach erhielt, als Teil eines Schulhausbaus erhalten. Inzwischen hatten die Herren Finstingen als Malberger Seitenlinie die Herrschaft in Malberg erlangt.

Nachdem 1260 ein Familienmitglied der Finstinger, Heinrich II. von Finstingen, Trierer Erzbischof geworden war, begann er mit dem Vorhaben, unterhalb der Kyllburg ein neues kirchliches Zentrum zu schaffen. 1276 gründete er auf dem Kyllberg ein Kollegiatstift, das er der Jungfrau Maria weihte. Das Stift war und blieb fest in kurtrierischer Hand, war doch die Verleihung der Kanonikate, der Propstei und von Pfründen dem Erzbischof vorbehalten. Für den Bau der Stiftskirche erteilte er ein Ablassprivileg, außerdem versah er das Stift mit dem Zehnten aus verschiedenen Pfarreien. Im Jahr der Stiftsgründung wurde schon mit dem Bau der Kirche am Chor begonnen. In zwei Phasen erfolgte die Fertigstellung der Kirche bis zur Mitte des 14. Jh., danach folgte der Kreuzgang mit dem Kapitelhaus. Aus einer Urkunde des Jahres 1284 wird auch der ursprüngliche Baumeister der Kirche bekannt – es handelt sich um den Zisterziensermönch Heinrich, an dessen Baustil man erkennen kann, dass er sein Fach an rheinländischen Bauhütten erlernt hatte.

Die ehemalige Stiftskirche und heutige Pfarrkirche St. Maria von Kyllburg ist eine der bedeutendsten Hallenkirchen der Eifel, ein beeindruckendes Beispiel einer nahezu intakten mittelalterlichen Stiftsanlage. Das einschiffige Langhaus der Stiftskirche aus fünf querrechteckigen Jochen weist eine schlichte Westfront mit seitlich angebrachtem Nordturm auf, beide aus sorgfältig geschnittenem rotem Sandstein aufgemauert. Die oberen Geschosse und der Steinhelm des Turms stammen aus dem Jahr 1864, vielleicht wurden sie auch nur erneuert. Der Chor ist niedriger angesetzt, sein einziges Joch schließt mit einer Apsis im 3/8-Schluss auf. Dieses Joch wird beidseitig von Nebenchören flankiert. An der Nordseite des Langhauses ist ein Doppelportal unter großem mit Maßwerk gefülltem Blendbogen angebracht. Am Mittelpfeiler steht unter einem Baldachin die Figur einer Steinmadonna aus der zweiten Hälfte des 14. Jh. Die Südseite des Langhauses, an die sich der Kreuzgang anschließt, weist nur zwei hohe Maßwerkfenster auf – vielleicht hatte man weitere Stiftsbauten geplant.

Eine große Kostbarkeit stellen die Renaissancefenster im Chor dar. In prächtiger Darstellung findet man hier Szenen aus der Anbetung des neugeborenen Jesuskindes, der Kreuzi-

Ronig, Franz: Kyllburg / Eifel – Stiftskirche Unserer Lieben Frau, Passau 2001 • **Niewodnizcanska, Marie Luise:** Stadt Kyllburg in der Eifel (Rheinische Kunststätten 348), Neuss 1989

Foto: Hans Otzen

Grabplatte des Ritters Johann von Brandscheid († um 1370)

gung und der Grablegung Christi. Wertvoll ist auch die hochgotische Madonna in der Mittelnische des neugotischen Hochaltarretabels. Innen über dem Nordportal ist ein Kruzifix aus der Zeit um 1300 angebracht. Ebenfalls an der Nordwand des Langhauses steht der 1629 von Adam Donner angefertigte Steinaltar der heiligen Anna. An der Nordwand des Chores ist ein Ensemble aus drei Figuren angebracht: das gotische Sakramentshaus, das Renaissancedenkmal des Johannes von Schönenburg und das Epitaph des Hugo von Schmidtburg. Das Chorgestühl aus dem 14. Jh. stammt aus der Stiftskirche St. Thomas.

An die Südseite der Stiftskirche schließt sich der quadratische Kreuzgang an. Alle Flügel weisen Kreuzrippengewölbe über Dienstbündeln auf. Zwischen den Strebepfeilern öffnen sich dreibahnige Maßwerkfenster mit Dreiblättern und Vierpassrosetten. Parallel zum Ostflügel steht das ehemalige Kapitelhaus aus dem 14. Jh. mit dem Kapitelsaal im Erdgeschoss, dessen Mittelsäule vier Kreuzgewölbe trägt. Im Obergeschoss befand sich der ehemalige Schlafsaal. Im Laufe der Zeit zogen es die Stiftsherren allerdings vor, in kleinen auf dem Berg errichteten Kurien zu leben.

Heute ist Kyllburg mit kaum 900 Einwohnern nach Kaub die zweitkleinste Stadt von Rheinland-Pfalz.

Monschau

㉑ Minoritenkloster / Aukirche – Umwidmung einer historischen Klosteranlage

An einer Rurschleife der Nordeifel, an der der Laufenbach einmündet, hatten die Limburger Herzöge eine Talsiedlung gegründet, deren erste urkundliche Erwähnung im Jahre 1198 als »de monte loci« erfolgte. Oberhalb der Rurschleife erhebt sich das ebenfalls von den Limburgern errichtete »castrum in munioie«, das 1277 erstmals Erwähnung fand. Schon zuvor, im Jahre 1269, war die Herrschaft Monschau mit der heute in der Provinz Limburg gelegenen Herrschaft Valkenburg vereinigt worden. 1354 fiel Monschau an die Markgrafen und späteren Herzöge von Jülich. Diese wiederum verpfändeten Monschau zwischenzeitlich an die Herren von Schönforst, gliederten sie aber nach dem Tode von Johann III. von Schönforst-Montjoie schließlich 1433 ihrem Territorium ein und verliehen 1352 der Talsiedlung, für die sich allmählich der Name Montjoie festigte, Stadtrechte. Während der Gelderschen Fehde wurden Burg und Stadt im Jahr 1543 von den Truppen Kaiser Karl V. beschossen und eingenommen. Wieder aufgebaut, erlitt Monschau im Jülich-Klevischen Erbfolgestreit erneut Schaden und wurde 1689 von den Truppen Ludwig XIV. zerstört. Bis zum Ende der Feudalzeit blieb die Oberherrschaft Jülichs über Montjoie erhalten, aber damit war es mit dem Einzug französischer Revolutionstruppen 1795 vorbei. Montjoie wurde Sitz eines Kantons, in nachnapoleonischer Zeit preußische Kreisstadt.

Durch Dekret Kaiser Wilhelms wurde der Name der Stadt 1918 von Montjoie in Monschau umgewandelt.

Die wirtschaftliche Grundlage Monschaus bildete seit dem 16. Jh. die Tuchindustrie. Im Zuge der religiösen Auseinandersetzungen in Deutschland vertrieben die katholischen Aachener

Foto: Hans Otzen

Im Zentrum von Monschau: Die Rur und der Markt mit der Aukirche

ihre zum protestantischen Glauben übergetretenen Mitbewohner, die nun ihrerseits vom Herzogtum Jülich aufgenommen wurden. In Monschau fanden die Protestanten ein freies, nicht mehr von Zünften eingeschränktes Betätigungsfeld, dazu auch Wasser und Schafwolle der Herden aus dem nahe gelegenen Hohen Venn, was sich zusammen vorzüglich zum Weben und Färben von Stoffen eignete. Nachdem Anfang des 18. Jh. politische und militärische Ruhe in der Eifel eingekehrt waren, blühte die Tuchherstellung in Monschau richtig auf. Ab Mitte des 18. Jh. fand hier der Übergang von der häuslichen Weberei zur frühindustriellen Feintuchproduktion statt. Vom Wohlstand und Selbstbewusstsein zeugen bis heute die Tuchmacherpaläste und prächtigen, schiefergedeckten Fachwerkbürgerhäuser, die ein geschlossenes historisches Stadtbild ergeben, das seit dem Niedergang der Tuchmacherei in der napoleonischen Zeit konserviert ist und das die Stadt heute zu einem Touristenmagneten macht – nicht umsonst wird Monschau auch als »Perle der Eifel« bezeichnet.

In der zunehmend protestantisch geprägten Stadt Montjoie bewarben sich Ende des 17. Jh. die katholischen Bürger um die Gründung einer Minoritenniederlassung. Der Gründungsakt erfolgte am 21. Mai 1712. Die Klostergebäude der Minoriten entstanden in den Jahren 1717–20 unter der Bezeichnung »Aukloster«. Den Grundstein für ihre Kirche legten die Minoriten im Jahr 1725. Sie wurde aufgrund der engen Tallage westlich an die Klosterbauten angeschlossen. Es entstand ein einfacher Bruchsteinsaal mit geradem Abschluss und hölzernem Kreuzrippengewölbe über sieben querrechteckigen Jochen. In den Chor der neuen Kirche bezog man die bereits bis 1714 errichtete kleine Loretokapelle mit ein. Die Klostergebäude wurden im späteren Verlauf auch als Minoritenschule genutzt. Aus dieser Schule ging nach räumlichen Wechseln und zeitlichen Unterbrechungen das heutige städtische St. Michael-Gymnasium hervor, das seit 1953 auf der Haag residiert.

Mit dem Bau der Aukirche hatte Monschau ein zweites katholisches Gotteshaus erhalten. Die alte Pfarrkirche St. Mariä Geburt hatten Prämonstratenser aus dem nahegelegenen Kloster Reichenstein in den Jahren 1649/50 als einfachen, in Bruchsteinbauweise errichteten Saalbau im Stil des Bauernbarocks errichtet. Der Wohlstand des 18. Jh. ermöglichte es, für diese Kirche wertvolle Kunstschätze zu erwerben, wodurch die Ausstattung der Kirche wesentlich erweitert werden konnte. Dazu zählt vor allem der silbervergoldete Schrein mit der Reliquie des

Kath. Kirchengemeinde St. Mariä-Geburt: 52156 Monschau, Eschbachstr. 37, Tel.: (02472) 430, www.kirche-im-raum-aachen.de • **Monschau-Touristik:** 52156 Monschau, Stadtstr. 1, Tel.: (02472) 80480, www.Monschau.de • **Aukloster:** Vermietung von Kreuzgang und Bürgersaal, www.aukloster-Monschau.de, **Info:** Monschauer Stadtentwicklungsgesellschaft, 52156 Monschau, Laufenstr. 84, Tel.: (02472) 81-0

Rotes Haus

Neben der evangelischen Kirche steht das großartige Rote Haus, der prächtige Bau des Monschauer Tuchwebers Johann Heinrich Scheibler, das er sich 1756 errichten ließ. Heute ist dieses Gebäude als Museum zu besichtigen. Hier findet man noch Stücke der Original-Möblierung vor; sehenswert sind Tapisserien, Schnitzereien und andere Kostbarkeiten. Eine Besonderheit stellt die über drei Etagen freitragend gebaute Wendeltreppe aus Eichenholz, in der 21 kleine Puttenszenen die verschiedenen Stationen der Tuchherstellung darstellen. In den Kontorräumen gibt es noch zwei Original-Stoffmusterbücher mit Tausenden von Entwürfen und Dekoren.

Stiftung Scheibler-Museum: 52156 Monschau, Laufenstr. 10, Tel.: (02472) 5071, www.rotes-haus-Monschau.lvr.de, göffnet Karfreitag bis Nov. Di bis So (Einlass zur vollen Stunde) 10, 11, 14, 15 und 16 Uhr, Führungen nach Anmeldung

Foto: LepoRello, Wikimedia Commons

Foto: LepoRello, Wikimedia Commons

Innenraum der Aukirche St. Mariä Empfängnis (18. Jh.)

hl. Liberatus, dem Stadtpatron von Monschau, den Anton Reuter 1769 fertigte. 1969 bis 1978 wurde die Aukirche Mariä Empfängnis grundlegend restauriert, der Altar im Sinne des neuen Liturgieverständnisses an die Nordwand verlegt und die Bänke im Halbrund angeordnet.

In ihrer damaligen Funktion als Hauptkirche von Monschau überdauerte die Aukirche die Zeit der Säkularisation. Ein Brand im Jahr 1860, der von der Loretokapelle ausging, zerstörte große Teile ihrer Inneneinrichtung, so vor allem auch den Altar mit einem Gnadenbild. Doch vom Kirchenschatz sind bedeutsame Monstranzen aus dem 17. und 18. Jh. sowie Reliquiare, Ziborien und Kelche erhalten.

Nachdem das Minoritenkloster 1802 aufgelöst worden war, dienten die Gebäude neben der schulischen Nutzung auch anderen Zwecken, so der Verwaltung und auch als Museum. Nachdem die Klostergebäude lange leer standen, erwarb sie die Stadt

Foto: Caronna, Wikimedia Commons

Barocke Ausstattung der Stadtpfarrkirche Mariä Geburt (17. Jh.)

Monschau, die sie entkernen ließ und zu Wohnungen umbaute. Der Kreuzgang und der große Saal wurden so hergerichtet, dass die Stadt sie zu Veranstaltungszwecken nutzen und vergeben kann. Auch standesamtliche Trauungen können in diesem historischen Ambiente vorgenommen werden.

Legge-Suwelack, Ursula / Zahn, Wolfgang: Alte Pfarrkirche und ehemaliges Minoritenkloster mit Aukirche in Monschau (Rheinische Kunststätten 354), Neuss 1990 • **Mainzer, Udo:** Das Rote Haus in Monschau (Rheinische Kunststätten 76), Neuss 2012

Niederprüm

㉒ Benediktinerinnenkloster – als Klosterschule wiederbelebt

Der Frankenkönig Pippin stellte am 13. August 762 eine Urkunde aus, mit der er die Übertragung großer Ländereien an die von seiner Großmutter Bertrada der Älteren gegründeten Abtei Prüm dokumentierte. Zu diesen Ländereien zählte auch das Gebiet, auf dem später das Benediktinerinnenkloster Niederprüm entstand. Auf diesem Gebiet stiftete im Jahr 1190 der Trierer Erzbischof Johann I. einer Verwandten des Prümer Abtes Gerhard von Vianden, die das Gelübde der Jungfräulichkeit und Besitzlosigkeit abgelegt hatte, eine Kapelle und den Grund, um darauf ein Kloster zu errichten. Zum geistlichen und wirtschaftlichen Unterhalt des jungen Nonnenklosters in Niederprüm übergab Abt Gerhard diesem die Reliquien der Heiligen Gordianus und Epimachus sowie das Patronatsrecht und einen Teil des Zehnten der Pfarrkirchen von Rommersheim und Mehring an der Mosel sowie nicht zuletzt über den Prümer Laienbruder Gerhard von Schweich ein Hofgut zu Schweich, das dort seither »Niederprümer Hof« genannt wird. Weitere Schenkungen aus der Mitgift der Insassen ließen das Kloster prosperieren. Bis zum Ende der Feudalzeit behielt das Kloster sein Ansehen weit über den Eifel-Ardennen-Raum hinaus.

Die heutige Klosterkirche, die nach der Säkularisation als Pfarrkirche der Versteigerung entging, wurde 1677 geweiht. Es ist ein rechteckiger, geputzter Saalbau mit sieben rippenlosen Kreuzgewölben auf eingezogenen Strebepfeilern. An der Südostseite stehen nebeneinander der dreigeschossige glatte mittelalterliche Turm vom Vorgängerbau mit geschwungener Haube und die Sakristei mit Stuckdecke. An der Südseite des Langhauses mit großen Rundfenstern ist eine kleine Vorhalle mit zwei

Foto: Hans Otzen

Klosterkirche (17. Jh.) und Klostergebäude (17./18. Jh.)

Portalen, die mit Jahreszahlen 1600 und 1678 gekennzeichnet sind, angebaut.

Aus der Bauzeit stammen der Hochaltar, die Kanzel, das Chorgestühl und die kleine Äbtissinnenempore an der Nordwand. Die Kirche verfügt über einen spätgotischen Taufstein und einen Kelch, den Joseph Zweibrücken aus Prüm 1756 schuf.

In die Zeit der Kirchweihe fällt auch der Baubeginn der erneuerten Klostergebäude. Die Flügel, die sich an der Nordseite der Kirche zu einem Kreuzgang formieren, entstanden 1676. Der 1757/58 datierte Westflügel ist ein neunachsiger Barockbau mit Mansarddach. Im Erdgeschoss weist der ehemalige Festsaal eine Tür mit einem geschnitzten Wappen aus dem jahr 1780 auf. Nach tiefgreifenden Zerstörungen im Zweiten Weltkrieg wurden die Klostergebäude teilweise umgebaut und erweitert. Bis heute zeigt sich das Kloster so als vollständig erhaltene Barockanlage des 17./18. Jh.

Foto: Hans Otzen

Barockaltar der Klosterkirche Niederprüm

Nach der Säkularisation erwarb eine Lederfabrikantenfamilie das Klosterareal, das bis 1920 in ihrem Besitz blieb. Die Gebäude standen allerdings schon lange leer. Dann übernahm der Orden der Vinzentiner, der 1625 vom hl. Vinzenz von Paul für den Dienst an den Armen und ihre Seelsorge gegründet wurde, das Areal. 1925 gründete er eine Studienanstalt für den Nachwuchs des Ordens und errichtete neben den alten Klosterbauten einen Neubau für Schul- und Kirchenzwecke. Heute besteht die Schule als staatlich anerkanntes »Vinzenz-von-Paul-Gymnasium« (Progymnasium für die Jahrgangsstufen 5 bis 10), das Jungen und Mädchen auch anderer Konfessionen offensteht.

Vinzenz-von-Paul-Gymnasium: 54595 Prüm-Niederprüm, Vinzenz-von-Paul-Str. 5, Tel.: (06551) 980 281, www.vvpg.de • **Tourist-Information Prümer Land:** Haus des Gastes, 54595 Prüm, Hahnplatz 1, Tel.: (06551) 505, www.pruem.de

Prüm

㉓ Benediktinerkloster – Das karolingische Hauskloster

Die kleine Stadt Prüm liegt im Südwesten der Eifel, heute in abseitiger Lage. In frühmittelalterlicher Zeit zählte dieser Landstrich zu den Herzstücken des Karolingerreiches. Hier gründete Bertrada die Ältere aus dem Adelsgeschlecht der Hugobertiner gemeinsam mit ihrem Sohn Heribert von Laon auf ihrem Besitz im Tal der Prüm im Jahr 721 ein Kloster, das sie mit Mönchen aus Echternach besiedelte – ihre Mutter Irmina von Oeren hatte nämlich 20 Jahre zuvor dem Missionsbischof Willibrord das Kloster in Echternach errichtet. Doch war dem Kloster kein Erfolg beschieden. Die Mönche verließen den Ort nach einiger Zeit. Es war Bertradas Enkelin, Bertrada die Jüngere, die Mutter Karls des Großen, die ihren Gemahl, den Frankenkönig Pippin den Jüngeren, bat, das Kloster neu zu beleben. Im Jahr 762 veranlasste Pippin die Neugründung des Klosters Prüm, wozu er nunmehr Benediktinermönche aus St. Faron in Meaux bei Paris berief. Er stattete das Kloster jetzt mit reichem Grundbesitz aus. Darunter befand sich auch die gesamte »villa« Prüm, welche bis dahin nur zur Hälfte dem Kloster gehörte. Der Fernbesitz reichte bis in die Gegend um Le Mans und Rennes. In der am 13. August 762 ausgestellten Stiftungsurkunde wird aber nicht nur aufgelistet, um welchen Grundbesitz es sich dabei handelt, sondern auch festgelegt, dass das Kloster seinen Abt selbst wählen kann und dass es keiner weltlichen und geistlichen Gewalt untersteht, solange es die Regel und die Treue gegen ihn und seinen Erben wahre. Damit hatte Pippin der Jüngere die Abtei Prüm zum Hauskloster des Geschlechts der Karolinger erhoben. Kurz vor seinem Tod schenkte Pippin dem jungen Kloster auch noch die bedeutendsten Reliquien jener Zeit, nämlich die Sandalen Christi, die er selbst von Papst Zacharias erhalten hatte.

Foto: Gabriele Nohn-Steinecke

Nachdem Pippin im Jahr 768 gestorben war, setzte sich sein Sohn Karl gleichermaßen für die Belange des Klosters Prüm ein. Er ließ die erste Klosterkirche bauen, die den Namen »Zum Allerheiligsten Erlöser« (St. Salvator) erhielt. Ihre Ausstattung war so kostbar, dass sie auch als die »Goldene Kirche« bezeichnet wurde. An ihrer Einweihung nahmen der Überlieferung zufolge nicht nur Karl selbst, sondern auch Papst Leo III. teil, der Karl an Weihnachten des Folgejahrs zum Kaiser des Heiligen Römischen Reichs krönte.

Als hervorragend ausgestattetes karolingisches Hauskloster hatte es eine herausragende Stellung im Reich, auch weil es dem Herrschergeschlecht und seinen Nachfolgern eng verbunden blieb. Wenig freiwillig weilte allerdings Pippin der Bucklige, der Sohn Karls des Großen aus erster Ehe, in Prüm, wohin ihn sein Vater nach einer missglückten Revolte verbannte. Ebenso wenig freiwillig weilte Karl der Kahle, Enkel Karls des Großen und später erster König Frankreichs, in Prüm. Er wurde 833 als Zehnjähriger nach Prüm verbannt und in der Klosterschule durch Markward, den dritten Abt von Prüm, ausgebildet. Kaiser Lothar I., der Prüm Zeit seines Lebens unterstützt hatte, fand hier 855 seine letzte Ruhestätte. Lothar bestätigte Markward im Jahr 841 im Übrigen die Immunität des Klosters. Und obwohl Prüm im Reich Lothars lag, bestätigte auch sein Halbbruder Karl der Kahle, der als Herrscher des Westfrankenreichs Lothar nicht immer wohl gesonnen war, auf Bitten Markwards 845 die Immunität. Und letztlich starb Hugo, der Enkel Kaiser Lothars, 895 in Prüm.

In den ersten Jahrhunderten ihrer Existenz war die Prümer Abtei mit ihrer Klosterschule ein Ort der Frömmigkeit wie gleichermaßen der Kunst und Wissenschaft – und ein Zentrum des

Fassade der barocken Basilika Prüm (2016)

politischen Geschehens. Vor allem dem später selig gesprochenen Markward fiel als drittem Abt von Prüm mit seinen engen Beziehungen zu den oft untereinander zerstrittenen Karolingern die Vermittlerrolle zwischen verfeindeten Familienmitgliedern zu. Es war aber auch Markward, der den Theologen und Dichter Wandalbert, Mönch in Prüm, förderte und ihn die Lebensgeschichte des hl. Goar verfassen ließ. An der Klosterschule wirkten darüber hinaus auch die heiliggesprochenen Ado von Vienne, Ansbald und Hungerus Frisus. Dieser Klosterschule vertrauten Kaiser und Könige ihren Nachwuchs zur Erziehung an. Von hier wurden Mönche als Reformäbte in andere Klöster und als Bischöfe berufen. Auch unterhielt das Kloster ein Armenhospital, das zwölf mittellose und körperlich hilfsbedürftige Personen auf Lebenszeit aufnahm und vorüberziehende Arme kurzzeitig beherbergte.

Bedeutendster Abt in Prüm war ihr siebter, 892 berufener Abt Regino, Musiktheoretiker, Kanonist, Geschichtsschreiber und Verfasser einer Weltchronik. Seine wichtigste Aufgabe sah er in der Erneuerung der Abtei nach den Normanneneinfällen in den Jahren 882 und 892, bei denen die Abtei eingeäschert wurde und ihr Bestand an Schriften verloren ging. Regino veranlasste 893 eine Neuaufstellung aller Güter der Abtei Prüm – das Prümer Urbar.

Unter günstigen wirtschaftlichen Rahmenbedingungen nahm die Bedeutung der Abtei Prüm im Mittelalter immer weiter zu. Im 13. Jh. gelangte das Kloster zu seiner höchsten Blüte. Kaiser Friedrich II. fasste die Abtei und ihr Umland im Westen bis zur Our und im Osten streckenweise bis zur Kyll 1220 zu einem selbstständigen Fürstentum zusammen, das mit eigener Stimme auf den Reichstagen vertreten war. Diese Entwicklung störte auf Dauer den Expansionsdrang des Kurfürstentums Trier, denn das kurtrierische Amt Schönecken erstreckte sich genau in der Mitte zwischen den zwei großen Landesteilen der Fürstabtei Prüm. Schönecken, das über die Vogteirechte in vielen Teilen

Kaiser Lothar I. und die Teilung von Prüm

Lothar war der älteste Sohn Ludwig des Frommen, Enkel Karls des Großen und Kaiser im Reich von 813 (als Mitkaiser) bis 840. Ludwig führte die Reichspolitik seines Vaters fort, konnte sich aber gegen die Machtansprüche seiner Söhne nur bedingt durchsetzen, wurde zwischenzeitlich von diesen sogar abgesetzt. Drei Jahre nach Ludwigs Tod wurde das Frankenreich im Vertrag von Verdun aufgeteilt. Ludwigs Sohn Lothar erhielt mit dieser Teilung die Kaiserkrone mit dem „Mittelreich", das die Ländereien zwischen Rhein, Maas und Schelde im Norden umfasste und im Süden über Burgund bis nach Italien reichte. In dieser Reichsteilung von Verdun liegen die Keimzellen für die Entstehung der späteren Länder Frankreich und Deutschland begründet. Aus Lothars Mittelreich entstand das Herzogtum Lothringen.

Lothar war es nicht vergönnt, in seinem Reich für Ruhe und Ordnung zu sorgen. Am Ende seines Lebens, als sein Reich unter seinen Händen zu zerfallen drohte, teilte er, schon schwer erkrankt, sein Reich am 19. September 855 unter seinen drei Söhnen auf. Diesen als „Teilung von Prüm" in die Geschichte eingegangenen Vorgang beurkundete Lothar in seinem Hofgut Sconilare im oberen Kylltal. Danach dankte er ab und zog die Mönchskutte an, um den Rest seines Lebens als einfacher Bruder im Kloster Prüm zu verbringen. Dort verstarb er wenige Tage später am am 29. September 855 und wurde in der Salvator-Basilika beerdigt. Im „Evangeliar Lothars I." (Tours zwischen 849 und 851) ist er selber dargestellt.

Foto: Wikimedia Commons

der Fürstabtei verfügte, war 1384 an Kurtrier gekommen. Die Fürstabtei sah sich nunmehr von Kurtrier umzingelt, und das zu einer Zeit, da der Glanz von Prüm zu erblassen begann.

Trotz Macht und Ansehen der Abtei Prüm zeichnete sich ihr wirtschaftlicher Niedergang ab. Die Attraktivität der altehrwürdigen Klöster verlor an Zuspruch angesichts der neu entstehenden Reformklöster wie etwa die der Zisterzienser. Auch war die Anziehungskraft der Sandalen Christi gegenüber dem Rock Christi in Trier gesunken. Zuwendungen und Stiftungen ließen nach. In der Zeit der Religionsauseinandersetzungen wurde dem letzten der Prümer Fürstäbte Christoph von Manderscheid-Kail Neigung zum Protestantismus unterstellt. Das rief den Kaiser auf den Plan, der sich nun hinter die Expansionsbestrebungen Kurtriers stellte. Auch der Papst stellte sich hinter Kurtrier. Als Fürstabt Christoph am 27. August 1576 starb, erschien nur drei Tage später der Trierer Erzbischof Jakob von Eltz in Prüm, nahm die Abtei und das Fürstentum in Besitz und inkorporierte es dem Kurstaat Trier. Papst Gregor XIII. stimmte in einer Bulle vom 1. September 1579 diesem Vorgang zu. Prüm fungierte fortan als kurtrierisches Amt, der Kurfürst als Administrator des Benediktinerklosters Prüm.

Anlässlich einer Visitation zu Beginn des 18. Jh. stellte der bischöfliche Stuhl die Baufälligkeit der alten Salvator-Basilika in Prüm fest. Ein Neubau wurde fällig, auch um die Vorherrschaft Triers über Prüm zu dokumentieren. Mit dem Neubau wurde der Trierer Hofbaumeister Johann Georg Judas beauftragt, der aber schon 1726 starb. Die Fertigstellung erfolgte durch den Franziskanerbruder Paul Kurz. Der Neubau entstand neben den Fundamenten der Vorgängerkirche, der linke Eckturm wurde von dieser übernommen. Nachdem sich auch die Abteigebäude in schlechten Zustand befanden, veranlasste der Trierer Kurfürst und Erzbischof Franz Georg von Schönborn deren Neubau, mit dem er den fränkischen Barockbaumeister Balthasar Neumann beauftragte. Nach dem Tod Neumanns 1753

Die Sandalen Christi

Politik ist ein Geschäft, das der Franke Pippin der Jüngere zu beherrschen wusste. Er war es, der die vorangegangene Herrschaft der Merowinger ablöste und zu seiner Legitimation den Papst einspannte. Als Pippin 751 zum Frankenkönig gewählt wurde, ließ er sich diese Wahl durch Papst Zacharias bestätigen. Als Zeichen dieser Legitimation übereignete der Papst Pippin die Reliquie der Sandalen Christi. Als politische Gegenleistung übergab Pippin 754 dem nachfolgenden Papst Stephan II. von den Langobarden zurückeroberte Gebiete als Eigenterritorien. Mit dieser „Pippinschen Schenkung" legte Pippin den Grund für den Kirchenstaat, der bis heute mit dem Vatikan Bestand hat.

Pippin gab die Sandalen Christi als damals wichtigste Reliquie des Abendlandes an die Abtei Prüm weiter, womit er die von ihm vorgenommene Neugründung dieser Abtei außerordentlich aufwertete und gleichzeitig seine Reputation entsprechend steigerte. Bei den Sandalen handelt es sich um die reich verzierten Pantoffeln des Papstes, in die Partikel der Sandalen Christi eingewebt sind. Eine wissenschaftliche Untersuchung der Gewebeproben ergab, dass sie Silikatminerale aus Wüstengegenden und Spuren von Eisen und Titan enthalten, wie sie nur im Gebiet um Jerusalem vorkommen.

Die Wallfahrt zu den Sandalen Christi zog im Mittelalter immer mehr Pilger an, was dem benachbarten Bistum Trier ein Dorn im Auge war. Doch bald besaß Trier eine weit wirkungsvollere Reliquie: den „Heiligen Rock Christi". Der Überlieferung nach soll Helena, die Mutter Konstantin des Großen, diese Reliquie von einer Pilgerreise nach Palästina mit nach Trier gebracht haben, wo sie im Westchor des Trierer Doms im Hochaltar seit 1196 verwahrt wird. Über den Heiligen Rock berichtet das Johannesevangelium (19,23 f.); über die Sandalen Christi findet man nichts in der Bibel. Trier hatte also seitdem die weitaus wertvollere Reliquie.

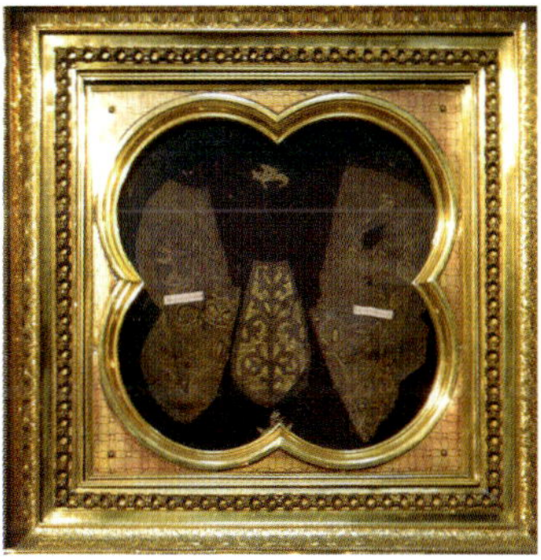
Foto: Manfred Nierstenhöfer, Wikimedia Commons

setzte dessen Meisterschüler Johannes Seiz die Arbeit nach den Plänen Neumanns fort. Auch er konnte sie nicht beenden, weil der Tod von Franz Georg von Schönborn 1756 die Bauarbeiten zum Erliegen brachte. Die Fertigstellung erfolgte erst 1908–12 für die Schule und als Amtsgericht.

1794 marschierten die Franzosen in Prüm ein. 1802 wurde die Abtei aufgehoben. Die Abteikirche wurde der Gemeinde als Pfarrkirche überwiesen. In den Klostergebäuden richtete die spätere preußische Verwaltung ein Gymnasium ein, das bis heute als »Regino-Gymnasium« besteht.

Am Ende des Zweiten Weltkriegs befand sich Prüm im Kampfgebiet der Westfont. Beschuss und Bomben richteten großen Schaden an der Kirche und den Klostergebäuden an. Völlig überraschend stürzten an Heiligabend 1945 das Mittelschiff und das südliche Seitenschiff zwei Stunden vor der Christmette ein. Nach dem Krieg begannen die Renovierungsarbeiten. 1960 waren die Klostergebäude und 1961 die Kirche endlich wiederhergestellt.

Die Salvatorkirche. Die ehemalige Klosterkirche St. Salvator und heutige Prümer Pfarrkirche weist ein dreischiffiges basilikales Langhaus mit einschiffigem Chor und eine Doppelturmfront auf. Die Kirche ist ein Barockbau, deren Inneres aber in seiner Raumwirkung eher mittelalterliche Bauformen zeigt. Das Äußere der Kirche ist hell verputzt und mit rotem Sandstein gegliedert. Die Fassade mit einem breiten Mittelfeld und schmalen Seitenteilen hat drei Portale. Der Segmentgiebel des Hauptportals zeigt das Wappen der Abtei. Das Mittelfeld der Fassade, das durch schlanke Pilaster mit ionischen Kapitellen eingefasst ist, wird von einem geschweiften Giebel mit einer Christusfigur im Zentrum bekrönt, dem hl. Benedikt und die hl. Scholastika assistieren. Die beiden seitlichen Fassadenteile gehen in das Achteck der Türme mit ihren Barockhauben und Laternen über.

Foto: Hans Otzen

Orgelempore der Basilika St. Salvator

Das fünfjochige querschifflose Langhaus geht in den gleich breiten und gleich hohen Chor mit 5/8-Schluss über. Das westliche Joch zwischen den Fassadentürmen ist als mächtige Orgelempore auf weit gespanntem Bogen ausgebaut. Die Kreuzrippengewölbe ruhen auf schlichten Pilastervorlagen. Der einst für die Karmeliterkirche in Bad Kreuznach geschaffene Hochaltar kam erst nach dem Ersten Weltkrieg in die Kirche. Die Sandsteinkanzel aus der Werkstatt des Trierer Bildhauers Hans Ruprecht Hoffmann entstand um 1590. In der Drei-Ärzte-Kapelle im nördlichen Turm steht ein spätgotisches Retabel, der Rest eines Antwerpener Altars aus der Zeit um 1480. Das zweireihige Chorgestühl mit hoher Rückenlehne weist kunstvolle Schnitzereien mit Halbreliefs von Päpsten, die aus dem Benediktinerorden hervorgegangen sind, auf. An den Unterseiten der beweglichen Sitze findet man figürlich geschnitzte Miserikordien. Die spätbarocke Orgel wurde 1782 vom Trierer Kurfürsten Clemens

Wenzeslaus gestiftet. Die Figuren der Grablegungsgruppe an der rechten Seitenwand stammen aus dem 16. bzw. 18. Jh. Im Chor steht das Kaisergrab. Die Gebeine Lothars I. wurden beim Kirchenneubau 1721 gehoben und in Reliquienbehältern aufgehoben, bis Kaiser Wilhelm II. 1874 die Grabstätte erneuern ließ.

Die Klostergebäude. Die Klostergebäude der Abtei Prüm gruppieren sich dreigeschossig um zwei große Höfe an der Nordseite der Kirche. Die drei Flügel des älteren Teils um einen quadratischen Hof schließen direkt an die Kirche an. Sie beinhalteten die Privatgemächer des Kurfürsten. Von den Flügeln des nördlichen Gebäudeteils wurde die Nordostecke erst 1912 fertiggestellt. Die Außenmauern sind verputzt, die Fensterrahmen und Gliederungen bestehen aus rotem Sandstein. Die Nordfassade ist die Hauptfont mit einem prächtigen dreiachsigen Mittelrisalit. Breite Pilaster tragen seinen geschweiften Segmentgiebel mit den Wappen der beiden erzbischöflichen Bauherren Franz Georg von Schönborn und Johann Philipp von Walderdorff. Über dem Erdgeschoss des Mittelrisalits mit der von zwei Rundfenstern begleiteten Einfahrt erstreckt sich der Fürstensaal durch zwei Geschosse mit je drei reich verzierten Fenstern. Der Stuck des Saals wurde nach Brandschäden des Jahres 1945 erneuert.

Faas, Franz Josef: Prüm in der Eifel (Rheinische Kunststätten 83), Neuss 1976 • **Schmidt, Wolfgang / Heinz, Stefan:** Prüm St. Salvator Basilika, in: Klosterführer Rheinland, Köln 2003

Pfarrkirche St. Salvator: Katholisches Pfarramt für die Pfarreiengemeinschaft Prüm, 54595 Prüm, Hahnplatz 17, Tel.: (06551) 147460, www.basilika-pruem.de • **Regino-Gymnasium:** 54595 Prüm, Hahnplatz 21, Tel.: (06551) 95310, www.regino-gym.de • **Tourist-Information:** Haus des Gastes, 54595 Prüm, Hahnplatz 1, Tel.: (06551) 505, www.pruem.de

Das Prümer Urbar

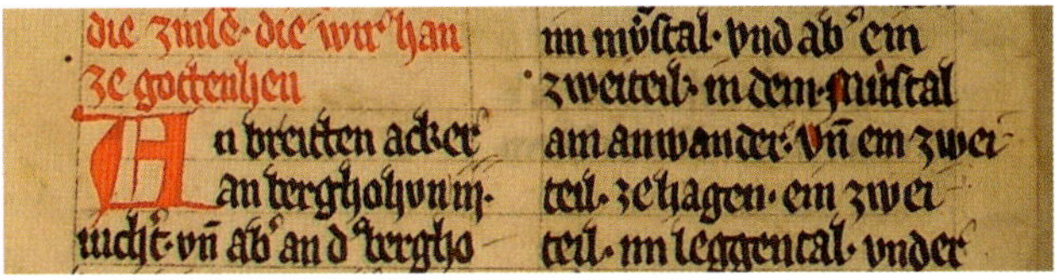

Foto: Wikimedia Commons

Abt Farabert I. der Abtei Prüm war 892 vor den heranrückenden Normannen geflohen. Abt Regino folgte ihm. Er fand eine verwüstete Abtei vor. Angesichts dieser Situation erwies sich Regino beim Wiederaufbau als hervorragender Organisator. Unter anderem ordnete er die Neuerfassung aller Rechte und Einkünfte aus den zahlreichen Besitzungen der Abtei an. Dieses „Prümer Urbar“ wurde noch 893 vollendet. Er zeigt den immensen Bestand an Ländereien der Abtei, die vom Rhein bis zur Bretagne und in die Niederlande reichten. Es enthält mehr als 400 Ortsnamen; viele davon sind in diesem Verzeichnis erstmals urkundlich erwähnt worden. Außerdem werden im Urbar Einzelpersonen und die von ihnen zu leistenden Abgabepflichten in Frondiensten, Naturalien und Geldzinsen aufgeführt.

Das Prümer Urbar existiert nicht mehr im Original (oben ist als Beispiel ein Ausschnitt aus dem Urbar des Freiburger Klosters St. Katharina abgebildet), sondern nur in einer mit Kommentaren versehenen Abschrift, die 1222 durch den Prümer Exabt Caesarius von Milendonk, der sich als Mönch nach Heisterbach zurückgezogen hatte, gefertigt worden ist.

Vor allem an den Kommentaren kann man die Entwicklung der Prümer Besitzungen über mehr als 300 Jahre nachvollziehen. Das Prümer Urbar ist damit eine der wichtigsten Quellen zur Erforschung der Wirtschafts- und Sozialgeschichte des Mittelalters.

Die Abschrift des Prümer Urbars, bestehend aus 57 Seiten, untergliedert in 118 Kapitel, ist im Landeshauptarchiv von Koblenz erhalten.

Nolden, Reiner (Hg.): Anno verbi incarnati DCCCXCIII conscriptum. 1100 Jahre Prümer Urbar. Festschrift, Trier 1993

Reichenstein

㉔ Prämonstratenserkloster – Schafstall, Käsefabrikation und 2017 neu geweiht

Kaiser Lothar III. ernannte Walram III. Paganus, Graf von Limburg, 1128 zur Absicherung seiner Westgrenze zum Herzog von Niederlothringen. Walram III. war ein streitbarer Mensch und dauerhaft mit dem Herzog von Brabant und dem Bischof von Lüttich in Fehde. Mit seiner Höhenburg »Richwinstein«, auf einem von der Rur an der Einmündung des Ermesbaches gelegenen Umlaufberg, schützte er Lothars Gebiete südlich von Aachen um Hof und Forst Konzen, die als königliche Besitztümer große Bedeutung hatten. Doch erwies sich die Anlage als ungeeignet, so dass der Limburger sie im Jahr 1136 dem Chorherrenorden der Prämonstratenser zur Gründung eines Klosters überließ. Ab 1150 richteten die Prämonstratenser dort ein Doppelkloster in Form eines Annexklosters der Nonnen an das Männerkloster ein. Doch war dem Männerkloster kein Erfolg beschieden. Die letzten Chorherren siedelten Mitte des 13. Jh. zu ihren Mitbrüdern nach Steinfeld über. Bis 1487 blieb Reichenstein Prämonstratenserinnenkloster. Aber die wirtschaftliche Lage des Klosters hatte sich verschlechtert, zur ökonomischen Misere kamen geistliche Missstände hinzu. Nach einem Reformversuch durch die Abtei Steinfeld wurde der Konvent aufgelöst, die letzten Nonnen zogen nach Ellen bei Düren, und Steinfelder Mönche kamen nach Reichenstein. Dieses Kloster existierte seither als Steinfelder Priorat weiter.

Während des Dritten Geldrischen Erbfolgekrieges wurde Reichenstein 1534 durch Truppen des Herzogs von Geldern, Karl von Egmond, der sich in mehrfachen Auseinandersetzungen mit dem Kaiser befand, zerstört. In der Folgezeit konnte Reichenstein notdürftig wiederaufgebaut werden. In der schwe-

Luftaufnahme (2017) von Kloster Reichenstein

Foto: Wolkenkratzer, Wikimedia Commons

ren Zeit des Dreißigjährigen Krieges wurde 1639 Stephan Horrichem Prior des Klosters Reichenstein. Der 1607 geboren Priester war zuvor Subprior in Steinfeld und nahm seine Aufgabe, Seelsorge in den umliegenden Ortschaften zu leisten, sehr ernst, was ihm posthum die Ehrenbezeichnung »Apostel des Venns« einbrachte. Nach dem Dreißigjährigen Krieg bemühte er sich um den Wiederaufbau der Kirchen im Reichensteiner Sprengel. Auch um die grundlegende Erneuerung der Klosteranlage von Reichenstein hatte er sich verdient gemacht. 1687, ein Jahr nach seinem Tod, konnte das neue Prioratsgebäude fertiggestellt werden. Die Weihe der neuen Kirche erfolgte im Jahr 1693. Am Ende der Feudalzeit bestand der Konvent von Reichenstein aus 28 Chorherren, deren überwiegender Teil jedoch auf auswärtigen Pfarrstellen wirkte und dort auch lebte. Dies zeigt, welche Bedeutung das Kloster bis zu seinem Ende für das kirchliche Leben im Monschauer Land hatte.

Kloster Reichenstein vom Unbefleckten Herzen Mariens: 52156 Reichenstein, Tel.: (02472) 802 50 30, www.kloster-reichenstein.de • **Klosterangebot im Benediktinerinnenkloster von Perdechat:** Monastère Notre-Dame de Toute Confiance, F-63330 Virlet, Perdechat, Tel. / Fax: +33 (0)473 523150 • **Monschauer Land Touristik e.V.:** 52152 Simmerath, Seeufer 3, Tel.: (02473) 93770, www.Monschauerland.de

Im Zuge der Säkularisation wurde das Kloster nach dessen Auflösung zunächst verpachtet. Den Landbesitz von 500 Morgen erwarb 1808 der Tuchfabrikant und spätere Landrat Bernhard Böcking als einen der größten Gutshöfe im Monschauer Land. Die Klosterkirche diente zunächst als Schafstall, später zur Käsefabrikation und schließlich bis 1971 als Heustall. 1973 erwarb Ernst Wilhelm Handschumacher als letzter privater Besitzer das Anwesen. Er setzte sich sehr für seinen Erhalt ein und begann mit der Sanierung der Gebäude. Vor allem machte er die Kirche wieder zu einem Ort der Andacht, den viele Wanderer durch das »Hohe Venn« gern annahmen. Der 1972 zum »Ritter vom Heiligen Grab« ernannte Handschuhmacher übergab 2006 die Klosteranlage dem französischen benediktinischen Kloster Notre-Dame de Bellaigue. Die Mönche dieses Klosters fühlen sich der Priesterbruderschaft St. Pius X. verbunden, gehören aber keiner benediktinischen Kongregation an. 2008 erwarb der speziell zu diesem Zweck gegründete »Verein Sankt Benedikt e.V.« die Anlage und führt Reichenstein als Tochtergründung von Notre-Dame de Bellaigue. Am 14. Oktober 2017 wurde Reichenstein zum Benediktinerkloster vom Unbefleckten Herzen Mariens benediziert.

Die Klosteranlage von Reichenstein stellt sich heute als renovierungsbedürftiges Bauensemble in leicht trapezförmigem Geviert dar, für das zur Nutzung als Kloster noch Zu- und Neubauten erforderlich sind. Die in Bruchsteinbauweise errichteten, teils verputzten Gebäude stammen aus dem späten 17. bzw. frühen 18. Jh., die Wirtschaftsgebäude überwiegend aus dem 19. Jh.

Die Kirche selbst ist ein schlichter barocker Bruchsteinbau mit 3/8-Chorschluss und Dachreiter. Das einschiffige Gebäude erhielt 1980 ein neues Schieferdach. Das Gewölbe wurde zuzeiten der landwirtschaftlichen Nutzung durch eine Balkendecke ersetzt, um so mehr Stauraum für Heu zu haben.

Der mit Gewölben teilunterkellerte Südflügel, der angrenzend an die Kapelle aus dem Geviert herausragt, beinhaltete früher im Parterre das Refektorium, den Speisesaal der Mönche. Im Obergeschoss war der Schlafsaal, das Dormitorium. Die Fenstergewände sind in Naturstein ausgeführt. Im Inneren besteht noch die ursprüngliche einläufige Holztreppe. Durch Anbauten soll der Südflügel Teil einer Bebauung mit Kreuzgang werden. Westlich an die Kirche schließt sich der zweigeschossige Prioratsbau an. Er trägt ein Walmdach. Die Fenster sind hinten symmetrisch, vorne unsymmetrisch mit Natursteingewänden angebracht. Das Portal weist barocke Schmuckformen auf. An den Prioratsbau schließt sich ein zweigeschossiger Eckbau mit Mansard-Walmdach an, das im Obergeschoss Stuckdeckenelemente aufweist. Der querstehende zweigeschossige Verbindungsbau in hofseitig gestrichener Ziegelsteinbauweise stammt vom Ende des 19. Jh., gefolgt von einem eingeschossigen Bau hin zum Nordflügel mit Torbau. Hier waren Stallungen und die Schmiede untergebracht. Der Ostflügel aus Bruchsteinmauerwerk schließt das Geviert zum Kirchenchor.

Geschichtsverein des Monschauer Landes (Hg.): Der Gutshof Reichenstein – Arbeiten und Wirtschaften in der Mitte des 19. Jh., Aachen 2008 • **Conrad, Josef:** Das Venndorf Kalterherberg mit dem Kloster Reichenstein, Aachen 1988

Roth an der Our

㉕ Templer- und Johanniterkommende – Ensemble aus Kirche und Schloss

Am Hang einer weit gezogenen Schleife der Our, die die deutsch-luxemburgische Grenze bildet, erhebt sich auf einer Anhöhe mit traumhaftem Blick über das Flusstal auf Vianden das Ensemble aus Schloss und ehemaliger Johanniterkirche von Roth. In einer Gründungsurkunde des Hospitals der Trinitarier in Vianden aus dem Jahr 1248 findet sich der erste Hinweis auf eine Templerniederlassung in Roth – dort wird der Rother Komtur Dionysius als »magister et rector ecclesie de Rodes« bezeichnet. Dem war eine Auseinandersetzung zwischen Graf Heinrich I. von Vianden mit den Templern vorausgegangen, die er in Vianden durch die Trinitarier ersetzte und ihnen als Ausgleich die Ansiedlung im nahegelegenen Roth ermöglichte.

Die Geschichte von Roth an der Our reicht aber viel weiter zurück. Den Besitz am Ort bestätigte Papst Hadrian IV. schon 1154 dem Trierer Simeonsstift. Alte Kirchenbücher bezeugen, dass es aber bereits im 9. Jh. eine Kirche gegeben hat, die wahrscheinlich zur frühmittelalterlichen Großpfarrei Gegene gehörte. Nach dem Trierer Simeonsstift kamen die Grafen von Vianden in den Besitz von Roth. Hier stiftete Heinrich I. von Vianden († 1252) den Templern ihre neue Niederlassung bei der um 1140 vom Trierer Erzbischof Albero in Roth geweihten ro-

Kath. Filialkirche St. Peter: 54675 Roth an der Our, Johanniterstr. 19 • **Schloss Roth:** 54675 Roth an der Our, Johanniterstr. 17, Tel.: (06566) 594, www.schloss-roth.de, das Schloss ist in Privatbesitz und kann nur von außen besichtigt werden • **Tourist-Information Neuerburger Land:** 54671 Neuerburg, Pestalozzistr. 7, Postfach 11 20, Tel.: (06564) 19433, www.suedeifelinfo.de

Foto: Gabriele Nohn-Steinecke

Johanniterkirche und Schloss

manischen Ortskirche. Der Graf übereignete den Templern die in Roth befindliche Kirche mitsamt einem benachbarten befestigten Haus und großen Ländereien. Dieser militärisch ausgerichtete Ritterorden nutzte unter anderem das Zehntrecht aus diesem Besitz, um seine Burgen, Schiffe und Truppen in Palästina zu unterhalten. Als das Heilige Land für das Christentum verlorengegangen und der Orden damit überflüssig geworden war, wurde er 1312 auf Betreiben Frankreichs aufgelöst. Wie fast überall – auch in Roth – wurden die Besitztümer der Templer den sich der Krankenpflege widmenden Johannitern übergeben.

Die dem hl. Petrus geweihte Johanniterkirche von Roth, die ja schon älter als die Templerniederlassung ist, wurde in ihrer Geschichte vielfach baulich verändert. Mit dem Bau der nördlichen Seitenapsis mit gewölbtem Vorjoch und der anschließenden Nordmauer wurde wahrscheinlich schon um das Jahr 1000

Foto: Gabriele Nohn-Steinecke

Die Johanniterkirche (9./10. Jh.)

begonnen. Dieser an das nördliche Seitenschiff angefügte Chor ist der älteste Teil der Kirche. Er ist außen mit fünf übereinander liegenden Reihen flacher Rundbogennischen verblendet. Für diese nischenähnliche Dekoration gibt es in der deutschen Romanik kein vergleichbares Beispiel. Nach einer Baupause entstand eine Chorturmkirche, die im weiteren Verlauf des 12. Jh. zu einer dreischiffigen Basilika auf trapezförmigem Grundriss mit Stützenwechsel im »Echternacher System«, bei dem die auf Pfeilern ruhenden großen Bögen durch je zwei kleinere Entlastungsbögen auf einer Säule entlastet werden, errichtet. Beiderseits der Hauptapsis erhoben sich Chorflankentürme, von denen nur noch der südliche erhalten ist. Nach 1466 wurden das Langhaus und die Seitenschiffe im spätgotischen Stil mit Kreuzrippen im Mittelschiff und den beiden Seitenschiffen eingewölbt und die Obergadenfenster deswegen zugemauert. So verlor die bislang flach gedeckte Kirche als nunmehrige gewölbte Stufen-

Die Burg (13./16./18. Jh.)

halle mit dem jetzt über alle drei Schiffe gezogenen Satteldach und erhöhter mittlerer Apsis ihren basilikalen Charakter. Die südliche Seitenapsis wurde in dieser Bauphase zusätzlich in eine quadratische Kapelle umgestaltet. Verblieben sind bei den Langhausarkaden die bemerkenswerten romanischen Kapitelle. Ebenfalls aus romanischer Zeit stammt das an der Ostseite zwischen Apsis und Hauptchor skulptierte Relief einer Figur mit erhobenen Armen. Es könnte den auferstehenden Christus symbolisieren – im Volksmund wird es einfach »Rother Männchen« genannt.

Um 1700 erfuhr die Johanniterkirche erneut Veränderungen. Beim Betreten der Kirche durch das barock umgestaltete Portal fällt der Blick durch den zum Chor hin verengten trapezförmigen Grundriss zwangsläufig auf den barocken Hochaltar mit seinem Tabernakelaufbau und einem Hochrelief auf den Tabernakeltüren, das die Marienkrönung thematisiert. Auf dem Altar stehen die Figuren des Kirchenpatrons Petrus und des zweiten Patrons Paulus. Das vergoldete Antependium zeigt das Abendmahl mit den zwölf Aposteln. Als die französischen Revolutionstruppen 1794 einmarschierten, lösten sie den Ordensstandort Roth auf. Die Ordenskirche blieb zunächst Pfarrkirche im Dekanat Vianden. Seit preußischer Zeit ist sie als St. Peterkirche Filialkirche der Pfarrei Körperich des Landkreises Bitburg-Prüm.

Aus der alten Burg von Roth wurde nach Überlassung der Templerniederlassung an die Johanniter deren Kommende. Der älteste bis heute erhaltene Teil ist der Keller aus dem 13. Jh. Der Treppenturm entstand im 16. Jh., das Torgebäude mit der Ringmauer um 1600/10. Die alte Burg wurde 1733 wegen der Baufälligkeit der vorhandenen Bausubstanz bis auf den Treppenturm unter Komtur Jacob Duding als Schloss erneuert. Viele sehenswerte Baudetails wie das schöne Barockportal mit dem Wappen des Erbauers im geteilten Segmentbogen und drei offene Kamine im Inneren entstammen jener Zeit. Als Kirchengut wurde der Schlosskomplex der Kommende veräußert und ist seither in privater Hand. 1944/45 traf Granatfeuer das Schloss im Zuge der Ardennenoffensive und hinterließ große Schäden. Der Wiederaufbau erfolgte in den Jahren 1958–62.

Schuler, W.: Roth an der Our (Rheinische Kunststätten 289), Neuss 1984 • **Arnoldi, Josef:** Ordenskirche mit Komturei in Roth an der Our, Bitburg 1964

Klosterbauten (18. Jh.) und Klosterkirche (13. Jh.)

Foto: Gabriele Nohn-Steinecke

St. Thomas

㉖ Erstes Zisterzienserinnenkloster in der Eifel

An der Einmündung des Hailbachs in die Kyll 5 km oberhalb von Kyllburg erstreckt sich das Areal des ehemaligen Zisterzienserinnenklosters St. Thomas. Der Ort selbst wurde erstmals 973 als »Ernistbura« genannt und nahm erst viel später den Namen des Klosters im Ort an. Heute besteht der Ort aus drei Teilen, dem Klosterareal, der Klostermühle auf der anderen Kyllseite und der sich südlich des Areals erstreckenden Wohnbebauung.

Im 12. Jh. gab es in Ernistbura bereits eine Gemeinschaft adeliger Frauen, die in einer Einsiedlerkolonie ein Leben für Christus führen wollten. Ihnen stifteten der Ritter Ludwig von

Deudesfeld und seine Gemahlin Ida eine Kapelle zu Ehren von Thomas Becket, dem 1170 in der Weihnachtsoktav ermordeten und drei Jahre später heilig gesprochenen Bischof von Canterbury. Die Kapelle wurde 1180 vom Trierer Erzbischof Arnold I. geweiht. Von einer Wallfahrt zum Grab des Märtyrers hatten die Stifter eine Kopfreliquie von Thomas Becket mitgebracht, die sie in der Kapelle unterbrachten. Die Kapelle entwickelte sich so zu einer der frühesten Kultstätten für den Bischof auf dem Kontinent, die schon bald selbst zu einem Wallfahrtsort wurde, weil der Reliquie Heilkräfte zugesprochen wurden. An der von ihm gestifteten Kapelle gründete der Ritter von Deudesfeld wenige Jahre später ein adeliges Frauenkloster »zu Ehren der Jungfrau Maria und des hl. Thomas Becket«, das sich nach der zisterzienserischen Ordnung richtete. Mönche der Zisterzienserabtei Himmerod übernahmen die Seelsorge im Kloster.

Ida von Deudesfeld stattete das neue Kloster mit größeren Ländereien aus, wie aus einer Schenkungsurkunde des Jahres 1185 hervorgeht. Ihre Tochter Elisabeth wurde die erste Äbtissin des Klosters. Das Kloster florierte. 1188 war die Zahl der Nonnen so groß geworden, dass auf Betreiben des Trierer Erzbischofs einige von ihnen in das im gleichen Jahr vom Kölner Erzbischof Philipp von Heinsberg gegründete Zisterzienserinnenkloster in Hoven entsandt wurden. Erzbischof Johann I. aus Trier bestätigte dem jungen Zisterzienserinnenkloster 1193 seinen Besitz, seine Güter und seine Rechte. Eine weitere Schenkung durch Ludwig von Deudesfelds Sohn ermöglichte dann im gleichen Jahr den Baubeginn des Klosters St. Thomas, der sich bis um das Jahr 1200 hinzog. Inschriften am Chor datieren die Weihe der Klosterkirche auf das Jahr 1222.

Von Bedeutung ist das Kloster St. Thomas im Zusammenhang mit der Geschichte des Rosenkranzgebets. Dem Konvent entstammt das auf die Zeit um 1300 datierte »Gebetbuch aus

Kirchenschiff (13. Jh.)

Foto: Hans Otzen

St. Thomas«, das heute im Bestand der Trierer Stadtbibliothek ist. In diesem Gebetbuch fand man die älteste Form des »Leben-Jesu-Rosenkranzes«.

Über die weitere Entwicklung des Klosters ist wenig bekannt. Die Kirche wurde immer wieder mit neuen Ausstattungsstücken versehen. 1742 brannten die Klostergebäude ab. Der Neubau des Anwesens erfolgte 1744 unter der Äbtissin Maria Theresia von Meuthen, wie die Jahreszahl 1744 über dem Portal ausweist.

Die Säkularisation führte zur Versteigerung der Klostergebäude. Die Klosterkirche wurde zur Filialkirche der Pfarre Kyllburg umgewidmet. 1847 übernahm der preußische Staat die Klostergebäude und überließ sie 1852 dem Bischof von Trier. Die Diözese begann 1862 mit der Restaurierung, um dort ein Demeritenhaus einzurichten, eine Bewährungs- und Disziplinaranstalt für straffällig gewordene Priester, die gegen weltliche oder kirchliche Gesetze verstoßen hatten. Dies war mit den Maigesetzen im Zuge des von Bismarck ausgelösten Kulturkampfes möglich geworden. Der Volksmund nannte diese Anstalten »Priestergefängnis«. Einrichtungen dieser Art hatten auf Dauer aber keinen Bestand. Und so bot sich 1910 für den Franziskanerorden die Möglichkeit, das ehemalige Klosterareal zu übernehmen. In ihrer Zeit erfolgten eine Reihe von Um- und Neubauten, sie setzten die Kirche wieder instand und deckten das Dach neu ein. Allerdings mussten sie 1942 weichen. Nach dem Krieg diente das Klosterareal der Diözese Trier als bischöfliches Priesterhaus. Seit 2006 befindet sich hier das Exerzitienhaus der Diözese Trier.

Die einschiffige siebenjochige Klosterkirche hat bis heute ihren romanischen Charakter bewahrt. Die drei östlichen Jo-

St. Thomas Exerzitienhaus des Bistums Trier: 54655 St. Thomas, Hauptstr. 23, Tel.: (06563) 96 07 00, www.sanktthomas.de • **Verkehrsverein Kyllburger Waldeifel:** Haus des Gastes, 54655 Kyllburg, Tel.: (06563) 930244, www.eifel-direkt.de

che sind breiter als die vier westlichen, die die Nonnenempore beinhalten. Ohne Vorjoch geht im Osten das Kirchenschiff in die gleich breite, aber niedrigere Apsis mit 5/10-Schluss über. Die Westfront weist oben ein großes Rundfenster über einem niedrigen Wandvorsprung auf. Im vierten Joch befindet sich das spitzbogige Portal mit eingestellten Säulen. Typisch für die Zisterzienserarchitektur ist der Dachreiter anstelle eines Turms.

Das Kirchenschiff ist mit Kreuzgratgewölben zwischen angespitzten Gurtbögen versehen. Die Wandgliederung in den Ostjochen ist dreifach gestaffelt. Über den unteren Rundbögen sind kleinere runde Zwillingsbögen, darüber Spitzbögen mit Rundfenstern im Lichtgaden angebracht. Die Nonnenempore im Westteil wird von Säulen, die breiten Wandpfeilern vorgestellt sind, und von Mittelsäulen getragen. Die Säulen tragen Kelch- und Knospenkapitelle. Der Raum unter der Nonnenempore, der wie die östlichen Joche mit Kreuzgratgewölben eingedeckt ist, war früher den Laien vorbehalten. In diesem Laienraum hat man 1864 Grabplatten vom 14. bis 18. Jh. aus dem Ostteil verlegt.

Auffällig an der Innenausstattung ist das Hängekreuz über dem Altar mit einem fast lebensgroßen gotischen Holzkruzifix. Romanisch ist die Hochaltarmensa mit vier Säulen an der Rückseite, deren Kapitelle denen des Laienraums ähneln. Die mit Wappenreliefs verzierte Steinkanzel entstand 1634. Sie steht heute als Lesepult vor dem Chor. In einer Seitenkapelle befindet sich eine Muttergottesfigur mit dem stehenden Kind vom Anfang des 14. Jh. Unter der Empore steht eine Steinfigur des hl. Thomas Becket aus der zweiten Hälfte des 14. Jh.

Hartmann, Ulrich: Das Zisterzienserinnenkloster St. Thomas an der Kyll von den Anfängen in den 1170er Jahren bis zum ausgehenden 14. Jh., Koblenz 2008 • **Ronig, Franz:** St. Thomas an der Kyll, Passau 1994

Stablo-Malmedy

㉗ Benediktinerdoppelkloster – eines der bedeutendsten Klöster des Heiligen Römischen Reichs in den Ardennen

Die Klostergründung von Stablo-Malmedy gehört zu den frühesten und im Lauf seiner Geschichte auch zu den bedeutendsten in Mitteleuropa. Die Stiftung des Doppelklosters geht auf den Merowingerkönig in Austrasien, Sigibert III., und seinen Hausmeier Grimoald zurück. Mit der Gründung beauftragten sie den Benediktinermönch Remaclus aus Luxeuil, den ersten Abt des Klosters Solignac. Dieser wählte entsprechend der zeitgenössischen Vorstellung mönchischen Lebens einen abgelegenen Standort in einsamer Waldgegend am rechten Ufer der Maas in den Ardennen aus, wo er zuvor auch schon missionarisch tätig war. Auf dem ihm dort zugewiesenen Gebiet richtete Remaclus sogar zwei Klöster ein – um 648 Stablo (heute: Stavelot) und um 650 Malmedy. Bis heute ist Remaclus der Patron der Ardennen; er wird aber auch gegen Unfruchtbarkeit der Frauen und gegen Ernteschädlinge angerufen. Sigibert stattete die neuen Klöster mit reichem Besitz aus, unterstellte sie aber unterschiedlichen Diözesen: Stablo dem Bischof von Lüttich, Malmedy dem Erzbischof von Köln.

Die Klöster konnten sich aber weitgehend eigenständig halten, ihre Ländereien bis an die Mosel und an den Rhein aus-

Kathedrale St. Peter-Paul-und-Quirin: BE-4960 Malmedy, Place Albert 1er • **Malmundarium:** BE-4960, Place du Châtelet, 10, Tel.: +32 (0)80 799668, www.malmundarium.be, mit Dokumentationszentrum, Kunstgalerie im Klostergang und Historium der Stadtgeschichte, geöffnet Ostern – Allerheiligen) 10–18 Uhr, sonst 10–17 Uhr

Foto: Hans Otzen

Die im 18. Jh. errichteten Klosterbauten von Stablo (heute: Stavelot)

weiten. Ab 844 wurden in Stablo-Malmedy weltliche Äbte eingesetzt, meist die Herzöge von Lothringen. Im Jahr 881 wurde der Doppelkonvent nach Brandschatzung durch Normannen im Jahr 881 vertrieben, konnte sich aber nach der Rückkehr nicht mehr erholen.

Der letzte der Laienäbte war Herzog Giselbert II., der 939 starb. Zuvor hatte sich Giselbert aber mit Kaiser Otto I. überworfen. Angesichts der unter den weltlichen Äbten schwächelnden Klosterdisziplin nutzte Kaiser Otto I. die Chance, in Stablo-Malmedy die Klosterdisziplin zu erneuern. Er beauftragte den Bischof von Lüttich, die klösterliche Ordnung im Doppelkloster wiederherzustellen. Dieser entsandte den Mönch Odilo aus der Reformabtei Gorze nach Stablo-Malmedy, der dort 938 auch zum Abt gewählt wurde († 954). Sein Nachfolger Werinfried konnte auf nunmehr stabiler Klosterbasis die Besitzungen bis über die Mosel an die Sauer ausdehnen. Unter Abt Poppo (1024–

Foto: Hans Otzen

Zwei Portale: Vom Immunitätsbezirk zu den Klosterbauten von Stablo

1048) entwickelte sich Stablo-Malmedy zu einem Zentrum der cluniazensischen Klosterreform im Reich. Vom Kaiser wurde er mit der Aufsicht über weitere Klöster betraut, wo er oft gegen den Widerstand der Mönche tätig wurde. Poppos Nachfolger Dietrich († 1180) löste Malmedy aus der Doppelinstitution, was aber Kaiser Heinrich III. bald rückgängig machte. So blieb der Doppelcharakter bis zum Ende der Feudalzeit erhalten.

Ein weiterer bedeutender Abt von Stablo-Malmedy war Wibald (1130–58). Durch seine enge Verbindung zu den Kaisern seiner Zeit war er weit über seine klösterliche Funktion politisch einflussreich. Unter seiner Ägide erhielt Stablo-Malmedy mit der »Goldenen Bulle« von 1137 die Reichsunmittelbarkeit – mit der die Zugehörigkeit Stablo-Malmedys zum Reich »auf ewige Zeiten« festgeschrieben wurde.

Doch erneut kennzeichnete Niedergang die Fürstabtei. Zu Beginn des 15. Jh. waren in Malmedy nur noch acht und in Sta-

Malmedy: Doppelturmfassade (18. Jh.)

blo nur noch neun Konventualen anwesend. Wie auch zuvor spielte dabei die Konkurrenz zwischen den beiden Klosterteilen im Streit um die Vorrangstellung zwischen den beiden Standorten eine nachteilige Rolle.

In dieser problematischen Zeit war es Abt Wilhelm von Manderscheid (1499–1546), dem in Stablo-Malmedy die Neubelebung des klösterlichen Lebens gelang. Nicht zu Unrecht wird er auch als zweiter Gründer des Doppelklosters bezeichnet. Die Mönche hatten ihn als Laienabt gewählt, weil sie hofften, durch seine politischen Beziehungen in unsicheren Zeiten ihre Existenz besser sichern zu können. Er orientierte sich hinsichtlich der Klosterordnung an den Regeln der Bursfelder Kongregation, obwohl die Abtei dieser erst 1654 offiziell beitrat. Ihm gelang in seiner fast 50-jährigen Amtszeit auch die wirtschaftliche Erholung. Das Doppelkloster war soweit konsolidiert, dass er eine rege Bautätigkeit entfalten konnte. Er errichtete eine neue Residenz in Stablo, erweiterte die Abteikirche von Stablo und ließ in Malmedy das 1482 zerstörte Abteiviertel und die durch Brand zerstörte Kirche 1500 neu errichten.

Stablo und Malmedy erhielten auch Befestigungen, was aber die Einäscherung durch niederländische Truppen im Jahr 1557 nicht verhinderte. Die weiteren Wirren der beginnenden Neuzeit verschonten auch Stablo-Malmedy nicht. Einmal erfolgte die Absetzung eines Abts, zwischenzeitlich wurde das Doppelkloster der Aufsicht des Erzbischofs von Trier unterstellt, fran-

Foto: Gabriele Nohn-Steinecke

Das Klosterareal von Stablo

zösische Truppen verschonten 1688 auch Stablo und Malmedy nicht. Hundert Jahre später floh Célestin Thys als letzter Abt von Stablo-Malmedy 1794 vor den einmarschierenden französischen Revolutionstruppen.

Klosteranlage Malmedy. Mit dem Bau der heutigen Kathedrale von Malmedy als ehemaliger Abteikirche wurde 1775 begonnen. Die den Heiligen Petrus, Paulus und Quirinus geweihte Kirche mit Doppelturmfassade auf kreuzförmigem Grundriss konnte als Pfarrkirche weiter bestehen und wurde von 1920 bis 1925 in den Rang einer Kathedrale erhoben, als es das Bistum Eupen-Malmedy gab. Zur Ausstattung der Kirche gehören der Hochaltar aus Marmor aus dem Jahr 1877, der Marmoraltar der Hl. Jungfrau von 1773, die Kanzel und die vier Beichtstühle aus dem Jahr 1770 und der hölzerne Reliquienschrein des hl. Quirinus aus dem Jahr 1698. Die Kirchenfenster

Die Klosterbauten von Malmedy

mussten erneuert werden, nachdem amerikanische Flugzeuge im Dezember 1944 dreimal versehentlich die Stadt mit Bomben belegt hatten. Das aus dem Jahr 1708 stammende Gebäude wurde während der Ardennenoffensive kurz zuvor zerstört.

Kirche und Klostergebäude von Malmedy stellen das historische Herz der Stadt dar. Die Klostergebäude erlitten ebenfalls viele Beschädigungen und Umwandlungen, beginnend mit den Normanneneinfällen im 9. Jh. bis zum Zweiten Weltkrieg. 1708 begann der Neubau der Klostergebäude. 1782 musste nach einem Brand im Abteiviertel der Osttrakt, der ein zweites Viereck direkt am Südflügel bildete, erneuert werden. Im 19. Jh. folgten zwei Ausbauphasen von Gefängnissen im Nordflügel. Die Einrichtung eines Gymnasiums und einer Mittelschule machten ab 1920 weitere Umbauten der Gebäude erforderlich. 1985 erwarb die Stadt die Klostergebäude und installierte dort das Malmundarium, eine museale Geschichtsdokumention der Region.

Klosteranlage Stablo. Von der Klosteranlage in Stablo bestehen noch die barocken Klostergebäude und der 1534 errichtete Turm der Abteikirche, von dem heute nur noch das knapp 15 m hohe Erdgeschoss erhalten ist. Die Ausstattung der Klosterkirche ist in alle Winde zerstreut. Die berühmte »Bibel von Stavelot« aus dem 11. Jh. befindet sich in der British Library, das Kopfreliquiar Papst Alexanders I. aus dem 12. Jh. im Kunst- und Geschichtsmuseum Brüssel, der Schrein des hl. Remaclus aus dem 13. Jh. in der Kirche St. Sebastian in Stavelot, die Starothek in der Pierpoint Morgan Library in New York und die beiden Medaillons vom Remaclus-Retabel im Kunstgewerbemuseum in Berlin bzw. im Museum für angewandte Kunst in Frankfurt / Main.

Die ehemaligen Klostergebäude, eine Dreiflügelanlage, deren offener Teil durch einen Glasgang geschlossen ist, wurde 2002 renoviert und beherbergt drei Museen. Ein Museum widmet sich der Geschichte der Reichsfürstabtei und beschäftigt sich ausführlich mit dem bedeutenden Wibald von Stablo. Das zweite Museum gilt dem französischen Lyriker Guillaume Apollinaire, der sich hier 1899 aufhielt. Das dritte Museum bietet Informationen zur Rennstrecke von Spa-Francorchamps mit der Ausstellung zahlreicher Rennwagen und Motorräder.

Benediktinerkloster in Belgien: Kloster Ten Duinen, Kloster Boudelo, Abtei Aulne, Kloster Stablo, Kloster Ter Doest, Kloster Malmedy, Hohenems 2010

Espaces Tourisme & Culture asbl: BE-4970 Stavelot, Cour de l'Abbaye, 1, Tel :+32 (0)80 880878, www.abbayedestavelot.be, täglich außer Mo geöffnet 10 bis 18 Uhr • **Le Royal Syndicat d'Initiative de Malmedy:** BE-4960 Malmedy, Place du Châtelet, 9, Tel.: +32 (0)80 799668, www.malmedy.be • **L'Office du Tourisme de Stavelot:** BE- 4970 Stavelot, Place Saint-Remacle 32, Tel.: +32 (0)80 862706, www.stavelot.be

Das seit 2010 weiß verputzte Westwerk (mit zwei Türmen erst 1884 versehen)

Steinfeld

㉘ Prämonstratenserorden – Klosterareal und Orgelmusik

Foto: Gabriele Nohn-Steinecke

Oberhalb von Kall-Sötenich steht in Steinfeld eine der bedeutendsten und auch weitgehend erhaltenen Klosteranlagen der gesamten Eifel. Der Urprung von Kloster Steinfeld mit seinen drei charakteristischen Kirchtürmen geht auf das 10. Jh. zurück. Der Überlieferung nach soll Sibodo, Graf im Ahrgau, sein Jagdschloss auf der Höhe zwischen Urft, Ahr und Kyll einem Gelübde zufolge für die Gründung eines Benediktinerinnenklosters zur Verfügung gestellt haben. Die Übertragungsurkunde trägt das Datum vom 18. Juni 920. Der Kölner Erzbischof Wichfried weihte um das Jahr 930 das Gotteshaus ein. Sibodo ließ die Gebeine des hl. Potentinus und seiner Söhne von Karden mit Erlaubnis des Erzbischofs Rutger von Trier nach Steinfeld überführen und stattete das neue Kloster damit aus. Potentinus, der im 4. Jh. n.Chr. lebte, entstammte einem aquitanischen Adelsgeschlecht. Er schloss sich mit seinen Söhnen auf einer Wallfahrt nach Trier in Karden dem hl. Castor an, wo sie in einer Klostergemeinschaft lebten. Potentinus und seine Söhne starben dort als Märtyrer.

Belegt ist eine Klostergründung in Steinfeld erst für das Jahr 1070. Sittenverfall kennzeichnete schon bald die neue Klostergemeinschaft. 1021 übertrug Theoderich von Are als Nachfahr von Sibido das Kloster an die Kölner Kirche. Die dem hl. Andreas geweihte Kapelle erhielt die Rechte einer Pfarrkirche. Die Stiftungsurkunde des damals regierenden Erzbischofs Friedrich I., die die Rechte und Pflichten des Klosters regelte, ist die älteste noch erhaltene Urkunde von Steinfeld. Jetzt übernahmen Regularkleriker aus Springiersbach bei Wittlich nahe der Mosel die Klostergemeinschaft. Die Kleriker schlossen sich 1130 dem Prämonstratenserorden an. Dieser Orden war erst zehn Jahre zuvor von Norbert von Xanten in Prémontré gegründet worden und hatte sich rasch verbreitet. Das Kloster entwickelte sich schnell zu einem bedeutenden kirchlichen Zentrum im Heiligen Römischen Reich und konnte zahlreiche Tochterniederlassungen gründen, so etwa das Kloster Strahov in Prag. 1184 bekam das Kloster Steinfeld den Status einer Abtei. Die durchgehende Reihe von 44 Äbten wurde erst 1802 durch die Säkularisation beendet.

Einer der frühen Prämonstratenser-Chorherren war der heiliggesprochene Hermann-Joseph. Er trat um 1160 in das Kloster Steinfeld ein. Dort wurde er auch nach externer Ausbildung zum Priester geweiht. Leider sind die meisten seiner Werke, Hymnen und ein Kommentar zum Hohenlied, verlorengegangen. Volks-

Das Langhaus der Klosterkirche mit Blick auf die Orgel

Foto: Hans Otzen

tümlich geworden ist er durch seine mystische Vermählung mit der Gottesmutter Maria, die ihm den Beinamen »Joseph« einbrachte und deren Standbild in St. Maria im Kapitol in Köln Äpfel als Geschenk darbrachte. Bis heute wird er als »Apfelheiliger« verehrt.

Im Zuge der Säkularistaion wurde die Abteikirche der örtlichen Pfarre übergeben. Die Klosteranlage ersteigerte zunächst der letzte Abt. Dessen Erben war ehemalige Chorherren, die die Anlage an Privatleute veräußerten, so an den früheren Braumeister und den früheren Pförtner. Auf einer Versteigerung erwarb der preußische Staat die Anlage 1844 für 20.000 Gulden. Preußen richtete in der Anlage eine Fürsorge-Erziehungsanstalt ein. Zur Begründung des 1901 verabschiedeten preußischen Fürsorge-Erziehungsgesetzes heißt es: »Einmal will es durch geeignete Maßnahmen die Jugend vor der Gefahr der Verwahrlosung bewahren, zum anderen die bereits verwahrloste Jugend retten, und wo das wegen der weit fortgeschrittenen Verdorbenheit nicht mehr durchführbar erscheint, doch wenigstens die staatliche Gesellschaft vor den verbrecherischen Thaten dieser Entarteten möglichst lange schützen.« Die Anstalt wurde bis 1923 betrieben. Dann konnte die Genossenschaft der Salvatorianer (Gesellschaft des Göttlichen Heilandes) die Klosteranlage in Pacht nehmen und getreu ihrer Zielsetzung, sich neben der Seel-

Salvatorianerkloster Steinfeld: 53925 Kall-Steinfeld, Hermann-Josef-Str. 4, Tel.: (02441) 889–131, www.kloster-steinfeld.de • **Gästehaus:** (für Einkehrtage und Exerzitien), 53925 Kall-Steinfeld, Hermann-Josef-Str. 4, Tel.: (02441) 889131, www.kloster-steinfeld.de • **Akademie Kloster Steinfeld:** Erwachsenenbildung »für erholsame Tage in klösterlicher Umgebung«, Tel.: (02441) 889–180 • **Klosterladen und Klostercafé:** 53925 Kall-Steinfeld, Hermann-Josef-Str. 4, Tel.: (02441) 889–131, www.kloster-steinfeld.de, geöffnet Mo bis Fr 12–18 Uhr, Sa und So 11–18 Uhr • **Konzerte:** Kleine Orgelkonzerte 20 Uhr, Orgelvesper 16 Uhr, Info und Programm: Basilikaorganist Andreas Warler, www.andreas-warler.de

Klostergebäude (18. Jh.)

sorge vor allem der christlichen Erziehung der Jugend zu widmen, dort das Hermann-Josef-Kolleg als Internatsschule einrichten. Nach der Schließung in der Nazizeit konnte dann das Kolleg zu einem altsprachlichen Gymnasium ausgebaut werden. Das Internat musste allerdings 2012/13 geschlossen werden.

Die Abteikirche ist eine langgestreckte romanische Pfeilerbasilika, deren drei Schiffe im gebundenen System gestaltet sind. Die Gewölbe sind mit vorzüglich erhaltenen und restaurierten spätgotischen Rankenmalereien und figürlichen Darstellungen verziert. Über der Vierung erhebt sich ein mit einer spitzen Dachpyramide gekrönter achteckiger Turm. Die Front wird von dem festungsartigen, von zwei Rundtürmen flankierten Westwerk beherrscht. Kunsthistorisch besonders interessant sind die romanischen Fresken in der Ursulakapelle mit der Darstellung Christi in der Mandorla und an den Vierungspfeilern. Sehenswert ist das geschnitzte Chorgestühl aus dem späten 15. Jh., das

Foto: Hans Otzen

Orgelempore der Klosterkirche

barock umgestaltet wurde. Überhaupt dominiert die prachtvolle Barockausstattung das Innenbild der Kirche, so der Hauptaltar, die Seitenaltäre, die Wandvertäfelung der Seitenschiffe, die üppig geschnitzte Kanzel, verschiedene figürliche Arbeiten und vor allem die Orgel, die weltberühmte »König-Orgel«. Die Kreuzigungsgruppe in der Vorhalle stammt schon aus der Zeit um 1500, eine meisterhafte spätgotische Arbeit.

Der Kreuzgang an der Nordseite der Kirche wurde im Zeitraum 1495 bis 1587 errichtet und im 18. Jh. um ein Geschoss erhöht. Von seiner einst kunstvollen Verglasung ist in Steinfeld nur eine bildliche Darstellung erhalten geblieben. Die anderen Überglasmalereien sind nach ihrem Ausbau kurz vor der napoleonischen Zeit auf nicht nachvollziehbare Weise nach London gelangt, wo im Victoria and Albert Museum noch 36 Stück davon gezeigt werden. Im Innenhof des Kreuzgangs steht ein sterngewölbtes Brunnenhaus mit einem Becken aus dem 13. Jh.

Das Klosterareal, in das man durch einen Torbau gelangt, ist von der historischen Immunitätsmauer umgeben. Östlich des Kreuzgangs schließt sich der vom Ende des 15. Jh. stammende, so genannte Krankenbau mit der Bibliothek im Obergeschoss an. Die übrigen, den Kreuzgang in einmaliger Vollständigkeit umschließenden Bauten stammen aus dem zweiten Viertel des 18. Jh. Westlich erstreckt sich der Klosterhof mit Wohnbauten. An dessen Ostseite besteht ein Dreiflügelbau, der sich aus dem 1738 errichteten ehemaligen Abteigebäude als Mitteltrakt, dem »Neuen Krankenbau« als Südflügel von 1661 und der neuen Abtswohnung vom Ende des 18. Jh. als Nordflügel zusammensetzt. Im Ostteil des Areals befinden sich noch der Brauhof und im Westen ein dreieckiger Wirtschaftshof aus der Barockzeit.

Heute bietet Kloster Steinfeld neben dem Gymnasium die Klosterakademie, die sich Themen wie Besinnung, Meditation, Entspannung, Selbsterfahrung oder Wanderexerzitien widmet, Tagungsräume, einen Klosterladen und ein Klostercafé sowie nicht zuletzt das neue, 2015 geweihte Gästehaus.

Doch auch der Orden der Salvatorianer hat Nachwuchssorgen 59 Mönche leben und wirken noch in Deutschland. Damit lassen sich nicht mehr alle Klöster des Ordens in Deutschland aufrechterhalten. Deshalb beschloss das Provinzkapitel des deutschen Ordens der Salvatorianer im April 2018, vier Salvatorianer-Klöster in Deutschland zu schließen, um den verbleibenden vier Klöstern eine neue Zukunftsperspektive zu eröffnen. Steinfeld ist nicht von diesem Beschluss betroffen. So können die Salvatorianer weiter in der Eifel tätig sein und ihren Bildungsaufgaben nachkommen.

Meisterjahn, Bernward: Salvatorianer Kloster Steinfeld, Regensburg 1999 • **Rick, Paulinus:** Das Kloster Steinfeld, Steinfeld 1968

Vianden

㉙ Trinitarierkloster und die schönste Burg Luxemburgs

Die Grafschaft Vianden im Osten von Luxemburg geht auf das 11. Jh. zurück. Erstmals wurde um 1090 Bertolf als »Comes de Vianne« genannt. Innerhalb eines Jahrhunderts hatten sich die Grafen von Vianden zu einem einflussreichen Herrschergeschlecht im Deutschen Reich entwickelt und legten sich mit dem mächtigen Erzbischof von Trier an. Graf Friedrich III. von Vianden begab sich im Vorfeld des 5. Kreuzzuges als Pilger ins Heilige Land, wo er von Sarazenen gefangengenommen wurde. Das Lösegeld zu seiner Freilassung entrichtete der Trinitarier-Orden, der zum Freikauf und Austausch christlicher Gefangener in Händen der Sarazenen gegründet worden war.

Friedrichs Sohn Graf Heinrich I. veranlasste 1248 den Trinitarierorden, in Anerkennung seiner Verdienste für seinen Vater nach Vianden zu kommen und begann, ihm ein Klosterhospital und eine Kirche vor Ort zu errichten. Doch unterstand Vianden pfarrlich bis dahin dem Templerorden, der keineswegs damit einverstanden war, den Trinitarieren Vianden zu überlassen. Der Streit eskalierte, so dass über den Burgherrn zeitweise sogar der Kirchenbann verhängt wurde. Die Lösung des Konflikts bestand letztlich darin, Vianden in zwei Pfarreien aufzuteilen. Dazu betreuten die Trinitarier zunächst von 1256–66 die Kirche in der gräflichen Burg oberhalb des Ortes, bis die fertiggestellte Klosterkirche die Funktion der Pfarrkirche von Ober-Vianden übernehmen konnte. Den Templern überließ der Graf die Kirche im nahegelegenen Roth zur Betreuung, die pfarrlich auch für die Unterstadt von Vianden zuständig wurde. Nach der Aufhebung des Templerordens im Jahr 1312 übernahmen die Johanniter deren Nachfolge und wurden somit Pfarrherren der Talsiedlung

Luftaufnahme (2017) der Burg Vianden

Foto: Wolkenkratzer, Wikimedia Commons

von Unter-Vianden. Bei dieser Teilung blieb es, bis sich Ende des 18. Jh. die Rahmenbedingungen für Klöster grundsätzlich zu ändern begannen. Kaiser Joseph II. hatte als Herr über die Österreichischen Niederlande – und damit auch über Luxemburg – im Zuge seiner Politik des aufgeklärten Absolutismus 1782 die rein komplentativen Orden in seinem Herrschaftsbereich aufgehoben. 1783 folgte unter anderem auch die Aufhebung des Trinitarierordens. Kaum zehn Jahre später fielen die französischen Revolutionstruppen in Luxemburg ein und lösten die alten Ordensstrukturen auf. Die beiden Kirchensprengel in Vianden wurden nun nach über 500-jähriger Trennung zusammengelegt, und die Trinitarierkirche dient seither der ganzen Stadt als Pfarrkirche.

Mit dem Bau der Trinitarierkirche wurde 1248 auf halber Höhe zwischen der Unter- und der Burgstadt Vianden an der Stelle eines romanischen Vorgängerbaus begonnen, von dem

Foto: Hans Otzen

Trinitarierkirche (13. Jh.)

aber nur wenige Spuren erhalten sind. Es entstand in den Folgejahren eine zweischiffige Hallenkirche im frühgotischen Stil aus jeweils fünf Jochen. Das rechte Kirchenschiff war den Mönchen vorbehalten, wo sie nach ihrem Tod auch bestattet wurden, das linke Seitenschiff war für die Bürger bestimmt. Unter der Ägide des Klostervorstehers Minister Peter Ernst Korff Wiltzius wurde dem Klosterschiff 1644 ein quer gestellter Chor angefügt. Dessen Achse weicht um acht Grad von der Schiffsachse ab, womit Christi Tod symbolisiert wird – »Und er neigte das Haupt und gab seinen Geist auf« (Johannes 19,30). Auffallend ist auch der Farbwechsel beim verwendeten Baumaterial. Während für die ursprüngliche Kirche wie auch außen am Chor und an dessen Fenstern rotes Steinmaterial eingesetzt wurde, verwendete man für für Gurte, Bögen und Konsolen im Chor einen hellgelben Sandstein. Unter dem Klostervorsteher Minister Bruno Thandel erhielt die Kirche 1693 eine Orgel im Mönchsschiff auf einer

Foto: Gabriele Nohn-Steinecke

Innenhof des Kreuzgangs mit Brunnen

speziell dafür errichteten Empore, denn das Instrument war den Klosterbrüdern vorbehalten. Um die Kirche leichter betreten zu können, wurde 1732 das Nordportal mit einer Inschrift zu Ehren des dreieinigen Gottes am mittleren Joch angebracht. Als Folge der Aufhebung des Trinitarierordens wurde 1857 die Empore über die gesamte Kirchenbreite erweitert.

Zur wertvollen Innenausstattung der Viandener Trinitarierkirche gehören mehrere Altäre. Der 1620 erstellte Sakramentsaltar setzt sich aus drei Stilrichtungen zusammen. Als Unterbau (Stipes) fand ein gotischer Sarkophag aus der Kirche Verwendung. Der Altaraufsatz (Retabel) entstand im Renaissancestil, dessen mittlerer Teil durch einen holzgeschnitzten Rokoko-Tabernakel mit einer Ädikula darüber ersetzt wurde. Prachtvoll ist der die Dreifaltigkeit darstellende Rokoko-Hochaltar im Chor aus dem Jahr 1758. Wenig später entstand das Chorgestühl, deren Dorsale spiegelbildlich ein Orchester aus Geigen, Trompeten,

Foto: Gabriele Nohn-Steinecke

Frühgotisches Gewölbe der Trinitarierkirche

Flöten und Pauken darstellen. Die barocke Kanzel stammt ursprünglich aus der Kathedrale in Luxemburg und kam 1950 über Umwege nach Vianden. Unter den Grabmalen ist insbesondere das der letzten Gräfin von Vianden, Maria von Spanheim, zu nennen. Die 1400 Verstorbene ist als Liegefigur dargestellt.

Der Kreuzgang des ehemaligen Trinitarierklosters ist in seinen spätgotischen Strukturen als Ort der Ruhe in dem trubeligen kleinen Städtchen Vianden erhalten. In den barocken Klostergebäuden, die mit der Trinitarierkirche ein Geviert bilden, ist heute ein Altenwohnheim untergebracht.

Trinitarierkirche: L-9410 Vianden, 49–55, Grand-Rue, Tel.: (+352) 83 42 57 1 • **Fremdenverkehrsamt Vianden:** L-9419 Vianden, 1A, Rue du Vieux Marché, Tel.: (+352) 834257, www.vianden-info.lu

Osteifel

Lonnig: Pfarrkirche St. Jakobus
(vgl. Seite 206; Foto: Gabriele Nohn-Steinecke)

Andernach

㉚ Klosterstadt am Rhein

Schon in vorgeschichtlicher Zeit haben die Menschen den Siedlungsplatz Andernach zu schätzen gewusst, wie Funde aus der Eiszeit, Bronzezeit und Eisenzeit belegen. Hier am Nordrand des Neuwieder Beckens gründeten die Kelten ihre Siedlung »Antunnacum«. Auf die Kelten folgten die Römer, die nach der Niederlage des Varus am Teutoburger Wald im Jahre 9 n. Chr. zur Sicherung der Rheingrenze ein durch Erdwälle gesichertes Holzkastell anlegten, das von einer Rätercohorte bewacht wurde. Unter den Römern konnte sich Andernach zu einem wohlhabenden Handelsplatz mit Baumaterialien aus der Eifel entwickeln. Mit dem Beginn der Germaneneinfälle wur-

Postkarte mit der Ansicht von Andernach um 1900

Foto: Wikimedia Commons

de die Lage für die Römer am Rhein unsicherer. Sie befestigten Antunnacum mit einer Mauer, Türmen und Toren. Bis zur Mitte des 4. Jh. n.Chr. war in Antunacum noch eine römische Kastellbesatzung anwesend. Im Zuge des Zusammenbruchs des Römischen Reichs begannen Franken, im Mittelrheingebiet zu siedeln. Der Übergang von der Römerzeit verlief kampflos, die Bewohner verblieben weitgehend in der Stadt. Eine Vermittlerrolle fiel dem Christentum zu, das in Antunacum Verbreitung gefunden hatte. In der Wende vom 6. zum 7. Jh. bestand in Andernach das Mönchskloster St. Stephan, das während der Normannenstürme 883 zerstört wurde.

In den darauffolgenden Jahrhunderten war der Andernacher Raum von weiteren kriegerischen Auseinandersetzungen betroffen. An diesem strategisch wichtigen Ort prallten die Interessen der Kaiser und Könige mit denen der Erzbischöfe von Trier und Köln aufeinander. Als Otto IV. in Andernach zum König ausgerufen worden war, eroberte und brandschatzte sein Widersacher Philipp von Schwaben 1197 die Stadt, deren Pfarrkirche Maria Himmelfahrt Kaiser Heinrich VI. 1194 dem Trierer Erzbischof Johann I. geschenkt hatte. Der Antagonismus zwischen Köln und Trier blieb über die gesamte Feudalzeit bestehen – Landesherr in Andernach war Köln, Kirchenherr aber Trier.

Bis heute ist das Stadtbild von Andernach wesentlich durch die Bauten der Feudalzeit geprägt. Im 13. Jh. wurde die östlich des alten Kastells gelegene Vorstadt mit Mauer, Toren und Türmen befestigt, wobei man auch die kurkölnische Landesburg in diese Stadtbefestigung einbezog. Der mittelalterliche Kran am Rheinufer, dessen Triebwerk noch gebrauchsfähig ist, spiegelt die ökonomische Tatkraft der Andernacher Bewohner wieder.

Andernach Tourist-Information: 56626 Andernach, Konrad-Adenauer-Allee 40, Tel.: (02632) 987948-0, www.andernach-tourismus.de • **Stadtmuseum Andernach:** 56626 Andernach, Hochstr. 99, Tel.: (02632) 308133, www.andernach-tourismus.de, Di–Fr 10–16 Uhr, Sa, So und feiertags 14–17 Uhr

Dominant wirkt der großartige Bau der Pfarrkirche Maria Himmelfahrt, eine dreischiffige Emporenbasilika im Rheinischen Übergangsstil. Auch die Klostergründungen in der Stadt haben ihre Spuren hinterlassen. Wenn auch vieles seit der Säkularisation nicht mehr vorhanden ist, so zeugt noch die ehemalige Minoritenkirche, die heutige evangelische Christuskirche, von dieser Zeit. Vom Augustinerinnenkloster ist noch die Friedhofskapelle vorhanden, vom Annunziatenkloster noch die Stiftskirche. Von den Klöstern der Dominikaner, der Karmeliter, der Franziskaner und den Servitinnen ist fast nichts verblieben, auch wenn sie das Leben in der Stadt über Jahrhunderte geprägt haben. Diesen Themen widmet man sich unter anderem in dem von der Leyenschen Hof, dem Stadtmuseum von Andernach.

Brommer, Peter: Mittelalterliche Klöster und Klosterhöfe, in: **Heyen, Franz-Josef (Hg.):** Andernach. Geschichte einer rheinischen Stadt, Andernach 1988 • **Schindler, O. H. / Huiskes, Manfred:** Andernach (Rhein. Kunststätten 8), Neuss 1979

Augustinerinnenkloster. Bereits in frühchristlicher Zeit an der Wende vom 6. zum 7. Jh. bestand in Andernach das Mönchskloster St. Stephan. Auf den Trümmern des ehemaligen St. Stephansklosters gründete Texwindis, Leiterin des Frauenkonvents von Springiersbach und Schwester des Abts des Doppelklosters von Springiersbach, weit über 300 Jahre später einen Frauenkonvent nach der Regel des hl. Augustinus.

Die Frühgeschichte des der hl. Maria geweihten Augustinerinnenklosters in Andernach liegt im Dunkeln. Im Jahr 1128 tritt das Kloster dann in die Geschichte ein – mit seiner Bestätigung durch Erzbischof Meginher. Richard war ein Gefolgsmann des strengen, gegen den degenerierten Klerus vorgehenden Erzbischofs. Unter diesem Vorzeichen ist wohl auch die Verlegung des weiblichen Konventsteils von Springierbach vor die Mauern von Andernach zu verstehen, um auch dort die strenge Regel des

Augustinus zu vertreten, und den der Erzbischof 1129 auch Richard unterstellte. Auch legte er fest, dass die Zahl der Nonnen 100 nicht übersteigen sollte, um den Konvent überschaubar zu halten. Die Unterstellung des Andernacher Konvents unter das Springiersbacher Kloster galt bis zum Beginn des 18. Jh.

Das Augustinerinnenkloster von Andernach konnte sich bald sehr positiv entwickeln, dies auch Dank der Stiftungen durch Meginher. Weitere Stiftungen erfolgten durch neu eintretende Damen, die ihr Vermögen dem Kloster übertrugen. So stieg die Zahl der Insassen stark an, so dass sich Erzbischof Albero von Munsterol 1138 veranlasst sah, erneut auf die einzuhaltende festgelegte Obergrenze hinzuweisen. Am 27. Mai 1152 erhielt die Klostervorsteherin Bensuetis sogar noch die Bestätigung durch Papst Eugen III. 1198 wurde das Kloster zwar in den Wirren um die Auseinandersetzung zwischen Philipp von Schwaben und Otto IV. um die Reichskrone von marodierenden Soldaten geplündert, aber dennoch konnte sich das Kloster weiter positiv entwickeln und erreichte seine Blütezeit bis zum 15. Jh. Sein Reichtum wuchs durch die Gaben der adligen Damen, die ab dem 15. Jh. ausschließlich Eingang ins Kloster fanden. Die Ländereien des Klosters reichten in seiner besten Zeit bis weit in die Eifel bis zur Mosel und auf rechtrheinischem Gebiet bis zur Lahn bei Limburg.

Im 15. Jh. ergänzte die Gemeinschaft das Marienpatrozinium um die Verehrung des hl. Thomas Becket. Seither trug das Kloster den Namen »Unserer Lieben Frau vor den Mauern zum hl. Thomas«. Doch hielten die guten Zeiten nicht über Jahrhunderte an. Ende des 15. Jh. war der Niedergang deutlich geworden. Unter der Vorsteherin Pfalzgräfin Margareta von Bayern bestand die Gemeinschaft nur noch aus 18 Nonnen. Im Drei-

Augustinerinnenkapelle: Auf dem Schulhof der Realschule St. Thomas, 56626 Andernach, Salentinstr. 1A, Tel.: (02632) 940720

Kapelle St. Michael (13. Jh.)

ßigjährigen Krieg zerstörten zunächst schwedische Truppen 1632/33 und 1646 französische Truppen das Klosteranwesen. Der Wiederaufbau erfolgte nur zögerlich. Wirtschaftliche Probleme der Gemeinschaft führten 1701 zur Trennung von Springiersbach, die Aufsicht übernahm nun der Trierer Erzbischof. 1786 erfolgte in einvernehmlicher Entscheidung zwischen dem Trierer Erzbischof und dem Kölner Erzbischof als Landesherrn die Umwandlung des Augustinerinnenklosters in ein adeliges Damenstift. Die Landwirtschaft wurde eingestellt, Ländereien und nicht mehr benötigte Gebäudeteile verkauft, um den Schuldenstand zu regulieren. Als französische Revolutionstruppen 1794 auf linksrheinisches Gebiet vordrangen, fanden sie ein zur Bedeutungslosigkeit abgesunkenes Kloster vor. Die französischen Soldaten brannten die Klostergebäude nieder. Die Kirche war dann so ruinös, dass sie 1807 nach der Säkularisation abgerissen wurde.

Als Preußen 1815 das Rheinland übernahm, richtete die Regierung in den erhaltenen oder wiederhergerichteten Gebäudeteilen der Klosteranlagen eine »Irrenanstalt« ein. Diese »Provinzialirrenanstalt Andernach« erweiterten sie 1867 und lagerten sie später aus und führten sie andernorts ab 1876 als »Irrenpflegeanstalt« in städtischem Besitz fort und lösten sie 1920 auf. Im ehemaligen Äbtissinnenhaus entstanden Wohnungen. Nach Kriegszerstörung wurde Anfang der 1950er Jahre die Kirche St. Albert auf Teilen der Grundmauern des alten Klosters errichtet. Das Haupthaus der ehemaligen Irrenanstalt St. Thomas beherbergte lange die Andernacher Katholische Volksschule, die 1980 einem Neubau wich. Von der mittelalterlichen Anlage ist neben dem Wehrturm, der ab 1912 als Wasserturm genutzt wurde, nur noch die ehemalige Friedhofskapelle des Klosters erhalten, die an ihrem Standort heute vom Pausenhof der Realschule St. Thomas umgeben wird. Die Kapelle wurde 1210/20 erbaut und weist einen rechteckigen Grundriss ohne vorspringenden Chor auf. Sie ist, wie bei Friedhofskapellen vom frühen Mittelalter bis in die Spätgotik üblich, doppelgeschossig, was der Aufbau der Außengliederung widerspiegelt. Der schlanke spätromanische Bau weist Rundbogenfenster, Kleeblattarkaden im Untergeschoss und Blendbögen und Säulen im Obergeschoss auf.

Brommer, Peter: Mittelalterliche Klöster und Klosterhöfe, in: **Heyen, Franz-Josef (Hg.):** Andernach. Geschichte einer rheinischen Stadt, Andernach 1988

Minoritenklosterkirche. Die hochgotische ehemalige St. Nikolauskirche des Andernacher Minoritenklosters ist die heutige evangelische Christuskirche der Stadt.

Franz von Assisi (1181/82–1226) gründete den Orden der Minderen Brüder. Seine Lebensweise zog gleichgesinnte Gefährten an, was zur Gründung des Ordens führte, dem rasch Mitglieder zustießen. Der Papst erteilte der neuen Gemein-

Minoritenkloster (13. Jh.)

schaft um Franz von Assisi im Jahr 1210 die vorläufige Erlaubnis, nach ihrer Regel in Armut zu leben und Buße zu predigen. Offiziell wurde die Gemeinschaft der Franziskaner-Minoriten 1215 anerkannt, Franz von Assisi schon zwei Jahre nach seinem Tod heiliggesprochen.

Die Stiftung eines Minoritenklosters um das Jahr 1240 geht vermutlich auf Graf Ruprecht von Virneburg († 1242) zurück. Als erster Abt wird Dietrich I. von Trier genannt, der zuvor als siebter Abt das Kloster Maria Laach geleitet hatte. Mit dem Bau der Klosterkirche 1245 wurde in der Ägide des Kölner Erzbischofs Konrad von Hochstaden, der 1248 den Grundstein zum Kölner Dom legte, begonnen. Die Kirche war um 1450 in der Ägide von Erzbischof Dietrich II. fertiggestellt.

Das Minoritenkloster war beim Stadtbürgertum und beim Adel im weiten Umfeld hoch angesehen, so dass es weitere Stiftungen erhielt, mit denen unter anderem der Bau der Kir-

Foto: Helge Klaus Rieder, Wikimedia Commons

Seit 1845 nutzt die evangelische Gemeinde von Andernach die ehemalige Minoritenklosterkirche als Christuskirche

che finanziert werden konnte. Doch war das Minoritenkloster zu Beginn des 17. Jh. von Niedergang gekennzeichnet, wodurch auch den seelsorgerischen Pflichten weniger sorgsam entsprochen wurde. Daraufhin ließ der Kölner Erzbischof Ferdinand die letzten vier im Kloster lebenden Konventualen im Jahr 1615 abberufen und durch die nach strengerer Regel lebenden Franziskaner-Observanten ersetzen.

Die Franziskaner-Observanten begannen noch im gleichen Jahr mit Instandsetzungsarbeiten, die auch für das Jahr 1620 belegt sind. Die Plünderung Andernachs im Dreißigjährigen

Christuskirche: 56626 Andernach, Hochstr. 86 • Gemeindeamt: Evangelische Kirchengemeinde Andernach, 56626 Andernach, Friedlandstr. 1a, Tel.: (02632) 43959, www.ev-kirche-andernach.de

Foto: Helge Klaus Rieder, Wikimedia Commons

Das Gewölbe der Christuskirche (ehemalige Minoritenklosterkirche)

Krieg durch schwedische Truppen betraf auch die von den Franziskaner-Observanten erneuerten Gebäudeteile des Klosters. Der Wiederaufbau konnte erst 1709 abgeschlossen werden. Mit der Säkularisation ging auch das Franziskanerkloster in französischen Verwaltungsbesitz über, die es der Armee zur Nutzung als Kaserne übergab. Den nachfolgenden Preußen diente es als Depot und Pferdestall. 1845 übergab der preußische König Friedrich Wilhelm IV. die Kirche mitsamt dem Klostergelände der protestantischen Kirchengemeinde. Die Lutheraner nutzen sie seither als ihre Christuskirche.

Bei dem von den Minoriten errichteten Sakralbau handelt es sich um eine sechsjochige gotische Hallenkirche überwiegend aus Tuffstein mit Werkstücken aus Trachyt und nur einem halb so breiten Seitenschiff, das sich in den dreijochigen Chor mit 5/8-Schluss fortsetzt. Das Langhaus ist über 50 m lang, 14 m breit, und die Gewölbehöhe beträgt über 14 m. Das Westportal prägt ein Tympanon mit Blendwerk. Das Innere ist durch hohe Arkadenöffnungen mit schlanken Pfeilern gekennzeichnet. Beeindruckend ist die einheitliche Raumwirkung des schlichten und großräumigen Baukörpers. Eingedeckt ist die Kirche mit einem Satteldach, die Seitenschiffjoche tragen quergestellte Satteldächer. Ein Dachreiter ist über dem 4. und 5. Joch des Hauptdaches aufgesetzt.

Die Klosterbauten wurden zur Errichtung des Wehrbezirkskommandos bis 1905 großenteils abgerissen. Erhalten blieben der nördliche Teil des ehemaligen Kreuzgangs und ein Teil des früheren Dormitoriums, in dem heute der Gemeindesaal untergebracht ist.

Heinz, Stephan / Schmidt, Wolfgang: Andernach Minoritenkirche St. Nikolaus, in: Klosterführer Rheinland, Köln 2003 • **Otzen, Barbara und Hans:** Andernach Christuskirche, in: Die schönsten Klöster und Stifte im Rheinland, Köln 2007

Annunziatenkloster. Die Ereignisse des Dreißigjährigen Krieges haben sicherlich den Rat der Stadt Andernach veranlasst, im Jahr 1643 dem Orden der Annunziaten die Erlaubnis zu geben, in der Stadt ein Kloster zu gründen. Die ersten Nonnen kamen 1652 nach Beendigung des Krieges. Erste Unterkünfte konnten bereits im darauffolgenden Jahr von 16 adeligen Nonnen bezogen werden. Mit dem Bau der Klosterkirche, wie sie heute noch steht, wurde 1739 begonnen. Da man als Baumaterial die Steine des benachbarten Schlosses verwendete, konnte die Kirche schon drei Jahre später geweiht werden. 1775 folgte dann der Bau einer Schule für Mädchen. Nach der Säkularisierung verpachtete die französische Verwaltung ab 1804 das Klosterensemble der Annunziaten an die Stadt Andernach. 1841 übernahm das »St. Nikolaus-Stiftshospital Andernach« das Klosterareal.

Foto: Hans Otzen

Portal der Annunziatenklosterkirche (18. Jh.)

Das St. Nikolaus-Stiftshospital war seit dem späten Mittelalter in Andernach ansässig. Sein Wirken zum Wohl der Armen, Alten, Waisen, Gebrechlichen und Kranken wurde durch eine Urkunde vom 1. Januar 1250 belegt, die besiegelt, dass der Andernacher Schöffe Ernestus und seine Ehefrau Christina einen großen Teil ihres Vermögens dem wohl gerade im Bau befindlichen Andernacher Hospital als Stiftung übereigneten. Somit konnten die geistlichen Laienbrüder dieser karitativen Einrichtung ihrer segensreichen Tätigkeit auf gesicherter wirtschaftlicher Basis nachgehen. Von formeller Bedeutung war zweifelsohne, dass das Stift von den Erzbischöfen von Köln und Trier anerkannt wurde. Das Hospital und die dazugehörige Kapelle widmeten die Laienbrüder dem hl. Nikolaus, dem Beschützer und Helfer der Notleidenden. Die kirchliche Aufsicht wurde von der Abtei Rommersdorf wahrgenommen. Der Einfluss der Stadt auf das Hospital hatte von Anfang an bestanden. Dieser nahm im

Foto: Hans Otzen

Innenraum der Annunziatenklosterkirche

Laufe der Jahrhunderte sogar noch zu. So wurde ab der Mitte des 16. Jh. die Wahl der Entscheidungsträger des Hospitals, der Hospitalmeister, Provisoren und Almosenmeister nicht mehr intern, sondern von der Stadt vorgenommen. Zur Auflösung des Stifts und dessen Inkorporierung in die Stadt kam es allerdings nicht. Der geistliche Charakter des Stifts blieb erhalten, was dessen Beschlagnahmung in der Franzosenzeit zur Folge hatte. Das Hospital diente unter napoleonischer Herrschaft als Lazarett und Magazin. Durch die Säkularisierung verlor das Stift im Jahr 1803 den größten Teil seiner Besitzungen, was die Wiederaufnahme seiner karitativen Tätigkeit sehr erschwerte. Doch eine erneute großzügige Schenkung löste viele Probleme.

St. Nikolaus-Stiftshospital GmbH: 56626 Andernach, Ernestus-Platz 1, Tel.: (02632) 4040, www.stiftshospital-andernach.de • **Lage der Stiftskirche:** Bürresheimer Gasse

In einem 1834/35 besiegelten Gebäudetausch übernahm das St. Nikolaus-Stiftshospital das Hospital des ehemaligen Annunziatenklosters einschließlich der 1736–39 errichteten Klosterkirche. Das Stift ließ das alte Schulgebäude 1841 zugunsten eines Schulneubaus weitgehend abreißen. Reste der alten Klostergebäude sind noch neben der Kirche erhalten. Der Hospitalbetrieb fand zunächst weiter darin statt. Die Krankenversorgung konnte erst richtig aufgenommen werden, als im Mai 1845 die ersten drei Schwestern aus der Genossenschaft der barmherzigen Schwestern vom hl. Karl Borromäus ihren Dienst im Stift antraten. Damals gab es sechs Krankenbetten im Stift, doch das reichte auf Dauer nicht aus. Angesichts der gestiegenen Bevölkerungszahl von Andernach musste auch die Patientenversorgung auf breitere Basis gestellt werden. 1897 eröffnet das Stift einen Krankenhausneubau mit 85 Betten mit Operationssaal und Röntgenraum. Die Erweiterung der Kapazität um weitere 35 Betten erfolgte im Jahre 1930. Heute betreibt das St. Nikolaus-Stiftshospital ein modernes Krankenhaus in Andernach.

Mit der Übernahme der Annunziaten-Klosterkirche hatte das St. Nikolaus-Stiftshospital die Verpflichtung zu deren Erhalt übernommen. Es ist ein spätbarocker fünfjochiger Saalbau unter einem böhmischen Kappengewölbe. Die umfangreiche Ausmalung zeigt unter anderem Motive zur Gründung des Ordens der Annunziaten durch Johanna von Valois. Weitere Motive beinhalten die Dreifaltigkeit, das Weltgericht und im Chor den Guten Hirten sowie nicht zuletzt die Verherrlichung Mariens im östlichen Joch. Die Wand- und Deckenmalereien bieten gelungene perspektivische Durchblicke auf Landschaftsdarstellungen. Der Altar stammt aus dem Cochemer Kapuzinerkloster.

Hoor, Berthold: Hospitalkirche St. Josef Andernach, Regensburg 2005 • **Gesell, Claudia:** Die Hospitalkirche des St. Nikolausstifts in Andernach, in: 750 Jahre Stiftung St. Nikolaus-Stiftshospital in Andernach, Andernach 2000

Burgbrohl

㉛ Benediktinerpropstei St. Servatius, Buchholz – Die Werkstatt des Samson-Meisters

Zu Beginn des 12. Jh. gründete die Benediktinerabtei Gladbach (heute: Mönchengladbach) eine Niederlassung nahe Burgbrohl, um die Mutterabtei mit Wein zu versorgen – an den sich zum Rheintal hin absenkenden Hängen des Gleesbachtals wurden bis in das 18. Jh. Rebgärten bewirtschaftet. Eine erste Nennung dieser Niederlassung erfolgte 1135 in einem Schreiben des Gladbacher Abtes Walterus. 1163 wurde die Propstei als »Bucolz« bezeichnet. Das Mutterkloster stattete seine Propstei mit Ländereien sowie Wasser-, Fischerei- und Jagdrechten aus. Die Weinberge blieben aber stets im Besitz des Mutterklosters – zu wichtig war die Erzeugung des Weins für ihre liturgischen Handlungen.

Die Bedeutung, die das Mutterkloster seiner Propstei Buchholz beimaß, zeigt sich an den Ausmaßen und künstlerischen Ausgestaltung der Propsteikirche, die in der ersten Hälfte des 12. Jh. errichtet wurde. Es entstand eine kreuzgewölbte dreischiffige Basilika aus zwei Jochen im gebundenen System. Mitte des 12. Jh. kam ein dreijochiges Querhaus mit Halbkreisapsiden an den Armen hinzu. Am Ende des 12. Jh. wurde der Chor aus einem Joch mit halbrunder Apsis und seitlichen Chorflankentürmen mit integrierten Nebenapsiden angefügt. Blendbögen, Zwerggalerie sowie Reste von Blattwerkfriesen, Lisenen und Gesimsen zeigen große künstlerische Qualität. Ihre Gestaltung

Förderverein zur Wiederherstellung u. Unterhaltung der Propsteikirche e.V.: 56559 Burgbrohl-Buchholz, Buchholz 7, Tel.: (02636) 941300, www.propstei-buchholz.de • **Ortsgemeinde Burgbrohl:** 56659 Burgbrohl, Brohltalstr. 118, Tel.: (02636) 3663, www.burgbrohl.de

Innenhof der Propstei St. Servatius (12./17. Jh.)

wird der Werkstatt des Laacher Samsonmeisters zugeschrieben. Hierbei handelt es sich um die Bezeichnung eines namentlich nicht bekannten spätromanischen Steinmetzes, der vor allem im mittelrheinischen Gebiet tätig war und das »Samson-Fragment« in der Abtei Maria Laach hinterlassen hat.

Die Bedeutung der Propstei Buchholz im Mittelalter ist auch daran zu erkennen, dass ihr 1320 die Kirche des heutigen Burgbrohler Ortsteils Weiler (früher: Niederoberweiler) unterstellt wurde. Sie ist die heutige Filialkirche St. Kastor der Pfarrgemeinde Burgbrohl und wurde in den Jahren 1727–29 errichtet. Vom Vorgängerbau ist noch der Hochaltar auf romanischer Mensa aus dem 17. Jh. erhalten.

In der Folgezeit bereitete die große Entfernung zum Mutterhaus der Propstei in mehrfacher Hinsicht Probleme. Weitgehend schutzlos war die Propstei Übergriffen benachbarter Herrschaften, so vor allem denen der nahe gelegenen Burg Brohl, ausgesetzt. Es kam immer wieder zu Missachtung der Wasser-, Fischerei- und Jagdrechte der Propstei. Diese Vorgänge führten wohl zu so grundsätzlichen Problemen, dass baufällige Teile der Kirche nicht ausgebessert wurden. Der für den Zustand der Propstei überdimensionierte Bau wurde 1644 um die Seitenschiffe und das westliche Kirchenschiff verkleinert. 1683 wurden die westlichen Langhausjoche abgetragen und die Westfassade mit einem Barockportal versehen. Die Säkularisation führte zur Auflösung der Propstei und zur Veräußerung der Gebäude. Die nachfolgenden Besitzer nutzten die Kirche als Scheune. Ein Brand in der Silvesternacht 1951 führte zu Einstürzen. Als die Eigentümer 1981 eine Abrissgenehmigung beantragten, regte sich Widerstand der Bürger. Sie gründeten 1984 einen Förderverein, der sich seither um die sukzessive Sicherung der noch vorhandenen Gebäudeteile und um den Ausbau der Anlage bemüht. Längst kann die Kirche für kulturelle Veranstaltungen, wie etwa für Konzerte oder Vernissagen, genutzt werden.

Müller, Wolf-Manfred: Die ehemalige Propstei St. Servatius in Burgbrohl-Buchholz (Rheinische Kunststätten 376), Neuss 1992 • **Otzen, Barbara und Hans:** Propstei St. Servatius Burgbrohl-Buchholz, in: Die schönsten Klöster und Stifte im Rheinland, Köln 2007

Gartenseite der Propstei St. Servatius

Foto: Gabriele Nohn-Steinecke

Schloss Burgbrohl

Foto: Gabriele Nohn-Steinecke

Die Herren von Brule, vom Kaiser eingesetzte Gaugrafen auf der der Propstei Buchholz nahe gelegenen Burg Brohl, waren im ausgehenden Mittelalter von schicksalhafter Bedeutung für den Konvent. Lange Zeit waren die Mönche immer wieder Überfällen und Ausraubungen ausgesetzt, gegen die sie in ihrer abgeschiedenen Lage nichts unternehmen konnten. Sie bedrohten letztlich die Existenz des Konvents, der kaum noch in der Lage war, seine Kirche zu unterhalten. Burg Brohl gelangte in der Neuzeit an verschiedene Besitzer, wurde zwischendurch auch zerstört. Heute stellt sich Burg Brohl, die zeitweise auch einem Männerorden als Unterkunft gedient hatte, als malerischer Barockbau dar, der seit 2009 sukzessive zu einem Gastronomiebetrieb mit Hotel, Restaurant, Weinkeller und Biergarten ausgebaut wurde.

Schloss Burgbrohl Wellness- & Tagungshotel: 56659 Burgbrohl, Auf der Burg 1, Tel.: (02636) 800140, www.schloss-burgbrohl.de, Restaurant täglich geöffnet 12–1 Uhr, Schlossterrasse täglich geöffnet April bis Okt. 12–22 Uhr, dafür Schlossschenke in den Frühlings- und Sommermonaten geschlossen

Lonnig

㉜ Augustinerkloster – Im Spannungsfeld zwischen Trier und der Pfalz

Die Pellenz ist eine fruchtbare Landschaft, die sich zwischen der Nette im Norden, dem Rhein im Osten und der Mosel im Süden erstreckt. Hier haben die Menschen früh gesiedelt, Fundspuren reichen 300.000 Jahre zurück. Wie viele Orte in der Pellenz kann Lonnig auf vorgeschichtliche keltische und römische Ursprünge zurückblicken.

Erste Hinweise auf eine mittelalterliche Ansiedlung bietet die Erwähnung einer Eremitengemeinschaft, die hier zu Beginn des 12. Jh. bestanden hat. Dieser Gemeinschaft hatte der trierische Ministeriale Werner eine der Jungfrau Maria geweihte Kapelle errichtet und einem Lutold übertragen. Nach dem Tod Lutolds unterstellte der Ministeriale Werner die Gemeinschaft der Leitung des Augustiner-Chorherrenstifts Springiersbach. Dies geschah zwischen 1119 und 1123. Damit hatte Werner aber gegen die Territorialinteressen seines Herren, dem Erzbischof und Kurfürsten von Trier, gehandelt, denn das Kloster Springiersbach war mit Unterstützung und Ausstattung des rheinischen Pfalzgrafen gegründet worden. Der Pfalzgraf übte auch als regionaler Widersacher des Trierer Erzbischofs die Vogteirechte über Springiersbach und damit auch über Lonnig aus. Und so kam es, dass der Pfalzgraf sich weigerte, Lonnig dem Erzbischof zu unterstellen. Daraufhin lehnte es der Erzbischof 1123 ab, die Kirche von Lonnig zu weihen. Doch saß der Erzbischof am längeren Hebel. Erzbischof Albero erhob Lonnig 1136 zu einer selbstständigen Abtei, die weiterhin der Augustinerregel treu blieb, und übernahm ihre Vogtei, womit sie dem Zugriff des Pfalzgrafen wieder entzogen war. Diesen Vorgang billigte Papst Innozenz II. ein Jahr später.

Foto: Gabriele Nohn-Steinecke

Pfarrkirche St. Jakobus (12. Jh.)

Die weitere Entwicklung zeigt, dass es neben einem Männerkonvent auch einen Frauenkonvent in Lonnig gegeben hat, eventuell waren auch schon unter den Eremetiten weibliche Personen. Mit der Selbstständigkeit der Abtei in Lonnig baten immer mehr Frauen um Aufnahme, wahrscheinlich als Reaktion auf schlechter werdende Lebensbedingungen für die Bevölkerung. Die Abtei konnte schon bald die zunehmende Zahl von Nonnen nicht mehr verkraften, die Lebensfähigkeit des Doppelklosters war infrage gestellt. Zudem wurden moralische Bedenken gegen das Zusammenleben von Männern und Frauen in einer klösterlichen Gemeinschaft erhoben. So sah sich Abt Folmar genötigt, Erzbischof Albero um Verlegung der Frauengemeinschaft zu bitten. Der Erzbischof wählte dafür 1143 den »bellus locus« Schönstatt bei Vallendar aus, um dort ein Frauenkloster zu gründen, das wirtschaftlich auf eigenen Füßen stehen, aber dem Männerorden in Lonnig unterstellt bleiben sollte. Im

Oktober 1143 trennte Erzbischof Albero auch noch die letzten Bindungen der Abtei Lonnig von Springiersbach.

Doch auch die weitere Entwicklung der Lonniger Abtei ging nicht problemlos vonstatten. Die Ordensdisziplin nahm ab, Güter wurden unerlaubt verkauft, wirtschaftliche Schwierigkeiten nahmen zu. Mit dem Bau der neuen Abteikirche hatte man sich übernommen, die Arbeiten am Gotteshaus gingen nur langsam voran. Die Abtei musste einen Besitz nach dem anderen zu verkaufen.

Unter diesen Umständen sah sich der Trierer Erzbischof gezwungen, die Abtei in Lonnig aufzulösen. Am 1. Dezember 1326 verlegte er das Kollegium als Clemensstift nach Mayen unter der Bezeichnung »Monasterium beatae Marie de Lonnecho infra muros de Meyene« mit Sitz an der Pfarrkirche St. Clemens. Von der Augustinerabtei Lonnig verblieb nur eine Propstei vor Ort. War die Klosterkirche bei der Gründung der hl. Maria geweiht, so scheint um 1570 das Patrozinium zu St. Joseph gewechselt zu haben. War die Kirche bislang als Filiale der Pfarrei in Kobern aufgeführt, so trennte Erzbischof Franz Georg die Filiale Lonnig von Kobern und erhob sie am 1751 zur selbstständigen Pfarrei. Mit der Aufhebung der Augustinerabtei hatte Lonnig aber schon Jahrhunderte zuvor an Bedeutung eingebüßt; als Wahrzeichen des Ortes ist aber der hohe Turm der Pfarrkirche St. Jakobus verblieben.

Die heutige Lonniger Pfarrkirche St. Jakobus ist von hoher geschichtsträchtiger Bedeutung. Sie zählt im Ursprung zu den wenigen romanischen Rundkirchen, die uns aus ihrer Entstehungszeit bezeugt sind. Der romanische Ursprungsbau entstand in zwei Phasen. Der Rundbau mit zweigeschossiger Vorhalle aus

Pfarrkirche St. Jakobus: An der Kirche, 56295 Lonnig, Tel.: (02625) 4330, www.pg-ochtendung-kobern.de • **Rhein-Mosel-Eifel-Touristik:** Tourismuszweckverband des Landkreises Mayen-Koblenz, 56068 Koblenz, Tel.: (0261) 108419, www.remet.de

dem zweiten Viertel des 12. Jh. ist heute nicht mehr vorhanden. Von der spätromanischen Chorfassade haben sich die Apsis und der fünfgeschossige Nordturm, vom Südturm das unterste Geschoss erhalten. Der zweite Bauabschnitt, ein sich wohl anschließender dreischiffiger Baukörper mit Zwischenjoch, wurde nie vollendet. Brandschäden haben diesen Bau verfallen lassen. Er wurde zudem auch als Steinbruch benutzt.

Die Kenntnisse über die verfallenen Bauteile der alten Abteikirche in Lonnig verdanken wir den Aufzeichnungen des Architekten Johann Claudius von Lassaulx, der die vorhandenen Baureste 1836 vermaß, sowie späteren Ausgrabungen. Lassaulx war mit der Erneuerung der Kirche beauftragt worden. Er erweiterte den aus der Bauzeit erhaltenen Chor mit der Apsis um ein Joch nach Westen. Im Untergeschoss zeigt der ursprüngliche Chorteil eine siebenteilige Reihe aus Lisenen und doppelten Rundbögen mit Rundbögenblenden auf Wandsäulen darüber. Den Abschluss bildet ein Plattenfries mit Zwerggalerie und Gesims. Der schlanke fünfgeschossige Nordturm am Chor ist ganz erhalten, vom Südturm nur das unterste Geschoss. Das oberste Geschoss des Nordturms zeigt dreiteilige Fenstergruppen, eingedeckt ist er mit einem rautenförmigen Dach.

Trotz der bewegten Geschichte der Lonniger Pfarrkirche sind Teile der Ausstattung erhalten. Der halblebensgroße steinerne Verkündungsengel an der Chorwand stammt aus der zweiten Hälfte des 13. Jh. Ebenfalls an der Wand befindet sich ein fein gearbeitetes Relief der Muttergottes aus der Zeit um 1460. Der barocke Taufstein aus Basaltstein trägt einen vergoldeten Messingdeckel. Der über einen Meter großen barocken Holzfigur des Apostels Jakobus fehlen die Arme, sie entstand noch im 17. Jh. Ein großes Vesperbild steht in der Friedhofskapelle.

Mötsch, Johannes: Augustiner-Chorherrenstift St. Marien zu Lonnig, in: Eiflia sacra, Studien zu einer Klosterlandschaft, Mainz 1994

Maria Laach

㉝ Benediktinerabtei – Klosterleben am See

Die Klosteranlage von Maria Laach vor der grandiosen Kulisse des Laacher Sees, der seine Entstehung einem Vulkanausbruch verdankt, gehört zu den eindrucksvollsten Bauwerken der Eifel. Am Südufer des Laacher Sees hatte Pfalzgraf Heinrich II. seinen Sitz in einer Burg, die seine Vorfahren dort errichtet hatten und deren Spuren heute noch erkennbar sind. Gemeinsam mit seiner Frau Adelheid von Meißen-Orlamünde gründete er 1093 zu ihrem Seelenheil ein Kloster an dem der Burg gegenüber liegenden Seeufer, das ihnen auch als Grablege dienen sollte.

Foto: Gabriele Nohn-Steinecke

Der um 1050 geborene Heinrich II. entstammte dem Haus Luxemburg-Gleiberg und war als Graf im Mayengau und im Engersgau Herr über die Lande südlich des Laacher Sees. 1085 ehelichte er Adelheid, die damit ihre dritte Ehe antrat. Aus ihrer ersten Ehe mit dem Askanier Adalbert II. von Ballenstedt entstammte neben Otto dem Reichen, dem späteren Herzog von Sachsen, auch der um 1075 geborene Siegfried von Ballenstedt, der später von Heinrich adoptiert wurde und dessen Nachfolger als Pfalzgraf wurde. 1080 heiratete Adelheid den Pfalzgrafen Hermann II. von Lothringen aus dem Geschlecht der Ezzonen. Zwei weitere Kinder aus dieser Ehe starben frühzeitig. In ihre dritte Ehe mit Heinrich II. brachte sie die Pfalzgrafschaft als Mitgift ein.

Die Wehrhaftigkeit der von den Vorgängern Heinrich II. Mitte des 11. Jh. auf einem Felsvorsprung im See errichteten Turmhügelburg lässt sich heute nur noch erahnen, denn damals war der Seespiegel um 15 m höher, der den Sporn umrundende

Das Westwerk (12. Jh.) mit dem vorgesetzten Paradies (13. Jh.)

Weg wurde erst sehr viel später angelegt. Nach dieser Burg benannte er sich auch als Heinrich von Laach.

Heinrich und Adelheid beriefen an das von ihnen gegründete »monasterium ad lacum« Benediktinermönche aus der Abtei St. Maximin in Trier. Heinrich II. starb 1095. Seine Frau Adelheid setzte das großartige Werk fort, das den Vorbildern der Dome von Speyer, Mainz und Worms nacheiferte. Doch als sie im Jahr 1100 starb, trat eine Unterbrechung in der weiteren Entwicklung ein. Zu diesem Zeitpunkt war das Mauerwerk über den Fundamenten von Krypta, Langhaus, Vierung, West- und Ostwerk erst einige Meter hoch aufgeführt. 1112 erneuerte Heinrichs Adoptivsohn und Erbe, Pfalzgraf Siegfried, die Stiftung und ließ die Bauarbeiten wieder aufnehmen. Er übereignete den Mönchen die Pfalzgrafenburg am Südende des Sees und unterstellte das Kloster nunmehr als Priorat der Abtei Affligem in Brabant. 1127 wurde Giselbert von Affligem aus dem Kreis der Mönche des Brabanter Klosters zum Prior nach Laach berufen. Bald gewann das Priorat Unabhängigkeit vom Brabanter Mutterkloster, Giselbert wurde 1138 erster Abt der Abtei Laach. Unter seiner Ägide schritten die Bauarbeiten wieder fort, es entstanden das Langhaus, der Vierungsturm und der Westchor aus dem Baumaterial der ehemals pfalzgräflichen Burg auf der gegenüberliegenden Seeseite.

Die Weihe der Kirche erfolgte durch den Trierer Erzbischof Hillin mit dem zweiten Klosterabt Fulbert (1152–1177). Den Abschluss der Bauarbeiten bildete der zwischen 1220 und 1230 erfolgte Vorbau des Paradieses an der Westfront der Kirche. Die Einwölbung wurde offensichtlich erst später im 13. Jh. vorgenommen. Es war Abt Fulbert, der dem abflusslosen Laacher See, der neben unterseeischen Quellen als Zufluss nur das Beller Wiesenbächlein hat, durch Anlage eines 750 m langen Stollens einen ersten Abfluss schuf und damit den Seespiegel nachhaltig zum Sinken brachte, wodurch am See wertvolle Landwirtschaftsflächen für das Kloster geschaffen werden konnten.

Foto: Abtei Maria Laach

Refektorium

Kapitelsaal

Foto: Abtei Maria Laach

Die Klosterkirche Maria Laach verkörpert das karolingisch-ottonische Konstruktionsideal von Sakralbauten. Äußerlich wird die Kirche von ihren beiden Turmgruppen im Westen und im Osten beherrscht, beide mit eigener Choranlage und durch das Langhaus miteinander verbunden. Im Inneren sind die Bauteile des Ostwerkes, des Westwerkes und des Langhauses harmonisch miteinander abgestimmt, doch kommt gerade hierdurch der im Laufe des Mittelalters zunehmende Gegensatz zwischen weltlicher Macht und kirchlichem Anspruch im Heiligen Römischen Reich deutscher Nation zum Ausdruck. Traditionell war das Westwerk die »Fürstenkirche« und das Ostwerk die »Priesterkirche«, wobei das verbindende Langhaus die Klostergemeinde aufnahm. Dass hier in Maria Laach das Westwerk geradezu festungshaft ausgebaut wurde, war demonstrative Opposition gegen den zunehmenden weltlichen Anspruch des Papstes.

Der Zutritt zur dreischiffigen Hallenkrypta erfolgt vom Querschiff seitlich des Chores. Hier wird das Vorbild des Speyerer Doms an den hohen Basen und glatten Schäften der Säulen mit ihren Würfelkapitellen besonders deutlich. In der Mitte der Krypta liegt die Grabplatte des ersten Abtes Gilbert – es ist eine Kopie, das Original ist im LVR-Landesmuseum Bonn zu sehen.

Das letzte Bauteil der Abteikirche Maria Laach ist das vorgesetzte Paradies. Diese Vorhalle ist ein Spätwerk deutscher Romanik, ein letzter künstlerischer Höhepunkt, denn in Frankreich begann man zu dieser Zeit bereits, gotische Kathedralen zu errichten. Es handelt sich um einen rechteckigen Wandelgang, der immer wieder wechselnde Durchblicke durch seine von

Benediktinerabtei Maria Laach: 56653 Glees-Maria Laach, Tel.: (02652) 590, www.maria-laach.de • **Öffnungszeiten:** Klosterforum mit Info-Film und kleinem Museum über die Abtei, geöffnet April bis Oktober Di bis Sa 10–17 Uhr, So, Mo und feiertags 13–17 Uhr, im Winter Mo bis Sa 10–11.30, nachmittags nach Voranmeldung, So und feiertags 13–17 Uhr; die Kirche ist tagsüber geöffnet

Wanderung um den Laacher See

Foto: Gabriele Nohn-Steinecke

Der Laacher See ist ein Vulkansee, der „erst" vor 12.000 Jahren durch eine Eruption entstand. Die Wanderwege um den See zählen zu den schönsten, die die Eifel zu bieten hat. Der Ufer- und der Höhenrundweg um den See sind inzwischen neu ausgeschildert und mit Ruhe- und Liegebänken ausgestattet worden.

Der Höhenrundweg (Kennung: ML 1) hat eine Gesamtlänge von 14,1 km und kann an zwei Stellen abgekürzt werden. Der Schwierigkeitsgrad ist gering, aber es müssen einige Höhenmeter überwunden werden. Je nach ausgewähltem Streckenverlauf beansprucht dieser Seerundweg ca. 3,5 bis 4,5 Stunden.

Der Uferrundweg (Kennung: ML 2) ist vom Charakter her ein Spazierweg mit einer Länge von ca. 8,4 km. Für diesen Rundweg benötigt man etwas über 2 Stunden. Von diesem Weg aus kann man die Mofetten sehen, jene aus dem Wasser aufsteigenden Blasen aus Kohlenstoffdioxyd, die die Vulkangeschichte des Laacher Sees verdeutlichen.

Doppelsäulen getragenen Arkaden in den Innenhof freigibt, in dem heute eine moderne, von vier Löwen getragene Brunnenschale steht. Einzigartig sind die skulptierten Kapitelle mit ihren feingliedrigen figürlichen, pflanzlichen und tierischen Motiven. Besondere Beachtung verdienen schon die Kapitellfriese beim Betreten des Paradieses durch das säulenbewehrte Portal. Hier erkennen wir die »Haarraufer«, Figuren, die sich streitend in den Haaren liegen. Und man erkennt den Teufel, der die »peccata populi«, die Sünden des Volkes, notiert, damit der Kirchgänger schuldbeladen die innerliche Reinigung seiner Seele vor Betreten der Kirche vornimmt.

Die barocken Klostergebäude der Abtei Maria Laach sind bis auf einen 1775 errichteten Flügel und ein Gartenhaus aus dem 19. Jh. nicht mehr vorhanden. Die heutigen Gebäude stammen aus dem 20. Jh. Im Zuge der Säkularisation wollte

Buch- und Kunsthandlung Maria Laach: Tel.: (02652) 593 65, buchhandlung@maria-laach.de, geöffnet Mai bis Okt. Mo bis Fr 9–19 Uhr, Sa, So und feiertags 10–19 Uhr, ansonsten Mo bis Fr 9–18 Uhr, Sa, So und feiertags 10–18 Uhr, Weihnachten bis März So geschlossen, Osterfeiertage geschlossen, Heilig Abend und Silvester von 9–13 Uhr. • **Gärtnerei Maria Laach:** Tel.: (02652) 5 94 20, klostergaertnerei@maria-laach.de, im Sommer geöffnet Mo bis Fr 9–18 Uhr, Sa, So und feiertags 10–18 Uhr, im Winter jeweils bis 17.30 Uhr. • **Kunstschmiede:** Tel.: (02652) 59 37 1 , geöffnet Mo bis Do 7–12 und 13–16.30 Uhr, Fr 7–12 Uhr. • **Bildhauerei:** Tel.: (02652) 59 34 4 Werkstatt / -364 Büro, kunstwerkstaetten@maria-laach.de, Öffnungszeiten auf Anfrage. • **Hofladen:** Tel.: (02652) 52 86 90, www.klostergut-maria-laach.de, geöffnet Mo–Sa 9–18 Uhr, So 10– 18 Uhr, breites Angebot an Waren aus Kloster und Hofgut, Bio-Fleisch aus eigener Tierhaltung, Getreide, Obst und Gemüse, Weine und Säfte, kunsthandwerkliche Produkte und Geschenkartikel • **Seehotel Maria Laach:** Tel.: (02652) 584-0, www.seehotel-maria-laach.de, Restaurant bietet regionale Küche, täglich geöffnet 12–14 Uhr und 18–21.30 Uhr, Café geöffnet 14.30–17 Uhr, dazu Weinstube und Klostergaststätte

Nikolauskapelle mit Turm des 13. Jh. innerhalb der Klausur

die französische Verwaltung die Klosteranlage als Gefängnis nutzen, doch dazu kam es nicht mehr vor dem Ende der napoleonischen Zeit. Nachdem die Preußen das Kloster und seine Ländereien übernahmen, versteigerten sie die gesamte Anlage (ohne die Abteikirche) für 24.900 »Thaler in preußischen Courant«. 1850 wurden die Abteigebäude durch Brand weitgehend zerstört. 1863 erwarb die deutsche Jesuitenprovinz die ehemaligen Abteigebäude und richtete dort ihr »Collegium Maximum« ein, baute die Bibliothek wieder auf und widmete sich vor allem religiöser Publizistik. 1872 mussten die Jesuiten infolge des Kulturkampfes ihr Collegium wieder aufgeben und boten die Abtei dem Benediktinerorden zur Übernahme an. Diese erfolgte dann 1892 durch Benediktinermönche aus der Erzabtei Beuron. Heute leben 40 Benediktinermönche in der Abtei. Die Existenz der Abtei wird im Wesentlichen durch die Klosterbetriebe sichergestellt – neben Hotel und Restaurant die

Foto: Cornelis Gollhardt, kna-Bild

Gärtnerei, Bildhauerei, die Buchhandlung, die Kunstschmiede und der Hofladen.

Ein Klosterforum im Gelände auf dem Weg zur Abteikirche bietet Informationen über die Kirche, die Abtei und den Benediktinerorden. Außerdem werden Themenführungen angeboten, so auch durch die historische Bibliothek. Diese erstreckt sich auf der Westseite zwischen Kirche und Refektorium und stammt aus den 1860er Jahren, als die Jesuiten in Maria Laach waren. Die Buchregale befinden sich in Holzgalerien auf drei Stockwerken, die durch eine gusseiserne Wendeltreppe in der Mitte des Raums erschlossen werden. Es werden weitere Themenführungen angeboten, so zu den Themen Klostergärtnerei, Keramikmanufaktur und zur Orgel der Abteikirche.

Große Teile des Klosterareals sind nicht für Besucher zugänglich, sondern den Klosterbewohnern vorbehalten, so der Kreuzgang und die Wohn- und Gemeinschaftsräume der Mönche. Auch die Nikolauskapelle, die ehemalige Pfarrkirche des Klosters, wird nur von den Mönchen genutzt. Sie stammt aus dem 13. Jh.; ihr Schiff wurde 1757 erneuert. Den Mönchen ist das Kloster Heimat und Familie, und so finden sie auch ihre letzte Ruhestätte auf dem Friedhof um die Nikolauskapelle herum.

Bogler, Theodor / Cremer, Drutmar: Abteikirche Maria Laach, Regensburg 2014 • **Winterfeld, Dethard von:** Die Abteikirche Maria Laach, Köln 2004

„Jesuiten-Bibliothek" (ca. 1860)

Mayen

㉞ Augustiner-Chorherrenstift St. Clemens – Beim Kirchturm war der Teufel im Spiel

Mayen liegt in inmitten des Maifelds in den südöstlichen Ausläufern der Eifel in einer einst vulkanisch aktiven Region. Vor 200.000 Jahren brach der sich nördlich von Mayen erhebende Bellerberg-Vulkan aus. Sein 1.000° Celsius heißes Magma kam nur drei Kilometer weit, weil es von der Schieferwand des Katzenbergs gestoppt wurde. Das hier verbliebene Basaltgestein wurde schon in vorgeschichtlicher Zeit abgebaut. Die Römer erweiterten die Steinbrüche. Ihr Exportschlager waren Reib- und Mühlräder. Daneben wurde auch Baumaterial für unterschiedlichste Zwecke hergestellt. Außerdem war die Region in antiker Zeit ein Zentrum der Töpferei, die bis in das Mittelalter Bestand behielt. Der wichtige Wirtschaftsstandort war mit der Römerstraße von Trier nach Andernach an den Rhein angebunden. In mittelalterlicher Zeit fand der Mayengau erstmals durch ein Grenzurkunde des Trierer Erzbischofs Hetti († 847) Erwähnung.

Nicht nur für die kirchliche Entwicklung von Mayen bedeutsam war der Lehensvertrag des Trierer Erzbischofs Poppo aus dem Jahr 1041, mit dem letztlich Mayen Trier zugesprochen wurde. Oberhalb des Mayener Marktplatzes errichtete der Trierer Erzbischof Heinrich II. von Finstingen um 1280 die das Stadtbild prägende Genovevaburg, auch um seine territorialen Interessen gegen den Erzbischof von Köln zu sichern. Diese Burg ist Schauplatz der Genovevasage. Nach ihr wurde Genoveva, Gemahlin des Pfalzgrafen Siegfried, während dessen Abwesenheit auf einem Kreuzzug von seinem Haushofmeister

Ehemalige Augustiner-Chorherrenstiftskirche St. Clemens (14. Jh.)

Foto: Gabriele Nohn-Steinecke

begehrt, aber durch göttliche Fügung gerettet. Zur Strafe wurde der Haushofmeister nach Rückkehr Siegfrieds gevierteilt.

1291 erwirkte Erzbischof Boemund als Nachfolger von Heinrich II. von König Rudolf die Stadtrechte für Mayen. Daraufhin befestigte er die Stadt mit Türmen und Mauern, die teilweise bis heute erhalten sind. Kurfürst Balduin von Luxemburg (1307–54) teilte das Erzstift in ein Unter- und ein Obererzstift auf, die jeweils in mehrere Ämter untergliedert wurden. Mayen war eins der 15 Ämter des Niederstifts. Später wurde Mayen von Kurfürst Balduin zum Oberamt erhoben – womit er die Bedeutung der Stadt für den Kurstaat unterstrich – und ließ sie von Amtmännern verwalten. 1326 verlegte Kurfürst Balduin das Augustiner-Chorherrenstift aus Lonnig an der Mosel an die Pfarrkirche von Mayen. Das Kloster nannte sich entsprechend »Kloster der Kirche der allerseligsten Maria von Lonnig innerhalb der Mauern von Mayen«.

An der Stelle der heutigen Pfarrkirche St. Clemens gab es um das 6./7. Jh. eine christliche Kultstätte auf einem antiken Gräberfeld. Ihr folgte ein quadratischer Steinbau mit einer Seitenlänge von 2 m, der ein vorangegangenes, wohl verbranntes Holzgebäude ersetzte. Dem Quadratbau folgte um 1000 eine größere Kirche von 16 m Länge und 3,50 m Breite. Der Altar dieser dritten, der Muttergottes geweihten Kirche lag wohl aus kultischen Gründen genau im Mittelpunkt der beiden Vorgängerkirchen.

Ein vierter romanischer Kirchenbau entstand im 12. Jh. dreischiffig aus Mayener Stein und devonischem Material. Von dieser Kirche verblieb für den fünften und heutigen Bau der kleinere der beiden Türme, der »Eulenturm«.

Pfarrkirche St. Clemens: 56727 Mayen, Kirchplatz 11, Tel.: (02651) 76260, www.kath-mayen.de • **Tourist-Information Stadt Mayen:** 56727 Mayen, Altes Rathaus am Marktplatz, Tel.: (02651) 903004, www.mayen.de

Innenraum von St. Clemens

Foto: Gabriele Nohn-steinecke

Der Bau der fünften Pfarrkirche, an der das Augustiner-Chorherrenstift angesiedelt wurde, begann im Jahr 1296. Die Augustiner-Chorherren wandelten diesen Bau zwischen 1350 und 1430 in eine gotische Hallenkirche um. 1409 erhielt die Kirche ihr neues Patrozinium St. Clemens, abgeleitet vom hl. Papst Clemens. 1592 wurde das Chorherrenstift in ein weltliches Kollegiatsstift umgewandelt, das bis zum Jahr 1802 Bestand hatte. In der Zeit des »Schwarzen Todes«, in der die Pest in den Jahren zwischen 1348 und 1351 viele Menschen dahinraffte, entwickelte sich das mittelalterliche Hospitalwesen als Unterkunft für Pilger und Fremde zunehmend zu einer Institution der Krankenpflege. Auch in Mayen entstand zu jener Zeit ein Hospital, um Pestkranke zu isolieren. Anfänglich bestand wohl kein Abhängigkeitsverhältnis zwischen dem Augustiner-Chorherrenstift und dem Hospital. Dieses mit einem Ablass durch eine päpstliche Bulle des Jahres 1355 versehene Hospital erhielt viele Zuwen-

Die Sage vom gedrehten Turm

Als die Menschen früher noch viel abergläubischer waren, bot der schiefe Turm von St. Clemens Anlass zu allerlei Mutmaßungen ... Eines Tages erschien ein Fremder in einem langen Mantel an der Kirchenbaustelle, wo es mangels Baumaterial nur langsam voranging. Die Steinmetze sahen, dass der Fremde einen Klumpfuß unter dem Mantel verbarg, und wussten sofort, dass es sich um den Teufel handelte. Der seinerseits war in der Annahme gekommen, dass hier eine Wirtschaft mit Tanzsaal gebaut werden sollte, in dem die Leute zum Lukasmarkt oder zur Kirmes tanzen könnten. Die Steinmetze ließen ihn in diesem Glauben, wollten sie doch nicht mit ihm aneinandergeraten. So bot der Teufel an, ihnen bei der Arbeit zu helfen. Als die Steinmetze am nächsten Morgen wieder zur Arbeit kamen, stellten sie mit Erstaunen fest, dass über Nacht so viele Basaltblöcke an der Baustelle abgelegt worden waren, wie zur Fertigstellung der Kirche erforderlich waren. Als aber der Bischof zur Kirchweihe kam, bemerkte der Teufel, dass er an der Nase herumgeführt worden war. In seiner Wut griff er nach dem Kirchturm, um ihn abzudrehen. Doch der hielt stand. Der Teufel musste seine Ohnmacht erkennen und zog heulend von dannen.

Daniel Hopfer, www.pinterest.de

dungen und konnte sich so wirtschaftlich selbst tragen. Weitere Schenkungen erfolgten im 15. und 16. Jh. Über die Verwaltung und Verausgabung wachte ein städtischer Spitalmeister. Damit weitete sich das Aufgabengebiet des Hospitals auf die Armenpflege und Almosenverteilung aus. So war das Hospital im Laufe der Zeit für das gesamte Sozialwesen der Stadt verantwortlich geworden. Mit der Umwandlung des Mayener Augustiner-Chorherrenstifts in ein Kollegiatsstift durch den Trierer Erzbischof Johann VII. von Schöneberg wurde die Kapelle des Hospitals in das neue Stift eingegliedert. Durch Johann erhielt das Stift den Namenszusatz »zum Heiligen Geist«. Die Verwaltung des Hospitalwesens blieb jedoch bei der Stadt. Im 17. Jh. nahmen die Differenzen zwischen Stadt und Stift zu, die ökonomischen Verhältnisse verschlechterten sich nicht zuletzt auch durch Misswirtschaft und Korruption. Daraufhin entzog Erzbischof und Kurfürst Franz-Ludwig von Pfalz-Neuburg 1725 der Stadt die Verwaltung und übertrug sie dem Stift. In der Tat konnten damit die Probleme behoben werden. Mitte des 18. Jh. konnte der Amtsverwalter Meesen seinem Kurfürsten berichten: »Hiesiges Hospital ist eines der vörnehmsten Hospitälern, welche auf dem Land sind.«

Mit der Säkularisation war das Ende des Stifts und seines Hospitals gekommen. Die Stiftsgebäude wurden veräußert, das Stiftsvermögen und das des Hospitals vom französischen Staat eingezogen. Die Hospitalgebäude dienten einer Wollspinnerei als Gewerberaum, die Kapelle als Magazin und später als Theatersaal. Der größte Schatz der Hospitalkapelle, eine Madonnenfigur mit dem Kind, ist heute im Stadtmuseum von Mayen zu sehen. Die als »Schöne Madonna von Mayen« bezeichnete, fast einen Meter hohe qualitätsvolle Steinfigur stammt aus der ersten Hälfte des 14. Jh.

Die St. Clemenskirche von Mayen wurde im Januar 1945 durch einen Bombenangriff fast vollständig zerstört. Der notdürftige Wiederaufbau erfolgte 1947–53. Bis dahin diente die unzerstört gebliebene Hospitalkapelle als Gotteshaus der Mayener. Die vollständige Wiederherstellung der Kirche erfolgte in den 1970er Jahren. Dabei erhielt die Basaltfassade den weißen Putz, den sie bis heute trägt.

St. Clemens in Mayen zählt zu den ältesten Hallenkirchen des Rheinlands. Die dreischiffige querhauslose Kirche mit polygonalem Chor ist von einem durchgehenden Dach bedeckt. Der quadratische Innenraum wird von schlanken Säulen ohne Kapitelle unterteilt und weist keine Empore auf. Auffällig ist der verdrehte Spitzhelm des nördlichen Westturms, der durch einen Konstruktionsfehler seine außergewöhnliche Form erhielt – der Wind drehte ihn über Jahrhunderte spiralförmig. Im Rahmen der Nachkriegserneuerung der Kirche wurden auch die zerstörten Maßwerke in den Fenstern rekonstruiert. Die neuen Chorfenster entwarf Georg Meistermann 1976 mit Motiven des auferstandenen Christus, der seinen Geist in die Welt sendet. Im Rahmen dieser Erneuerung wurde der Helm des nördlichen Westturms nur noch in einer gekürzten Form rekonstruiert. So blieb er der Stadt Mayen als eines ihrer Wahrzeichen erhalten. Der Eulenturm genannte südliche Westturm ist kürzer und trägt einen gedrungenen Helm.

Durch die Einwirkungen des Krieges ist von der einstigen Innenausstattung der Kirche fast nichts erhalten. Geblieben sind sechs überlebensgroße Heiligenfiguren auf geschnitzten Konsolen, vom Mayener Künstler Heinrich Alken um 1780/90 gefertigt: Matthias, Wendelin, Joseph, Katharina, Severus und Michael darstellend. Geblieben sind auch das Taufbecken, das Sakramentstürmchen, eine in Trier um 1400 gefertigte Turmmonstranz sowie nicht zuletzt drei Kelche aus dem 15. Jh.

Markowitz, Klaus u. Gertrud: Stadt Mayen (Rheinische Kunststätten 237), Neuss 1980 • **Hörter, Fridolin:** Die kurfürstliche Burg und das Eifler Landschaftsmuseum in Mayen (Rheinische Kunststätten 236), Neuss 1983

Foto: Hans Otzen

Wie eine Insel in der Landschaft: Wallfahrtskirche St. Maria (12./13. Jh.)

Wallfahrtskirche und Klosterhof Fraukirch. Klosterhöfe bildeten die wirtschaftliche Grundlage der Klöster des Mittelalters. Sie dienten der Versorgung der Klosterinsassen mit Nahrungsmitteln, ihre Erzeugnisse wurden am Markt gegen Güter des alltäglichen Gebrauchs eingetauscht. Viele dieser Klosterhöfe sind von großem kulturhistorischem Wert. Eine besondere Stellung nimmt der Klosterhof Fraukirch ein, einst eine Eigenkirche des Bischofs von Trier, die 1764 in den Besitz der Abtei Maria Laach überging. 1804 erwarb der Landwirt Johann Wilhelm Nell aus Thür das Anwesen aus dem säkularisiertem Klosterbesitz. Bis heute wird der Fraukircher Hof von Nachfahren Nells bewirtschaftet.

Die Ursprünge der Wallfahrtskirche St. Maria, der Fraukirch, malerisch zwischen den sanften Hügeln der Pellenz bei Thür südlich von Mayen gelegen, gehen auf die Genovevasage zurück. Die Kirche wurde von Pfalzgraf Heinrich an der Stelle

Foto: Hans Otzen

Genoveva-Altar (17. Jh.)

errichtet, an der er seine durch die Gottesmutter Maria gerettete Gemahlin nach der Rückkehr von der Kreuzfahrt wiederfand. Beide sollen in der Kirche begraben worden sein. Ihre Gräber wurden zum Ziel von Wallfahrten, die bis heute als Marienwallfahrten stattfinden.

Die heutige Fraukirch entstand aus einem dreischiffigen romanischen Bau. Mitte des 13. Jh. wurde der frühgotische Chor angefügt, 1718 der Turm abgerissen und durch einen Dachreiter ersetzt. Die Beseitigung der Seitenschiffe erfolgte 1829. So ist vom vierjochigen Langhaus nur das vierjochige Mittelschiff erhalten. Auffälligstes Ausstattungsstück ist der 1667 aufgestellte Altaraufsatz, ein farbig gefasstes Tuffrelief, das die Genovevalegende als Bildergeschichte darstellt. Die teils drastisch skulptierte Szenenfolge findet im unteren Teil ihr Ende in der Vierteilung des untreuen Haushofmeisters Golo. Weiterhin bemerkenswert ist die in der hinteren Ecke der Kirche aufrecht angebrachte Grabplatte mit einer lebensgroßen Darstellung des Pfalzgrafen und seiner Gemahlin. Ebenfalls in der Kirche steht das Golokreuz, das früher seinen Standort an der Straße von Thür nach Kruft hatte. Hier soll der Sage nach Golo gevierteilt worden sein.

Gasthaus Fraukirch: 56743 Thür, Fraukircher Hof, Tel.: (02652) 3987, geöffnet Di–Sa 15–22 Uhr, die Kirche bis auf die Winterpause täglich 9–18 Uhr (außer Mo)

Monreal

㉟ Stiftskirche – Ein Fachwerk-Kleinod in der Eifel

Der von zwei Burgruinen überragte, als »Perle der Eifel« bezeichnete pittoreske Ort Monreal am Elzbach verfügt über einen gut erhaltenen Bestand an ansehnlichen Fachwerkbauten und eine spätgotische Pfarrkirche mit sehenswerter Innenausstattung. Erstmals urkundlich erwähnt wurde die frühe Ansiedlung 1193 als »Cunisberch« (= Königsberg). Als die Grafen von Virneburg ihren Einflussbereich in der Region ausbauten, benannten sie ihn einer Mode der Zeit folgend französisch als »Monroial« (= Königsberg), woraus später der Name »Monreal« wurde. Graf Hermann III. von Virneburg begann Anfang des 13. Jh. mit dem Bau einer später Löwenburg genannten Spornburg oberhalb von Monreal, obwohl er kein Recht dazu hatte, denn das Areal lag auf dem Grund und Boden seines Bruders Philipp. Darüber kam es zum Bruderzwist, der 1229 mit einem Teilungsvertrag beigelegt wurde, mit dem Philipp Monreal an seinen Bruder abtrat. Heinrich baute die Burg aus und ließ die Ansiedlung mit Mauern umwehren.

Foto: Hans Otzen

Die nur durch einen Taleinschnitt von der Löwenburg getrennte Philippsburg auf der gleichen Hangseite des Elzbaches entstand ebenfalls im 13. Jh. Sie war möglicherweis als Vorwerk zur Löwenburg vorgesehen. Es ist aber auch nicht auszuschließen, dass sie Philipp als Rache gegen seinen Bruder errichten ließ. Ihrer geringeren Größe im Verhältnis zum »Löwen« verdankt sie im Volksmund ihren Beinamen »das Rech« (= das Reh).

Obwohl Monreal auf landesherrlichem Gebiet des Trierer Erzbistums lag, unterhielten die Virneburger beste Beziehungen zum Kölner Erzbischof. Dort versuchten sie Pfründe für ihre zahlreiche Verwandtschaft zu erlangen. Heinrich brachte es zum Dompropst und Erzbischof von Köln. Konflikte mit Trier waren da vorprogrammiert. Als Heinrich II. und später auch Robert III. von Virneburg Raubüberfälle auf die kurtrierische Stadt Mayen führten, kam es 1334 zur Auseinandersetzung. Den Trierern waren die Virneburger nicht gewachsen. Es kam zu einem Vergleich durch Vermittlung des Kölner Erzbischofs, nach dem die Burg Monreal nach dem Tod von Robert III. Trier zu Lehen aufgetragen wurde. Graf Robert IV. baute die Burg zu Beginn des 15. Jh. weiter aus, sie diente zwischenzeitlich auch als Witwensitz der Grafenfamilie. Zu Beginn des 16. Jh. hatte Monreal dann endgültig die Stammburg der Grafenfamilie in Virneburg als Mittelpunkt ihres Territoriums abgelöst. 1545 starb das Grafengeschlecht von Virneburg aus, Trier zog das Lehen ein und ließ das Amt Monreal durch einen Amtmann verwalten.

Im Dreißigjährigen Krieg zerstörten schwedische Truppen die Stadt, 1689 legten französische Truppen beide Burgen in Schutt und Asche. Aufschwung kam dann im 18. Jh. für Monreal durch die Tuchindustrie, gestützt auf die Wolle der großen Schafherden der Eifel. Erst in der zweiten Hälfte des 19. Jh. wurde dieser Industriezweig Opfer der internationalen Konkurrenz.

Pfarrkirche zum Heiligen Kreuz: 56729 Monreal, Kirchstraße • Ortsgemeinde **Monreal:** 56729 Monreal, Am Hochkreuz 47, Tel.: (02651) 800995, www.monrealeifel.de • **Tourist-Info** in der Galerie-Buchhandlung Libell, Obertorstr. 7, www.galerie-libell.de

Die Pfarrkirche zum Heiligen Kreuz (15. Jh.) im Fachwerkstädtchen Monreal

Foto: Winrich C.-W. Clasen

Monreal versank in der Bedeutungslosigkeit – doch dies ist heute von Vorteil für den Ort, der sich so sein historisches Ortsbild mit seinen gepflegten Fachwerkhäusern aus dem 16. bis 18. Jh., die noch an die Tuchmacher der Barockzeit erinnern, erhalten konnte.

Drei steinerne Brücken in mittelalterlicher Bruchsteintechnik führen mitten im Ort über die Elz. Die eher unscheinbare obere und untere Brücke trugen die Stadtmauer, und so ist die mittlere Fahrbrücke, geschmückt mit der spätbarocken Statue des hl. Nepomuk und dem im Rheinland einzigartigen Löwendenkmal, am reizvollsten. Von der Rech, der kleineren der beiden Burgen, verblieben der Turm mit seinen vier kleinen Ecktürmchen und Reste der Umfassungsmauern. Von der ihr gegenüberliegenden Löwenburg mit ihren tiefen Gräben verblieben Reste der Vorburg, im Burggelände eine sechseckige Kapelle, Wohngebäude und der runde Bergfried mit dicken Mauern. Das Löwendenkmal auf der mittleren Brücke soll einst vor der großen Burg gestanden haben.

Das Grafengeschlecht von Virneburg gehört zu den wenigen Herrscherhäusern, die sich in der Eifel durch Stiftungsgründungen hervortaten. Am Vorgängerbau der heutigen Pfarrkirche zum Heiligen Kreuz gründeten sie eine Klerikergemeinschaft, die 1522 wohl zehn Priester zählte. Nähere Erkenntnisse über ihre Organisationsstruktur konnten noch nicht gewonnen werden.

Die Pfarrkirche wurde etwa 1460 als Kirche dieses Kollegiatstiftes am Ufer der Elz unterhalb der Löwenburg in Bruchsteinbauweise errichtet. Die drei Joche des einschiffigen Baus sind mit Kreuzrippengewölben eingewölbt, der Chor mit einem filigranen Netzgewölbe. Die beiden an der Südwand gekuppelten Korbbogennischen könnten vormalig als Priestersitz gedient haben. Ein spitzbogiger Durchlass im vorderen Joch führt in die kleine seitlich angebaute Heiligkreuzkapelle, einem spätgotischen Schmuckstück, das reich mit Blattwerkkapitellen und figürlichen Schlusssteinen verziert ist.

Das Innere der Heiligkreuzkirche ist reich ausgestattet. Der vor der Chornordwand eingelassene Sakramentsschrein aus rotem Sandstein, eine bedeutende spätgotische Steinmetzarbeit, stammt aus der Baueit, wohl als eine Stiftung der Gräfin Johanna von Virneburg. Bei den Skulpturen handelt es sich um eine 1 m hohe Plastik des hl. Sebastians der Zeit um 1500; zwei jeweils 1,15 m hohe barocke Figuren des hl. Papstes Sylvester und des hl. Severus sowie um eine barocke Figur der hl. Anna mit Maria.

Hermes, Friedrich / Müller, Karl: Heimatchronik von Monreal in der Eifel, Monreal 2002 • **Schuler, Wolfgang:** Monreal in der Eifel (Rheinische Kunststätten 259), Neuss 1982

Fachwerk in Monreal

Foto: Winrich C.-W. Clasen

Der gesamte Ortskern von Monreal innerhalb der ehemaligen Stadtmauern, im Norden begrenzt vom Bering der Löwenburg und der Philippsburg, steht als Denkmalzone unter Schutz. Die meisten der Fachwerkhäuser im Zentrum stammen aus dem 18. und 19. Jh., zum Teil auch vom Ende des 17. Jh. Manche sind im Untergeschoss massiv errichtet (vgl. Foto oben) und mit Krüppelwalmdächern eingedeckt. Eines der Häuser ist in der Denkmalliste explizit als Tuchmacherei ausgewiesen. Herausragend unter den Fachwerkhäusern ist das als Rathaus bezeichnete Viergiebelhaus zwischen dem Elzufer und dem Marktplatz. Ein Fachwerkhaus aus dem Jahr 1744 in der Obertorstraße kann man sogar betreten – es beherbergt ein Café.

Café Plüsch: 56729 Monreal, Obertorstraße 14, Tel.: (02651) 7050160, www.cafe-plüsch.com

Münstermaifeld

㊱ Kollegiatstift – Das Maifeld beherrschend

Weithin beherrscht der Blick auf die Westfassade der Stiftskirche St. Martin und St. Severus das Bild des Maifeldes, der Übergangslandschaft zwischen der südöstlichen Eifel und dem Rheintal. Die flach wellige, fruchtbare Landschaft war schon in vorgeschichtlicher Zeit gerodet und ackerwirtschaftlich genutzt worden. Auf einem der prägnanten Hügel des Maifeldes begründeten die Kelten ihre Siedlung »Ambitivum«. Die Römer errichteten genau an dieser Stelle ein Kastell. Mitte des 4. Jh. verließen die Römer ihr Lager, die Germanen hatten inzwischen Trier erobert.

Foto: Gabriele Nohn-steinecke

Im Zuge der fränkischen Landnahme wurde das Maifeld schon früh wieder besiedelt. Unter merowingischer Herrschaft entstand im Zuge der Christianisierung eine Urpfarre, an der es um 620 eine Gemeinschaft von Martinsbrüdern gab, die auf dem höchsten Punkt des Hügels eine Kirche errichtete. Geweiht wurde die Kirche dem hl. Martin, dem Hauspatron der merowingischen Königsfamilie, die auf dem Maifeld weitläufig begütert war. Der Trierer Bischof Moduald stattete die Kirche mit einem Familiengut aus. Die Toten wurden damals mit reichen Grabbeigaben neben der Kirche bestattet. Dieses Gräberfeld wurde in den Jahren 2008 bis 2010 freigelegt. Die aufgefundenen Grabbeigaben wie etwa Waffen, kostbare Schmuckstücke aus Gold und Silber sowie Bronze-, Glas- und Importgefäße sind im Archäologischen Museum Maifeld ausgestellt.

Aus der Urpfarrei, die die Seelsorge in der Umgebung wahrnahm, entwickelte sich im Laufe der Zeit eine Kanonikergemeinschaft. Um die Kirche hatte sich längst eine Siedlung

Das Westwerk der Stiftskirche St. Martin und St. Severus (12. Jh.)

etabliert, die 965 das Marktrecht erhielt. Erzbischof Robert von Trier hatte der Gemeinschaft schon 956 die Reliquien des hl. Severus aus Italien überbracht. Schon bald setzte eine rege Wallfahrtstätigkeit zum »Monasterium in Meginovelt« ein. Unter Erzbischof Bruno von Lauffen wurde 1103 ein Kirchenneubau geweiht. Unter Propst Arnold wurde dem Kirchenbau in den 1130er Jahren das Westwerk vorgesetzt. Dieser querrechteckige, 34 m hohe Bau wird von zwei gleich hohen, runden Treppentürmen flankiert. Er stellt neben der Sakristei den ältesten Teil der heutigen Stiftskirche dar. Ab 1225 wurde das bis dahin flach gedeckte Kirchenschiff vom Chor her durch das heutige frühgotische Bauwerk aus Langhaus und Querschiff ersetzt. Die Bauarbeiten am Kirchenneubau zogen sich bis in das 14. Jh. hin. 1322 weihte der Trierer Erzbischof und Kurfürst die Stiftskirche.

Längst war die Marktsiedlung an der Stiftskirche so weit gewachsen, dass ihr Kurfürst Heinrich II. von Finstingen 1277 faktisch Stadtrechte verliehen hatte. Er vollendete die Stadtmauer um 1280. Kurfürst Balduin maß dem Standort von Münstermaifeld große strategische Bedeutung bei, lag er doch auf dem Weg von Trier zu den Besitzungen des Erzbistums in und um Koblenz und war gleichzeitig ein Bollwerk gegen die Expansionsbemühungen der Kölner Kurfürsten. So erweiterte er die Stadtmauer und verstärkte sie noch mit Türmen.

Das Kollegiatstift in Münstermaifeld prosperierte im ausgehenden Mittelalter. Es war wirtschaftlich so gut aufgestellt,

Stiftskirche St. Martin und St. Severus: 56294 Münstermaifeld, Münsterplatz • **Dekanatsbüro:** 56294 Münstermaifeld, Obertorstr. 8, Tel.: (02605) 962780, www.kath-maifeld.de • **Tourist-Information Maifeld:** 56294 Münstermaifeld, Münsterplatz 6, Tel.: (02605) 961 50 26, www.muenstermaifeld.de, mit Archäologischem Museum, geöffnet Mi, Do, Sa, So und feiertags 10–13 Uhr und 14–16 Uhr

Ein Kanonikerhaus in der Stiftsimmunität

Foto: GFreihalter, WikimediaCommons

dass es sogar Streitigkeiten um seine Steuerpflichtgab – bis hin zum Papst. Auch als religiöse Instanz hatte das Stift große Bedeutung. Sein bedeutendster Propst war Nikolaus von Kues, der spätere Fürstbischof von Brixen und Kardinal in Rom, von 1135 bis 1145. Doch später ließ die Reputation des Stifts nach. Aus dem Reichtum des Stifts resultierten Spannungen vor allem um das Amt des Propstes. Die Stiftsherren begannen, eigene Besitztümer zu bilden und ihr Leben zu individualisieren, einzelne unter ihnen bauten sich sogar eigene Häuser. Papst Leo X. unterstellte in dieser Situation das Stift direkt dem Trierer Erzbischof, die Selbstständigkeit des Stifts bei der Wahl des Propstes wurde eingeschränkt. Daraufhin sank seine Bedeutung weiter. Am Ende des Mittelalters ging das Stift in Münstereifel an die Augustiner-Chorherren über.

Auch für die Stadt Münstermaifeld begannen schwere Zeiten. Im Dreißigjährigen Krieg rückten die Schweden in die

Stadt ein. Hexenprozesse, die unter den Pröpsten als Gerichtsherren über Münstermaifeld geführt wurden, forderten ihre Opfer. Im Pfälzischen Erbfolgekrieg wurde Münstermaifeld gleich zweimal zerstört. Französische Truppen brandschatzten 1689 die Stadt – 1691 noch einmal, weil der französische Marschall Louis-François de Boufflers beim Befehlsempfang Münstereifel mit Münstermaifeld verwechselt hatte.

Mit der Säkularisation wurde das einstige Kollegiatstift in Münstermaifeld aufgelöst, die Kirche der Pfarrgemeinde Münstermaifeld übertragen, die bisherige baufällige Pfarrkirche St. Peter abgerissen. Das Stiftsvermögen wurde eingezogen, die Stiftsherrenhäuser wurden versteigert. Beispielhaft sei angeführt, dass der Münstermaifelder Bauer Franz Georg Weckbecker den Kreuzgang, die Münstermaifelder Stadtmauer mit ihren Türmen und Burg Pyrmont ersteigerte.

D**ie Stiftskirche**. Das wuchtige Westwerk der Stiftskirche St. Martin und St. Severus beherrscht den Sakralbau, der auf eine frühchristliche Vergangenheit zurückblicken kann und in den Baustilen der Romanik (Westwerk), Spätromanik (Hauptapsis), Frühgotik (Langhaus und Seitenschiffe) sowie der Hochgotik (Paradies) entstand.

Der rechteckige dreigeschossige Turm des Westwerks ähnelt dem der Abteikirche in Brauweiler. Das heute vermauerte Portal wurde durch das Paradies an der Südfront als jüngstem Bauteil der Stiftskirche überflüssig. Das Untergeschoss der Türme ist durch Lisenen und Bogenfriesen gegliedert. Im dritten Geschoss weist der Mittelturm zwei gekuppelten Rundbogenstellungen (Biforen) auf, die sich in kleinerem Maßstab im vierten Geschoss der beiden Treppentürme wiederholen. Der Mittelturm steht auf Fundamenten aus römischer Zeit. In der Nordecke des Turmes sind Quader mit römischer Inschrift eingemauert. Der gotische Chor mit querrechteckigem Vorjoch und Apsis im 5/10-Schluss besteht aus einem Sockelgeschoss, einem

Die Stiftskirche St. Martin und St. Severus auf dem Münsterplatz

Fenstergaden, einer Zwerggalerie und einem Kranz von Giebeln mit Kleeblattbogenblenden. Er wird von zwei Nebenchören flankiert. Querschiff und Langhaus zeigen die Komponenten des Rheinischen Übergangstils zur Frühgotik. Die als Paradies bezeichnete hochgotische Vorhalle charakterisiert das spitzbogige Portal mit den lebensgroßen Sandsteinfiguren des hl. Martin und des hl. Severus.

Das auffallendste und bedeutendste Kunstwerk im Inneren der Stiftskirche ist der »Münstermaifelder Goldaltar«, ein spätgotisches Retabel aus Antwerpen. Im nördlichen Seitenschiff befindet sich die Tuffstein-Skulpturengruppe der Grablegung Christi aus der Zeit um 1500, darüber die Darstellung von Christus als Schmerzensmann zwischen vier Engeln mit Leidenswerkzeugen. Die Stirnwand des nördlichen Seitenschiffes trägt das 8 m hohe Fresko des hl. Christophorus. Im Chor befindet sich ein spätgotisches Sakramentshaus mit einer Muttergottesstatue aus dem 14. Jh. 1930 konnten neben der Christophorus-Abbildung weitere Fresken aus der Bauzeit freigelegt werden. Dazu zählen die Epitaphien verstorbener Kanoniker an den Hauptpfeilern und die Abbildungen im südlichen Seitenschiff. Zu den bedeutenden Grabmälern zählen im südlichen Querhausarm der Epithaph des Kanonikers Christoph Heidger sowie das Doppelgrabmal darunter, Kuno von Eltz und seine Gemahlin darstellend.

Stiftsgebäude. In der Zeit nach 1810 wurden die Stiftsgebäude abgerissen, darunter das Refektorium, der Kapitelsaal, das Dormitorium und der Kreuzgang. Die alten Bauten der Kanoniker fielen weitgehend den Brandschatzungen des 17. Jh. zum Opfer. Die meisten der erhaltenen Kanonikerhäuser innerhalb der von Mauern und Toren umschlossenen Stiftsimmunität stammen aus dem 18. Jh. Das älteste ist das spätgotische »Haus mit den zwei Giebeln« mit Fachwerkvorbau in der Stiftsstraße. Weiter zurück gerückt ist das 1771 datierte Herrenhaus. In der ehemaligen Propstei, dem Sitz der Pröpste, befindet sich heute die Tourist-Information Maifeld mit dem Archäologischen Museum.

Grappenach, Hans: Münstermaifeld (Rheinische Kunststätten 244), Neuss 1980 • **Weiler, Josef:** Stiftskirche Münstermaifeld, Münstermaifeld 2005

Früher Klosterkirche St. Katharina, heute Pfarrkirche St. Bartholomäus

Namedy

㊲ Zisterzienserinnenkloster St. Bartholomäus – Nach 300 Jahren das Ende

Keltische Spuren lassen auf einen frühen Besiedlungszeitraum des heutigen Andernacher Ortsteils Namedy schließen. Die Basaltlava für die Brückenpfeiler der Römerbrücke über die Mosel in Trier wurden am Fornicher Kopf unterhalb Namedy gebrochen. Erste mittelalterliche Hinweise auf »Namedei« gehen auf das Jahr 1200 zurück. Der Ortsname bezieht sich vermutlich auf die keltische Besiedlung und bedeutet »Hain bzw. »Heiliger Hain/Opferstätte«. Die Ortspfarrkirche entstammt ursprünglich dem um 1255 erstmals genannten Zisterzienserinnenkloster im Ort.

Die erstmalige Nennung des Klosters Namedy bezieht sich auf die Pacht eines Waldes vom Kloster Stablo-Malmedy. Also muss das Kloster schon vorher bestanden haben – ansonsten sind die Hinweise auf seine Existenz auf einige wenige Schenkungsurkunden beschränkt. Es muss sich um einen kleinen Konvent mit nur wenigen Zisterzienserinnen gehandelt haben, der der Aufsicht des Klosters Himmerod unterstand. Gestiftet worden sein soll es durch die Edlen von Summersberg, die sich Romeschutel nannten und bei Rheinbach ihren Sitz hatten, aber auch in Namedy begütert waren. Später wurde das Kloster durch die ortsansässige Familie von Hausmann reichlich dotiert, die auch ihr Erbbegräbnis im Kloster hatte. Die Andernacher Patrizierfamilie von H(a)usmann hatte sich im 14. Jh. am Rand des Ortes einen »Niederhof« genannten Adelshof zu einer kleinen Wasserburg ausgebaut, als ihr frühester Burgherr wird »Gerhardus dictus Husmann« († 1211) genannt.

Als Äbtissinnen des Zisterzienserinnenklosters Namedy treten Elisabeth (1270–1288), Hellinburgis (1327), Alveradis (1360), Carissima (1368–1373), Hilla von Mudersbach (1399, 1400), Katharina von Bell (1409, 1414), Gutgin von Esch (1447) und als letzte Hildegardis Husmann von Namedy (Regentschaft 1518–1560) auf. Hildegardis Bruder, der Ritterbürgermeister Dr. jur. Antonius von Husmann zu Namedy, und seine zweite Frau Margaretha von Eltz waren es, die die Burganlage von Namedy zwischen 1550 und 1560 wohnlich ausbauten. Trotz der reichen Verwandtschaft und des reichen, aufsichtführenden Klosters Himmerod stand es aber nicht gut um die Zisterzienserinnen in Namedy. Ihr Konvent war zu klein geblieben, um überlebensfähig zu sein. Auch Bittgesuche der Söhne des Antonius von Husmann an das Kurfürstentum Trier blieben erfolglos. 1560 musste das Kloster durch seine letzte Äbtissin Hildegardis Husmann von Namedy, die schon seit 1533 keine Novizinnen mehr aufnehmen konnte, wegen der angespannten Wirtschaftslage nach 300-jährigem Bestehen aufgelöst werden.

Burg Namedy

Foto: Hans Otzen

Burg Namedy wurde im 14. Jh. als wasserumwehrter Rittersitz der niederadeligen Familie Hausmann, die schon zuvor in Namedy begütert war, errichtet. Im 16. Jh. erfolgte der Ausbau zur Burganlage. Heute ist sie im Besitz der Familie von Hohenzollern aus der Sigmaringer Linie, die im Laufe des 20. Jh. erhebliche Ausbauten vornahm, die das heutige Erscheinungsbild der Burg prägen. Aus dem 14. Jh. stammt noch der südöstliche Teil des Wohnbaus mit zwei Fensterachsen als Rest eines Wohnturms, der in nachmittelalterlicher Zeit um den langen Nordwesttrakt des Hauptflügels erweitert wurde. Aus dem 16. Jh. stammen die drei Rundtürme der Hauptburg sowie der hofseitige polygonale Treppenturm. Die Türme erhielten neubarocke Hauben; die Wassergräben wurden eingeebnet. Die Bauten der Vorburg gehen auf das 16.–18. Jh. zurück. Auf der Burg finden Konzerte, Lesungen, Theateraufführungen u. a. statt.

Burg Namedy: 56626 Andernach, Burg Namedy, Tel.: (02632) 48625, www.burg-namedy.de

Die unter der hl. Katharina geweihte Klosterkirche stand nach der Klosterauflösung der Gemeinde als Pfarrkirche zur Verfügung und erhielt den hl. Bartholomäus als Schutzpatron; sie ist Teil der heutigen Ortspfarrkirche St. Bartholomäus, die 1972 einen modernen, die alte Klosterkirche leider etwas erdrückenden turmartigen Quadratanbau nach Westen erhielt. Die Klostergebäude waren schon Ende des 19. Jh. abgerissen worden. Der heute weiß verputzte Altbau der Kirche ist eine frühgotische zweischiffige Anlage, entstanden in der ersten Hälfte des 13. Jh. unter dem Einfluss der Bauhütte von Kloster Marienstatt. Seine schmuckfreie Gestaltung trägt eindeutig zisterziensische Züge. Auffallend ist der ohne Vorjoch an das Langhaus angeschlossene, niedrigere Chor mit 5/8-Schluss. Der Umbau unter der Äbtissin Hildegardis beinhaltete eine Erhöhung des Langhauses und den Einbau von drei achteckigen Mittelpfeilern, die das Rippengewölbe mit figürlichen Schlusssteinen und Engelskonsolen tragen. Der mittlere Schlussstein trägt die Inschrift »Hildegard de Husmann abbatissa in Namedy 1521«. Die maßwerkfreien Fenster weisen noch sechs einbahnige Glasmalereien aus dem 13./14. Jh. auf. Von der Ausstattung übrig sind ein Vesperbild aus der 2. Hälfte des 15. Jh., eine reich geschnitzte eichene Kanzel aus dem Jahr 1612 aus St. Pantaleon in Köln sowie zwei figürliche Kindergrabsteine der Familie Hausmann aus den Jahren 1543 bzw. 1580.

Wissen, Roswitha: Andernach-Namedy St. Bartholomäus, in: Frauenklöster im Rheinland und in Westfalen, Regensburg 2004 • **Custodis, Paul-Georg / Meißner, Jan:** Burg Namedy in Andernach (Rheinische Kunststätten 420), Neuss 1996

Pfarrkirche St. Bartholomäus: 56626 Andernach-Namedy, Schlossstraße, Pfarrbüro 56626 Andernach, Agrippastr. 13, Tel.: (02632) 4998750 • **Andernach Tourist-Information:** 56626 Andernach, Konrad-Adenauer-Allee 40, Tel.: (02632) 987948-0, www.andernach-tourismus.de

Remagen

㊳ Apollinariskloster – Ein Hauptwerk der rheinischen Neugotik

In Remagen am Rhein hatten die Römer ein Lager mit Namen »Rigomagus« errichtet, das sie im Laufe der folgenden Jahrhunderte zu einem wehrhaften Kastell ausweiteten. Dieses Kastell widerstand sogar den Germaneneinfällen des 4. Jh. Doch der Untergang des Römischen Reichs ließ sich nicht mehr aufhalten. Langsam drangen die Franken in die ehemals römischen Gebiete vor, wo sie auch mit dem dort schon verbreiteten Christentum in Berührung kamen. Eine christliche Urpfarre bestand in Remagen bereits in frühfränkischer Zeit im 5. oder 6. Jh. Ein an dem später nach dem hl. Apollinaris benannten Berg oberhalb von Remagen gefundener Grabstein, der in das Landesmuseum Bonn verbracht worden ist, lässt dort auf eine frühchristliche Begräbnisstätte schließen. Hier entstand eine zunächst dem Patron der Franken, dem hl. Martin, geweihte Kapelle, an deren Stelle im 9. Jh. eine romanische Kirche trat.

Um das Jahr 1110 gründet das Benediktinerkloster Siegburg in Remagen mit Unterstützung der örtlichen Bevölkerung eine Propstei. Die Remagener boten dem Siegburger Kloster als Standort dafür den Berg mit der Martinskapelle oberhalb der Stadt mit der Verpflichtung an, dort den Gottesdienst zu übernehmen. Der Gründung der Propstei folgte der Neubau der Martinskirche, die 1126 geweiht werden konnte. Dieser Propstei übereignete der Kölner Erzbischof Rainald van Dassel 1164 die Kopfreliquie des hl. Apollinaris. Der Legende nach befand sich der Erzbischof auf der Rückreise von Italien, von wo er nach erfolgreicher Besetzung Mailands nicht nur die Gebeine der Heiligen Drei Könige, sondern auch die des hl. Apollinaris mit sich führte. Das Schiff legte in Remagen an, ließ sich aber

Foto: Beckstet, Wikimedia Commons

nicht mehr steuern. Erst als die Apollinarisreliquie auf den Berg in die Propstei gebracht wurde, konnte sein Schiff nach Köln weiterfahren. Seither entwickelte sich die Martinskapelle zu einem Wallfahrtsort und wurde schon bald nach dem Heiligen benannt. Im Jahr 1295 fand dann der hl. Apollinaris erstmals urkundliche Erwähnung für Remagen.

Während einer Auseinandersetzung zwischen dem Abt der Benediktinerabtei und Herzog Wilhelm II. von Jülich, dem Schirmvogt über die Abtei, gelangte die Apollinarisreliquie im Jahr 1383 in die Hände des Herzogs. Er brachte sie nach Düsseldorf und vermachte sie dem dortigen Kollegiatstift St. Lambertus. Doch der Propst war umsichtig genug, den Kopf der Reliquie rechtzeitig vor der Auseinandersetzung dem Ritter Gerard zu übergeben, der sie auf die nahegelegene Burg Landskron in Verwahrung gab. 1394 gelangten die Reliquien auf den Apollinarisberg zurück, wo sie in einem Sarkophag aufbewahrt werden. 1460 ließ der Abt von Siegburg die Kopfreliquie in eine silberne Kapsel mit vergoldetem Lorbeerkranz fassen . So konnte die Reliquie zur öffentlichen Verehrung ausgestellt werden. Dies gab der Wallfahrt auf den Apollinarisberg neuen Aufschwung.

Als die französischen Revolutionstruppen 1793 auf den Rhein zumarschierten, brachten die Mönche die Apollinarisreliquie zunächst im Ort unter, schafften sie dann aber auf die andere Rheinseite nach Unkel und letztlich nach Siegburg, wie eine auf den 19. Juli 1794 datierte Quittung des letzten Siegburger Abtes Johann Speyart belegt. Auch nach der Aufhebung der Siegburger Abtei 1803 blieb die Reliquie zunächst dort, bis die Herzoglich-Bergische Regierung sie 1812 nach Düsseldorf zu den anderen Gebeinen des Heiligen bringen ließ. Nach dem Ende der napoleonischen Herrschaft und der Etablierung der preußischen Rheinprovinz einigten sich der Bischof von Trier und der Erzbischof von Köln 1825 darauf, die Kopfreliquie des

Die Chorpartie der Apollinariskirche (19. Jh.)

hl. Apollinaris aus Düsseldorf zurückzugeben, so dass sie in der Pfarrkirche von Remagen einen neuen Platz fand.

Die Propsteianlage auf dem Remagener Apollinarisberg war nach der Säkularisation 1807 an die Gebrüder Sulpiz und Melchior Boisserée versteigert worden. Sie verkauften 1836 den gesamten Besitz an den Freiherrn und späteren Grafen Franz Egon von Fürstenberg-Stammheim, der sich zu diesem Zeitpunkt schon einen Namen als Mäzen gemacht hatte. In seiner romantisierenden christlich-konservativen Weltsicht war er einer der wenigen Katholiken, die in engem Kontakt zum preußischen König Friedrich Wilhelm IV. standen. Seine Intention bestand darin, die Klosterkirche auf dem Apollinarisberg großflächig mit Fresken zu versehen. Doch die Kirche war schon zu baufällig, um noch lange bestehen zu können. So ließ er sie abreißen und durch einen Neubau ersetzen. Da der neuromanische Baustil im katholischen Rheinland dem Protestantismus zugeordnet wurde, entschied er sich für den neugotischen Stil, der eher als katholischer Baustil galt. Er beauftragte den Dombaumeister Ernst Friedrich Zwirner, einen der großen Meister dieses Architekturstils, zur Erstellung eines Entwurfs für die neue Kirche, die möglichst große Wandflächen für die Auftragung von Fresken aufweisen sollte. Der Graf stand schon in Kontakt zu Wilhelm von Schadow, dem Direktor der Düsseldorfer Malschule, dessen Vorentwürfe für die Wandgemälde dann auch schon in den Architekturplänen Schinkels berücksichtigt wurden.

Mit dem Neubau der Apollinariskirche wurde 1839 begonnen. Zur Stabilisierung des Baukörpers setzte Zwirner schon Gusseisen ein, so für die Helme der Türme, die Balustraden

Apollinariskirche Remagen: Apollinarisberg 4, Tel.: (02642) 208-0, www.apollinariskirche.de • **Klosterangebote:** Familienwochenenden, Teenager-Treff, Jugend-Treff, Exerzitien, speziell auch Teenager-Exerzitien, Unterbringung im Kloster • **Fremdenverkehrsamt Remagen:** 53424 Remagen, Bachstr. 5, Tel.: (02642) 2010, www.remagen.de

Die Apollinariskirche oberhalb von Remagen

zwischen den Türmen und im Inneren für Geländer, Chorschranke und verschiedene Säulen. Die Bauarbeiten waren 1843 beendet. Die Ausmalung erfolgte über zehn Jahre durch die der romantisch religiösen Kunstrichtung der Nazarener verpflichteten Schadow-Schüler Ernst Deger, die Brüder Andreas Müller und Karl Müller sowie Franz Ittenbach. Die Innenausmalung, die als ein Hauptwerk der religiös orientierten Malerei der Nazarener gelten, behandeln drei Hauptthemen: das Leben Jesu, das Leben Mariens und das Leben des hl. Apollinaris. In der Apsis wird Jesus als Weltenrichter dargestellt, umgeben von Maria und Johannes dem Täufer. Unterhalb sieht man den hl. Petrus und den hl. Apollinaris, umgeben von den vier Evangelisten. Szenen aus dem Leben Christi sind links vom Eingang, aus dem Leben Mariens rechts vom Eingang zu sehen. Der Bilderzyklus aus dem Leben des hl. Apollinaris beginnt südlich neben dem Chor.

Am 24. März 1857 wurde die Weihe der neuen Apollinariskirche vollzogen. Mönche aus dem Franziskanerorden übernahmen die Kirche mitsamt den Klosteranlagen. Am 23. Juli 1857 überführte man die Kopfreliquie des Heiligen aus der Pfarrkirche in die Krypta der neuen Apollinariskirche, wo sie in dem Steinsarkophag aus dem 14. Jh. wieder ihren Platz unter einem im Kirchweihjahr neu geschaffenen Deckel gefunden hat. Bis heute finden die Apollinaris-Wallfahrten in Remagen statt und ziehen weit über 10.000 Gläubige an. Dazu wird das Reliquiar vom Pfarrer der Remagener Pfarrkirche, der die Reliquie immer noch gehört, aus der Krypta geholt, um Stadt und Land zu segnen.

1884 ließ die Grafenfamilie von Fürstenberg-Stammheim im Felsuntergrund des Kirchenareals eine Gruft anlegen, in der der 1859 verstorbene Franz Egon von Fürstenberg-Stammheim seine Grablege hat. Am Ende des Zweiten Weltkriegs, als sich die alliierte Front dem Rhein näherte, erlitt die Apollinariskirche noch Schäden, die aber bis 1947 ausgebessert werden konnten. 1972 mussten die alten Gebäude der Benediktinerpropstei niedergelegt und durch neue Gebäude nördlich an der Kirche ersetzt werden, in denen Priesteramtskandidaten untergebracht wurden. 150 Jahre hatten die Franziskaner auf dem Apollinarisberg eine Bleibe gefunden, dann mussten sie diesen Standort aufgeben. 2007 übertrug der Trierer Bischof das Kloster und die Kirche zur Seelsorge und Betreuung der Wallfahrten an die »Gemeinschaft der gekreuzigten und auferstandenen Liebe« aus Maastricht, nach kanonischem Recht eine »private Vereinigung von Christgläubigen«. Das Kirchengebäude ging damit in den Besitz der »Stiftung Wallfahrtskirche St. Apollinaris« über. Die kleine Gemeinschaft von Priestern und Schwestern sorgt seither für den Erhalt dieser ehrwürdigen Stätte in herrlicher Lage über dem zum Rhein hin abfallenden Apollinarisberg.

Wer den Rhein entlangfährt, sieht schon von weit her die vier aufragenden Türme der Apollinariskirche. Es ist ein einschiffiger Bau mit dem Grundriss eines griechischen Kreuzes.

Foto: Lothar Spurzem, Wikimedia Commons

Krypta der Apollinariskirche

Zwei Türme ragen an der Westfassade über die Breite des Langhauses hinaus, die beiden anderen schlanken achteckigen Türme lehnen sich beiderseits der in fünf Achteckseiten gebrochenen Apsis an. Trotz des neugotischen Charakters zeigen der Westbau klassizistische und die Krypta neuromanische Formen. Im Winkel zwischen Querhaus und Chorjoch befinden sich niedrige Anbauten. Eine Maßwerkgalerie umläuft den Baukörper am Dachansatz. Für Licht im Inneren sorgen von Bogenfriesen gesäumte Rundfenster sowie große Spitzbogenfenster in der westlichen und südlichen Stirnseite. Das dreijochige Langhaus ist mit Kreuzrippengewölbe eingedeckt.

Brönner, Wolfgang (Hg.): Die Apollinariskirche in Remagen, Worms 2005 • **Custodis, Paul-Georg / Pauly, Stephan:** Die Apollinariskirche in Remagen (Rheinische Kunststätten 503), Köln 2008

Rolandswerth

㊴ Benediktinerinnenkloster – Abgeschiedenheit auf einer Rheininsel

Wo der Mittelrhein in den Niederrhein übergeht, erstreckt sich in der Honnefer Talweitung die Flussinsel Nonnenwerth. Ihre heutige Form von 2 km Länge und bis zu 200 m Breite verdankt sie den zur Mitte des 19. Jh. vorgenommenen Flussregulierungen. Die 300 m lange nördliche Spitze liegt auf Bonner Gebiet, der Hauptteil gehört zur Stadt Remagen, Ortsteil Rolandseck. 1126 bestätigte der Kölner Erzbischof Friedrich I. die durch die Abtei Siegburg betriebene Gründung eines Benediktinerinnenklosters auf der damals Ruleicheswerd (Rolandswerth) genannten Rheininsel angesichts des Drachenfelses und unterhalb der Burg Rolandseck. Die Bezeichnung dieses Klosters als »Nonnenwerth« wurde erst ab dem 17. Jh. üblich. Friedrich I. hatte wenige Jahre zuvor mit dem Bau von Burg Rolandseck begonnen, die in den Kriegen des 15. bis 18. Jh. zur Ruine geriet und deren wiedererrichteter Burgbogen im 19. Jh. zum Sinnbild der Rheinromantik wurde.

Die mittelalterlichen Baulichkeiten von Kloster Nonnenwerth sind nur aus wenigen Ansichtszeichnungen aus dem 17. Jh. bekannt. Danach bestanden auf der Insel eine Kirche mit massivem Westturm und verschiedene Klostergebäude. Ein großer Teil der Anlage wurde im Burgundischen Krieg 1477 zerstört. Ebenfalls im 15. Jh. erfolgte der Übergang der Aufsichtsrechte über den Konvent von der Siegburger Abtei auf das Kölner Kloster Groß St. Martin. 1752 ging schließlich die Oberleitung des Klosters an die Abtei St. Vitus in Gladbach über. Zu Beginn des 18. Jh. wurden noch umfangreiche Erweiterungs- und Neubauten vorgenommen, so dass sich das Kloster als vierflügeliger Gebäudetrakt um den Kreuzgang mit verschiedenen Wirt-

Nonnenwerth: Die Westfront der Klosterkirche (18. Jh.) mit Abteigebäude

schaftsgebäuden darstellte. Das Jahr 1773 war das Schicksalsjahr des Klosters Nonnenwerth. Am 31. Januar dieses Jahres vernichtete ein Großbrand die Kirche und die Gebäude. Nach diesem Brand riss man alle Gebäudereste des Klosters ab und erhöhte aus Hochwasserschutzgründen den Baugrund mit dem Bauschutt um über einen Meter. Die Grundsteinlegung des neuen Klosters erfolgte schon am 14. April 1773, wie der Sockelstein in der Nordostecke mit einer entsprechenden Inschrift aussagt. Die Einweihung des Neubaus fand im Sommer 1775 statt. Architekt dieses Neubaus war Nikolaus Lauxen, der durch sein Hauptwerk der Brauweiler Prälatur brillierte.

Im Zuge der Säkularisation wurde das Kloster aufgelöst, die Benediktinerinnen behielten aber zunächst ihr Wohnrecht. 1822 mussten dann aber die letzten Nonnen des Konvents die Insel verlassen. Die neue preußische Regierung versteigerte die Insel an den Gastwirt Sommer, der in den Klostergebäuden eine

Wirtschaft betrieb. Hier trafen sich Künstler wie Ernst Moritz Arndt, Karl Simrock oder Ferdinand Freiligrath, die angesichts des Rolandsbogens das Rheinpanorama genossen. In aller Erinnerung ist der Geburtstag von Franz Liszt am 22. Oktober 1841: Die an diesem Tag vor der Westfassade des Klosters gepflanzte Platane ist heute der höchste Baum der Insel. Der Gastwirt Sommer verschuldete sich aber, weil der Hotelbetrieb zu wenig Gewinn abwarf. Der Tochter seiner Hauptgläubigerin Auguste von Cordier gelang es dann mit Hilfe von Ursulinen aus Würzburg, das Kloster wieder seiner ursprünglichen Bestimmung zuzuführen. Sie gründete hier ein Mädchenpensionat, schloss sich den »Franziskanerinnen von der Buße und der christlichen Liebe« aus Heythusen (Holland) an und fungierte seit 1854 als Mutter Angela in der Funktion der Oberin und Pensionatsleiterin. Infolge des Kulturkampfes und des Verbots klösterlicher Lehrtätigkeit mussten die Schwestern 1879 bis 1889 ihre Lehrtätigkeit übergangsweise von den Niederlanden aus weiterführen. Bis heute führen die »Franziskanerinnen von der Buße und der christlichen Liebe« ihre Lebensgemeinschaft St. Clemens auf der Insel Nonnenwerth. Sie unterhalten das Gymnasium, bieten Gästen einen Aufenthalt im Kloster und betreiben eine Werkstatt für Textilkunst. Während beider Weltkriege wurden Lazarette in den Klostergebäuden eingerichtet. Der in der Nazizeit geschlossene Schulbetrieb wurde 1945 wieder aufgenom-

Franziskanerinnen von Nonnenwerth: 53424 Remagen, Insel Nonnenwerth, Tel.: (02228) 6009 420, www.nonnenwerth.org • **Gast im Kloster:** Buchungen telefonisch unter 02228–60090 • **Inselkonzerte:** www.inselkonzerte.de • **Franziskus Gymnasium Nonnenwerth:** 53424 Remagen, Insel Nonnenwerth, Tel.: (02228) 6009 420, www.nonnenwerth.de • **Fährbetrieb:** Anlegestelle am Rheinufer neben der B 9, Mo bis Fr 7–18 Uhr, So und feiertags 9–14 Uhr, an Konzerttagen bis 20 Uhr, Fährpause an Wochenenden 12.15–13.15 Uhr • **Tourismusinformation Remagen:** 53424 Remagen, Bachstr. 5, Tel. (02642) 20187, www.stadt-remagen.de

Archiv Hans Otzen

C. Hein, Kloster Nonnenwerth, Rolandsbogen und Drachenfels, 1859; Öl auf Leinwand, 67 × 97 cm

men. Erstmals gab es 1978 einen weltlichen Schulleiter. Gleichzeitig wurde das Internat geschlossen und die Koedukation eingeführt.

Das barocke Kloster Nonnenwerth, wie es Lauxen entwarf, bildet eine zwei Binnenhöfe umschließende Baugruppe mit den Schauseiten an der Nord- und Westfront. Zum Entstehungszeitpunkt waren alle Klosterfunktionen, auch die Wirtschaftsbetriebe, in dieser Baugruppe integriert. Die zweigeschossige Anlage ist mit hohen, schiefergedeckten Mansarddächern eingedeckt. Als Baumaterial diente an der Basis Basalt, das aufgesetzte Mauerwerk wurde aus Bruchstein und verwertbarem Material aus dem Vorgängerbau aufgemauert und verputzt. Die optischen Gliederungsmerkmale der Fassaden wie Lisenen, Pilaster und Gesimse sind aufgeputzt.

Der Hauptbau der Klosteranlage von Nonnenwerth gruppiert sich vierflügelig um den nördlichen quadratischen Binnenhof. Die elfachsige Nordfassade stellt die Eingangsfront dar. Ihre mittleren drei Achsen bilden einen Risalit heraus, der das erste Dachgeschoss einbezieht und darüber mittig durch einen einfenstrigen Giebelvorbau abgeschlossen wird. Pilaster an den Risalitkanten und zwischen den Fenstern betonen diesen Portalteil der Nordfront. Den östlichen Teil der Hauptfassade bildet die dreiachsige Kapellenfront. Pilaster gliedern ihre dreigeschossige Fassade in einen schmaleren Mittelteil und zwei je breitere Seitenteile. Das Portal im Parterre gleicht dem Hauptportal und wird von zwei kleineren längsovalen Fenstern flankiert. Im Obergeschoss ziehen sich drei hohe Rundbogenfenster über den ersten Stock hinaus. Über dem mittleren Fenster ist dann noch ein kleines querovales Hochfenster angebracht. Nach oben schließt die Kapellenfassade mit einem auf beiden Seiten in Voluten eingrollten Giebel ab. Darüber krönt ein Dachreiter die Kapellenfront. Er ist als achtseitig gebrochene Laterne mit geschweiftem Haubendach und aufgesetzter Zwiebel ausgestaltet.

Im Südteil der Westfassade befindet sich der Zugang zum Wirtschaftshof. Hier stehen die für den äußeren Betrachter nicht sichtbaren niedrigeren Wirtschaftsgebäude. In dem Maße, wie der Landwirtschaftsbetrieb von Nonnenwerth eingeschränkt wurde, wurden auch die Nutzgebäude umgewidmet oder umgebaut. Parallel dazu wurde der im Norden der Klostergebäude gelegene Nutzgarten durch die Anlage eines Springbrunnens und von Blumenbeeten und Rasenflächen in einen englischen Landschaftsgarten verwandelt.

Den Kernraum der Klosteranlage von Nonnenwerth bildet die Kapelle St. Clemens. Sie ist als fünfjochiger Saalbau angelegt. Kreuzgratgewölbe, die auf vorgesetzten Pilastern ruhen, tragen die Decke. Der Chorbereich ist in den Süden gelegt und schließt ohne Apside mit einer geraden Mauer ab. In diese Mauer sind in Obergeschosshöhe zwei Rundbogenfenster als Äbtissinnenloge eingesetzt. Im Eingangsbereich auf der Nordseite ruht die Nonnenempore auf vier Säulen. An der Gebäudeinnenseite sind in

Arp Museum

Foto: Hans Otzen

Auf dem linken Rheinufer gegenüber der Klosterinsel Nonnenwerth steht das von Richard Meier oberhalb des Bahnhofs Rolandseck errichtete Arp-Museum, das 2007 eröffnet wurde. Es ist eines der meistbesuchten Museen von Rheinland-Pfalz, das sich den Werken von Hans Arp und Sophie Taeuber-Arp widmet, weitere Sammlungen beinhaltet und regelmäßig vielbeachtete Sonderveranstaltungen zeigt.

Landes-Stiftung Arp Museum Bahnhof Rolandseck: 53424 Remagen-Rolandseck, Hans-Arp-Allee 1, Tel.: (02228) 94 25 12, www.arpmuseum.org, geöffnet Di bis So und feiertags 11–18 Uhr, 24.12., 31.12. und Rosenmontag geschlossen; mit Bistro

Die Rolandsage

Die Sage vom Ritter Roland von Rolandseck und dem Fräulein Hildegunde von Drachenfels geht auf das altfranzösische „Rolandslied“ (entstanden um 1100) zurück. In der deutschen Version hatten sich der Ritter und das Fräulein in Liebe gefunden und ihrer Verehelichung stand nichts im Weg, als Roland von Karl dem Großen gegen die Sarazenen zu den Waffen gerufen wurde. Ritter Roland führte die Nachhut der Truppen Karls des Großen auf dem Rückweg ins Reich, als sie in unwegsamem Berggelände in einen Hinterhalt gerieten.

Hildegunde erwartete die Rückkehr ihres Ritters, aber sie erhielt von einem seiner Waffengefährten die Botschaft, Roland sei an seiner Seite gefallen und tot vom Schlachtfeld getragen worden. Ein Leben ohne Roland war für Hildegunde nicht vorstellbar, und so legte sie in ihrer Verzweiflung und Trauer im nahen Kloster auf der Insel Nonnenwerth die Gelübde als Nonne ab. Indes war der Ritter nicht an seinen Wunden gestorben, sondern kehrte nach langer Genesung heim. Seine Geliebte war nun für ihn nicht mehr erreichbar, aber er konnte ihr nahe sein, indem er von einem Fensterbogen seiner Burg zu ihr herabblickte. Als er ihren Leichenzug zum Klosterfriedhof gehen sah, wurde er wenig später von seinen Knappen verstorben am Boden aufgefunden.

Rolandsbogen
(Postkarte um 1900)

Höhe des ersten Geschosses in den Achsen geschweifte Balkone angebracht, die Zugang vom »Credo-Gang« aus haben. Dieser Gang entstand durch spätere Aufstockung des Kreuzganges und wurde zu Beginn des 20. Jh. ganz im Sinne der Beuroner Malschule mit entsprechenden Gemälden versehen.

Der Hochaltar der Kapelle wurde 1955 aus den Resten eines süddeutschen Barockaltars zusammengestellt. Er verdeckt seither das Stirnwandfresko der Kreuzabnahme des der Düsseldorfer Malschule zuzurechnenden Künstlers Andreas Müller, das 1863 der Düsseldorfer Künstler Petri vollendete. Die Orgel stammt aus dem Jahr 1975 und wurde in einen barocken Prospekt aus dem Jahre 1750 eingebaut.

Die Krypta unterhalb des Kapellenchores wurde als tonnengewölbter Totenchor angelegt. Die letzte Bestattung fand hier 1859 statt, weil dann aus hygienischen Gründen ein Friedhof auf der Insel angelegt werden musste.

Nicht zuletzt sei noch auf den barocken Kapitelsaal des Klosters hingewiesen, der im ersten Stock auf der Westseite mit sechs Fensterachsen die gesamte Breite des mittleren Giebelfeldes der Westfassade einnimmt. Besonders sehenswert sind seine Stukkaturen.

Die Klosterinsel Nonnenwerth ist nur über die linksrheinische klostereigene Personenfähre zu erreichen. Während der Schulzeit setzt auch das private Fahrgastschiff »Grafenwerth« von der gegenüberliegenden Rheininsel Grafenwerth über. Besucher der Insel müssen angemeldet sein.

Euskirchen, Claudia: Kloster Nonnenwerth in Remagen (Rheinische Kunststätten 447), Köln 2000 • **Wissen, Roswitha:** Kloster Nonnenwerth, in: Frauenklöster im Rheinland und in Westfalen, Regensburg 2004 • **Ruland, Josef:** Der Rolandsbogen in Remagen-Rolandswerth (Rheinische Kunststätten 359), Neuss 1997

Schweinheim

⑩ Zisterzienserinnenkloster – Von der „Himmelspforte" zum Seminarhaus

Gottfried von Molenark, der 1180 geborene Herr auf der Tomburg, stiftete in Schweinheim am Steinbach ein Frauenkloster, das mit Nonnen des Zisterzienserordens aus dem Mutterkloster Heisterbach besetzt wurde. Das Kloster erhielt die Bezeichnung Porta Coeli (= Himmelspforte). Gottfried trat mit seiner Frau und seinen beiden Töchtern »unter Ablegung des Ordensgelübdes« selbst in das Kloster ein. Das Kloster erhielt die Bezeichnung Porta Coeli (= Himmelspforte). In der Klosterkirche hatten die Herren von Tomburg ihr Erbbegräbnis. Die vielen Grabsteine der verstorbenen Mitglieder dieses Rittergeschlechts, von denen einst berichtet wurde, sind seit der Säkularisation verschwunden. Die geistliche Betreuung des Klosters oblag der Abtei Heisterbach. 1238 übertrug Gottfried die Vogteirechte dem Kölner Bischof. Im gleichen Jahr bestätigte der Kölner Erzbischof Konrad von Hochstaden die Klostergründung.

15 Insassen zählte das Kloster anfangs. Meist handelte es sich um unverheiratete Töchter des Landadels, deren Mitgift das Kloster wohlhabend machte.

Weitere Zuwendungen mehrten den Reichtum des Klosters. So hatte schon 1240 das Stift Münstereifel die Besitzungen des Siegfried von Rheder (Reydorro) übereignet. 1242 übertrug die Witwe des Walram II. von Monschau dem Kloster ein Grundstück in Stoitzheim zum Bau einer Mühle. Darüber hinaus besaß das Kloster den Flamersheimer Münchhof und zwei Höfe in Palmersheim sowie Wiesen- und Ackerflächen und sechs Morgen Weinberge an der Ahr. 1691 betrugen die Jahreseinnahmen 6.000 Taler.

Kloster Schweinheim (17./18. Jh.) in der Voreifel

Foto: Hans Otzen

Von den ursprünglichen Bauten der Himmelspforte ist nichts verblieben. Die Klosteranlage wurde zu Beginn des 18. Jh. komplett zerstört. In den Jahren 1726–28 erfolgte der Neubau der Klosteranlage ganz nach den architektonischen Prinzipien der Zisterzienser ohne Ornamentierung und Bauschmuck in Bruchsteinbauweise. Die Bauteile der Klosteranlage, bestehend aus der Kirche, den Wohnräumen des Priors, der Äbtissin und der Nonnen, gruppierten sich um ein Quadrum mit Stallungen, Scheunen und Remisen.

Nach der Säkularisation erwarb ein Pariser Bankier die Klosteranlage. Danach folgte ein häufiger Eigentümerwechsel. In den 1830er Jahren wurden die Klosterkirche und ein Teil der Klostergebäude abgerissen. Ein Teil der liturgischen Gegenstände und Kunstwerke ging verloren, andere findet man in benachbarten Kirchen wieder. So befinden sich in der Pfarrkirche von Flamersheim zwei Tafelbilder (»Anbetung der Könige«

und »Anbetung der Hirten«, beide aus den 1660er Jahren) aus dem Schweinheimer Klosterbesitz. In der Dreifaltigkeitskapelle von Schweinheim steht eine gotische Pietà, die dem Klosterbesitz zugeschrieben wird. Ein Vortragekreuz ist in der Queckenberger Kirche St. Josef. Weitere sakrale Gegenstände, wie etwa fünf Messgewänder, sieben Chorbücher und eine Monstranz fanden Verwendung in den Pfarreien von Kirspenich und Stoitzheim.

Von den Klosterbauten sind das Priorat, das Äbtissinnenhaus mit dem Hauptportal und Nebengebäude erhalten geblieben. Das siebenachsige, rechteckige Priorat mit drei Achsen auf der Schmalseite weist ein Hochgeschoss unter schiefergedecktem Satteldach auf. Das Gebäude ist mit rechteckigen Fenstern versehen. Seine Schmalseite mit dem Treppengiebel ragt über die Mauerflucht der anstoßenden Gebäude hinaus. Das neunachsige Äbtissinnenhaus liegt an der Westseite des ehemaligen Kreuzgangs. In seiner Mittelachse befindet sich das mit einem ovalen Oberlicht versehene Portal aus rotem Sandstein mit der Jahreszahl 1726. Zu erkennen sind noch die Reste des einst flach gedeckten rundbogigen Kreuzgangs.

Im Jahr 2005 erwarb ein Architekt die verbliebene Klosteranlage auf 17.000 Quadratmeter Grundstück. Er baute das Haupthaus zu Wohnzwecken aus, richtete im ehemaligen Refektorium Seminar- Veranstaltungsräumlichkeiten ein und bietet auch Übernachtungsmöglichkeiten an. Für sich selbst verwendete er die Mühle als Arbeits- und Wohnraum.

Seminarhaus Kloster Schweinheim: 53881 Euskirchen-Kirchheim, Im Klostertal, Tel.: 02255.94 82 27, www.kloster-schweinheim.de

Steinbachtalsperre

Oberhalb von Kloster Schweinheim wird der Steinbach aufgestaut. Die Staumauer wurde 1934–36 als Bruchwasserreservoir für die umliegende Textilindustrie errichtet. Das einen Kilometer lange und fast 400 m breite Staubecken fasst annähernd 1 Million Kubikmeter Wasser. Ein 2,8 Kilometer langer Rundweg führt um die Talsperre. Schilder am Wegesrand erklären die Baumarten am Uferrand. Insgesamt hat sich das Talsperrengelände und sein Umland für Wanderer und Radfahrer zu einem bedeutenden Naherholungsgebiet im gesamten Nordeifelraum entwickelt. Ein großes, renoviertes Waldfreibad und eine Waldgaststätte an der Talsperre stellen dabei große Attraktionen dar.

Waldgaststätte Steinbach: 53881 Euskirchen-Kirchheim, Talsperrenstraße 105, Tel.: (02255) 95 83 00, www.waldgasthaus-steinbach.de, mit Hausbrauerei, an Wochenenden Steinofenbrot zum Verkauf, durchgehend geöffnet, im Winter Do bis So ab 11.30 Uhr • **Waldfreibad Steinbachtalsperre:** 53881 Euskirchen-Kirchheim, Tel.: (02255) 6520, www.euskirchen.de, ausgedehnte Grünflächen, Badeinsel, Riesenrutsche, 5-Meter-Sprungturm, Wassertrampolin, geöffnet in der Saison Mo bis Fr 11–20 Uhr, So und So und in den Ferien ab 10 Uhr

Foto: Hans Otzen

Sinzig-Vehn

㊶ Augustinerinnenkloster – Eine kurze Blütezeit

Abseits von Sinzig steht in der Gemarkung Löhndorf am Eifelrand ein Herrenhaus, das im Volksmund »Schloss Vehn« genant wird. Im Mittelalter befand sich der Hof im Besitz des Kölner Erzbischofs Heribert (970–1021), den er im Jahr 1021 samt Kirche, Äckern, Weinbergen, Wäldern und allen Rechten der Abtei Deutz übertrug. Dieser Besitz in »Lundorp« ging 1267 als Lehen an die Burggrafen der Landskron, nach 1370 an die Herren Colve von Ahrweiler und schließlich 1564 an Wilhelm von Orsbeck, Kanzler des Herzogtums Jülich, zu dem auch Sinzig gehörte. Wilhelm von Orsbeck baute den Deutzer Hofkomplex zu einem Rittersitz aus. Nachdem die Familie von Orsbeck erbenlos ausstarb, zog die Abtei Deutz das Hofgut als erledigtes Lehen ein und vergab es nacheinander an die Familien von Riedesch, von Bellersheim und von Hocherbach. Der letzte Baron von Hocherbach erwarb das säkularisierte Hofgut und war nun Eigentümer von Vehn. Nach seinem Tod wechselten die Eigentümer, heute ist es eine Erbengemeinschaft, deren Mitglieder es privat bewohnen.

Im »Liber Valoris« (»Liber Valoris ecclesiarum Coloniensis dioceses«, das Wertebuch der Kirchen der Diözese Köln) des 14. Jh. ist Vehn als eigenständige Pfarrei aufgeführt und Löhndorf als ihre Filiale.

An der Hofkirche von Vehn wurde 1484 mit sechs Schwestern ein adeliges Benediktinerinnenkloster gegründet, das auch die Seelsorge für die Filiale in Löhndorf übernahm. Allerdings bestand dieser Konvent 1561 nur noch aus zwei Nonnen. Als

Schloss Vehn: 53489 Sinzig-Vehn, Vehner Straße, Privatbesitz

Foto: Gabriele Nohn-Steinecke

„Schloss Vehn“

Wilhelm von Orsbeck Klause und Hof von Vehn übernahm, musste er die Übersiedlung der Nonnen auch finanziell regeln. Sie zogen ins Augustinerinnenkloster von Marienthal.

Die kleine, ehemalige Pfarrkirche von Vehn hat außergewöhnliche Ausmaße. Ihr einschiffiges, im 17. Jh. umgebautes Langhaus hat eine Länge von nur knapp 6 m und eine Breite von 2,75 m. Der innen runde und außen polygonale Chor, der noch aus der romanischen Bauperiode stammt, misst 5,65 m in der Länge und ebenfalls 2,75 m in der Breite.

Von der alten Ausstattung ist nur noch der Barockaltar aus dem Jahr 1690 vorhanden. Bis 1833 blieb die Kirche die Pfarrkirche für Löhndorf. Wenn Gottesdienste in Löhndorf abgehalten wurden, fanden diese im Beinhaus auf dem Friedhof statt. 1829 machten durchgeführte Kollekten die Grundsteinlegung einer ortseigenen Pfarrkirche möglich, die dann auch 1834 geweiht werden konnte.

Foto: Hans Otzen

Die Pfarrkirche von Löhndorf als ehemalige Filiale der Pfarrei Vehn

Die Grundstruktur von Schloss Vehn geht auf den Ausbau zum Rittersitz durch Wilhelm von Orsbeck zurück. Der nördliche Hofflügel des Rittersitzes ist mit der Jahreszahl 1573 bezeichnet. Sein vorspringender Treppenturm trägt einen neuzeitlichen Treppengiebel. Der Hauptbau unter Mansarddach, der aus dem 18. Jh. stammt und die Jahreszahlen 1726 und 1772 aufweist, wurde 1926 zur Gartenseite durch Umbau erheblich verändert und erhielt vergrößerte Fenster.

Bruchhäuser, Kurt: Schloß Vehn und sein Verhältnis zur Kirchengemeinde Löhndorf, in: Heimatjahrbuch für den Kreis Ahrweiler, 1958, S. 81 • **Pauly, Stefan / Custodis, Paul-Georg:** St. Peter in Sinzig (Rheinische Kunststätten 503), Köln 2008

Foto: Gabriele Nohn-Steinecke

Die ehemalige Prämonstratenserkirche (13./18. Jh.)

Wehr

㊷ Prämonstratenserpropstei – Dorfkirche mit außergewöhnlicher Ausstattung

Der Talkessel von Wehr westlich des Laacher Sees war schon zu römischer Zeit besiedelt. In fränkischer Zeit bestand hier ein Hofgut mit einer dem hl. Martin geweihten Hofkapelle. Die Vorfahren der Grafen von Are waren in den Besitz des Hofguts gelangt und übertrugen es um das Jahr 920 dem nahe der heutigen Ortschaft Kall gelegenen Kloster Steinfeld. 1136 bestätigte Papst Innozenz II. urkundlich Wehr als Steinfelder Besitz. Eine Pfarrkirche wurde für den Ort erstmals 1187 genannt. Abt Marciarius ließ um das Jahr 1230 anstelle der Hofkapelle neben dem Ort eine neue Kirche erbauen, von der heute noch der Turm erhalten ist. Die Äbte von Steinfeld übten über Jahrhunderte bis zur Säkularisation als Landes- und Lehnsherren die höhere und niedere Gerichtsbarkeit über den Ort aus.

In Wehr muss es schon sehr früh eine klösterliche Gemeinschaft am Rande des Ortes gegeben haben, in welches später Prämonstratenser-Chorherren einzogen. Der Orden der Prämonstratenser-Chorherren war 1121 von Norbert von Xanten in Prémontré gegründet worden. Ursprünglich waren ihre Brüder als »Norbertiner« bezeichnet worden, doch setzte sich im Laufe der Zeit der Name »Prämonstratenser« in Anlehnung an den Gründungsort Prémontré durch. Der Orden entwickelte sich gut und machte den Ort zu einem wichtigen kulturellen und wirtschaftlichen Zentrum, was Abt Marciarius den Bau der neuen Kirche ermöglichte.

Der viergeschossige Turm der dem hl. Potentius geweihten Kirche, der noch von der Erbauungszeit erhalten ist, hat seither scin Äußeres weitgehend unversehrt bewahrt und zeigt eine deutliche Ähnlichkeit mit den Türmen der nahegelegenen Abteikirche Maria Laach. Seine unteren geschlossenen Ebenen weisen noch die für die damalige Zeit notwendige Wehrhaftigkeit auf. Die oberen Stockwerke sind durch vorzügliches Quadermauerwerk, reiche Gliederung durch Mittel- und Ecklisenen, Blendfelder, Klangarkaden und verzierte Rundbogenfenster gekennzeichnet. Das Säulenportal und das Rautendach entstammen allerdings einer Erneuerung des Jahres 1857.

Das Kirchenschiff wurde 1700/02 in dunkler unverputzter Tuffsteinbauweise mit hellen Tufflagen im Schichtwechsel als gotisierender Saal mit vier Jochen, dreiseitigem Schluss, Strebepfeilern und Kreuzrippengewölbe komplett erneuert, möglicherweise durch Frater David Wynant, der auch die Kamaliterklosterkirche von Springiersbach entworfen hat. Das dunkle Äußere der Kirche kontrastiert zur künstlerisch wertvollen Innenausstattung aus dem Jahr 1704. Ein bedeutendes Werk barocker Retabelkunst stellt der in zurückhaltenden Brauntönen

Der Pfarrgarten von Wehr

Eine Fläche von 3.000 qm wurde bis Mitte des 20. Jh. als Nutzgarten der Pfarrer genutzt. Doch die Kosten für die Pflege waren zu hoch. Als die Pfarre von Wehr zu einer Seelsorgeeinheit mit der Pfarre von Niederzissen vereinigt wurde, begann der Pfarrgarten zu verwildern. Der Brauchtums- und Verschönerungsverein von Wehr pachtete den Pfarrgarten 2002 von der Gemeinde, um ihn in alter Form zu erneuern. In aufwändiger ehrenamtlicher Arbeit konnte der Garten bis 2005 in neuem Glanz entstehen und für die Öffentlichkeit freigegeben werden. Der Garten bietet seinen Besuchern seitdem eine Vielzahl von Blumen und Sträuchern mit schattenspendenden Eschen und einen Ausblick auf den südlichen Teil des Wehrer Kessels.

Der Pfarrgarten ist an drei Seiten von einer hohen Mauer aus Wehrer Tuffstein begrenzt und stellt den Südwestteil der ehemaligen Prämonstratenser-Propstei dar. Die barocke Gartenanlage war und ist in vier Beetteile unterteilt, die den Mönchen als Erholungsgarten dienten. Dazu wurde ein 230 qm großer Weinberg mit 80 Rotwein-Reben der Sorte Regent angepflanzt, in die Randrabatte ca. 500 Pflanzen und Blumen gesetzt. Der Mittelpunkt des Areals zieren Rosen und eine Buchshecke. An der Südwestmauer entstand eine 35 m lange Spalierobstanlage. Zudem hat man den Grillplatz gepflastert, die beiden Eingangstorpfeiler wurden gemauert, zwei Bänke aufgestellt und mehrere Kugelahornbäume gepflanzt.

Foto: Hans Otzen

bemalte dreiteilige Altar dar, aus dem sich die Figuren farblich hell herausheben. Dabei weist der zentrale Hochaltar die stattliche Höhe von 10 m auf, während die beiden seitlichen Altäre nur unwesentlich niedriger sind. Die Altäre sind mit goldenem Akanthusblattwerk versehen und weisen Heiligenbilder auf. Holzschnitzereien zeigen die Kindheit Jesu. Zusätzlich verfügt die Kirche über reichen Figurenschmuck auch aus der Bauzeit, so eine Pietà und eine Figur des Gekreuzigten. Auch die Kanzel und die Kommunionbank stammen aus derselben Zeit.

Der Propst, der die Steinfelder Güter in Wehr verwaltete, residierte in einem stattlichen zweigeschossigen Barockbau aus dem Jahr 1730 unter versetztem Walmdach mit großer zweiläufiger Freitreppe. Es handelt sich um einen lang gestreckten, 17-achsigen Bau mit fünf Achsen in der Breite, errichtet aus hellem Tuff mit dunklem Tuffstreifen. Das Innere zieren eine Barocktreppe und Stuckdecken. Der rechteckige Hof vor der Propstei ist von Wirtschaftsgebäuden umgeben, die früher als Schuppen, Scheunen und Mühlen dienten. Auf dem Pfarrhof findet alljährlich die Dorfkirmes statt.

Die Prämonstratenser blieben bis zur Säkularisation in Wehr, ehe die Klosteranlage für verschiedene Zwecke umfunktioniert wurde. Die Baulichkeiten gingen zu Beginn der 1920er Jahre in den Besitz eines Salvatorianerordens über. Die Kirche St. Potentius blieb wie so viele andere Klosterkirchen als Ortspfarrkirche bestehen.

Pfarrkirche St. Potentius: 56653 Wehr, Kirchstraße, zuständig: Pfarreiengemeinschaft Brohltal, www.pfarreiengemeinschaft-brohltal.de • **Tourist-Information Ferienregion Laacher See:** 56651 Niederzissen, Kapellenweg 12, Tel.: (02636) 19433, www.ferienregion-laacher-see.de

André, Bruno: Die Pfarrkirche St. Potentinus in Wehr, Wehr 1997 • **André, Bruno:** Die Juden in Wehr 1577–1942. Wehr 2001

Zentraleifel

Hillesheim: Das Augustiner-Eremitenkloster ist inzwischen in ein Hotel umgebaut worden (vgl. Seite 279; Foto: Gabriele Nohn-Steinecke)

Adenau

㊸ Johanniterkommende – Nur das Herrenhaus blieb übrig

Adenau liegt im Tal des Adenauerbaches, einem rechten Nebenfluss der Ahr. Der Ort ist von mehreren Bergen von annähernd 500 m Höhe umgeben, darunter eine der höchsten, von der weltbekannten Rennstrecke des Nürburgrings umrundeten Vulkankuppen der Eifel, nämlich dem 677 m hohen Burgberg der Nürburg. Jahrhunderte vor dem 1927 erfolgten Bau der Rennstrecke bildete die Nürburg der Herren von Are den Ausgangspunkt für die spätere Stadt Adenau zu ihren Füßen.

Theoderich von Are, dessen Lebensdaten nicht näher bekannt sind, begründete zu Beginn des 12. Jh. das edelfreie Geschlecht

Die Nürburg (12.–15. Jh.) in der Eifel

Foto: Hans Otzen

der Grafen von Are und gilt als Erbauer ihres Stammsitzes, der Burg Are oberhalb von Altenahr. Seinen umfangreichen Besitz teilte er unter seinen Söhnen auf, sein Sohn Ulrich (1143–97) begründete die Linie Are-Nürburg. Die Nürburg hatte Theoderich zuvor zum Schutz seines Herrschaftsbereiches nach Süden und als Fluchtburg für seinen Herrenhof in Adenau errichtet. Graf Ulrich übertrug 1162 unter dem Eindruck seiner wahrscheinlichen Teilnahme am Zweiten Kreuzzug den Herrenhof dem »Ritterlichen Orden des hl. Johannes vom Spital zu Jerusalem« und machte Adenau zu seiner drittältesten Niederlassung in Deutschland. Sein Sohn Gerhard erweiterte 1216 den Besitz des Ordens um weitere Stiftungen und übertrug ihm 1224 das wohl aus dem gräflichen Eigenbesitz stammende Patronatsrecht an der Pfarrkirche. Damit wechselte auch das Patrozinium der St. Martinuspfarrkirche zum Ordenspatron der Johanniter, dem hl. Johannes.

Seit diesem Zeitpunkt stellte der Orden auch die Pfarrer in Adenau und war mit den seelsorgerischen Aufgaben für 15 Orte der Umgebung betraut. Bedeutsam ist eine Schenkungsurkunde des Kölner Erzbischofs Engelbert aus dem Jahr 1225, in der das Ordenshaus die Bezeichnung »Xenodochium sancti Johannis Jerosolimitani« (Xenodochium = byzantinisches Hospital) trägt, ein Hinweis darauf, dass es als Herberge für Pilger und als Hospital diente.

1246 ging der Besitz der Grafschaft Are-Nürburg im Zuge der Are-Hochstadenschen Schenkung an das Erzbistum Köln über. Die Erzbischöfe richteten auf der Nürburg den Verwaltungssitz ihres neu hinzugewonnen Amtes ein. 1601 verlieh der Kölner Erzbischof Adenau Marktrechte. 1689 zerstörten fran-

Katholische Pfarrkirche St. Johann Baptist: 53518 Adenau, Kirchstr. 28, Tel.: (02691) 92480 • **Tourist-Information Hocheifel-Nürburgring:** 53518 Adenau, Kirchstr. 15–19, Tel.: (02691) 305122, www.hocheifel-nuerburgring.de

Die ehemalige Johanniterkirche (10.–13. Jh.)

zösische Truppen die Nürburg. Danach verlegten die Kölner den Sitz ihres Amtes Nürburg in die Stadt Adenau. Das zog einen nachhaltigen wirtschaftlichen Aufschwung des Ortes nach sich, der bis heute noch vielen historischen Bauten anzusehen ist. Hinter dem Marktplatz erhebt sich der mit abgeflachten Ecken versehene Turm der romanischen Pfarrkirche St. Johannes. Daneben steht die ehemalige Kommende des Johanniterordens. Ein zweites historisches Stadtviertel Adenaus bietet der Buttermarkt in Richtung Nürburg, wo die ältesten Gebäude des Ortes stehen, so auch das Burghaus der Herren zu Adenau aus dem 14. Jh.

Die karitative Betätigung, die von der Kommende des Johanniterordens ausging, trug ihr weitere Stiftungen ein. 1269 leiteten vier Ordensbrüder die Stiftung. Ende des 13. Jh. lebten neun Ordensritter in der Kommende. Die Priesterkommende kam Ende des 15. Jh. in die Hand weltlicher Komture. Die Besitzungen der Kommende gingen im Zuge der Säkularisation verloren. Der Orden besteht nach den Wirren der Reformation in seiner katholischen Ausformung als Malteserorden und der evangelische Zweig als Johanniterorden fort.

Das Gebäudeensemble der Adenauer Kommende bildete zusammen mit der St. Johanneskirche, dem Rathaus, dem Amtsgericht und dem Marktplatz den Kern der spätmittelalterlichen Stadt Adenau. Das ummauerte Bauensemble der Kommende selbst bestand aus drei Gebäuden, dem massiven Herrenhaus und zwei Häusern mit Fachwerk-Obergeschossen, die sich um einen Hof gruppierten. Dazu kam ein Wirtschaftshof mit Obstgarten. Unter Komtur Wilhelm Freiherr von Vehlen wurde das Herrenhaus 1743 unter Verwendung der vorhandenen Bausubstanz großzügig erneuert. 1766/67 ließ Komtur Franz Philipp Morand Freiherr von Schönau zu Sassen den linken Flügel neu aufrichten. Heute ist vom gesamten Bauensemble der Adenauer Kommende nur noch das Herrenhaus von 1743 vorhanden. Den großen Treppenturm an der Rückseite erhielt das Gebäude erst 1975 im Zuge der Renovierung, an der sich sowohl der Malteser- als auch der Johanniterorden beteiligten. Das Kommendengebäude dient seither der Stadt als Versammlungsort für Vereine, Gruppen und als Kulturzentrum.

Die Kirche der Johanniter war die ehemalige St. Martinus Pfarrkirche, die Graf Gerhard von Are als seine Eigenkirche 1224 dem Orden übertrug, der sie Johannes dem Täufer weihte. Die Kirche selbst geht auf das 10./11. Jh. zurück. Der vormals einschiffige Bau erhielt im 12. Jh. zwei Seitenschiffe. Die Johanniter fügten im 13. Jh. einen neuen Chor an, der ausschließlich von ihnen genutzt wurde, und versahen ihn mit einem oktogonalen Chorturm. Die Einwölbung erfolgte im 15. Jh. 1908/09 wurden der Chor und die Sakristei erneuert. Am Ende des Zweiten Weltkriegs war von der Kirche außer dem achtecki-

Heimat- und Zunftmuseum

Das kleine Adenauer Heimat- und Zunftmuseum, untergebracht in einem Gebäude aus dem Jahr 1667, das bis 1912 als Nagelschmiede genutzt wurde, wird vom Heimatverein Adenau betrieben und widmet sich unter anderem der Tuchproduktion wie auch der Geschichte des Johanniter- und Malteserordens und ihrem Wirken im Adenauer Umfeld.

Heimat- und Zunftmuseum: 53518 Adenau, Kirchplatz 2–4, Tel.: (02691) 932316, www.heimatverein-adenau.de, geöffnet April bis Nov. Sa 11–13 Uhr, So und feiertags 11–15 Uhr und nach Vereinbarung

Foto: Hans Otzen

Foto: Gabriele Nohn-Steinecke

Johanniter-Ordenshaus und Pfarrkirche stehen im Stadtzentrum

gen Ostchorturm mit dreifach gekuppelten Klangarkaden in den Hauptseiten nur eine Ruine verblieben. Die Reste der Seitenschiffmauern wurden zu einem Atrium mit offenem Mittelraum und überdachtem Rundgang verwandt. Der Neubau des Langhauses erfolgte wie der des Atriums 1969. Der sechsseitige Taufstein mit eingearbeiteten Kapitellen stammt noch aus der Entstehungszeit, sehenswert ist der Altar aus dem 16. Jh.

Losse, Michael: Stadt Adenau in der Eifel (Rheinische Kunststätten 322), Köln 1987 • **Rödel, Walter G.:** Die Johanniter in Adenau, in: Stadt Adenau (Hg.): 1000 Jahre Adenau. Aus der Geschichte der Johanniterstadt, Adenau 1992

Die Klosterbauten (18. Jh.) des Augustiner-Eremitenklosters

Hillesheim

㊹ Augustiner-Eremitenkloster und Krimihauptstadt Deutschlands

Foto: Gabriele Nohn-Steinecke

Schon die Geschichte von Hillesheim liest sich wie ein Kriminalroman. Erste schriftliche Hinweise auf die Ursprünge des Ortes gehen auf das 10. Jh. zurück, haben sich aber als Fälschungen erwiesen. Es handelt sich dabei aller Voraussicht nach um zurückdatierte Urkunden, mit denen frühere Vorgänge nachträglich abgesichert werden sollten – was damals üblich war und nicht als Fälschung angesehen wurde. Die eigentliche Geschichte von Hillesheim ist sowieso viel älter, denn Ortsnamen mit der Endung -heim gehen auf die fränkische Landnahme des 6./7. Jh. zurück. Im Hochmittelalter war Hillesheim im Besitz der Herren von Reifferscheid. Diese veräußerten ihren Besitz 1272 an die Grafen von Luxemburg, deren Lehensnehmer sie nun wurden. Dann gelangte Hillesheim durch Gebietstausch ab 1335 vorübergehend an die Grafen von Jülich. Als 1352 bei den Jülichern eine Hausfehde ausbrach, wurde der Kurfürst von Trier um Schlichtung gebeten. Diese Aufgabe übernahm er gegen Ausstellung einer Schuldverschreibung über 10.000 Gulden. Da die Jülicher diese Summe nicht zurückzahlten, vereinnahmte der machthungrige Kurfürst Balduin die Stadt und ließ sich am 4.7.1353 als Herrscher aller Mannen, Bergleute und Bürger von Hillesheim feiern. Damit war für Hillesheim die unsichere Zeit wechselnder Herrscher vorbei. Und wie sich zeigte, ließ es sich unterm Krummstab gut leben. Hillesheim blieb bis zum Ende der Feudalzeit kurtrierisch.

Johann II. von Reifferscheid (vor 1250–1316) war es, der in seiner Zeit als Landesherr das Augustiner-Eremitenkloster von Hillesheim stiftete. Die Klosteranlage wurde »ad oppidi moenia« (an der Stadtmauer) errichtet. Nachdem Hillesheim 1353 kurtrierisch geworden war, blühte die Stadt wirtschaftlich auf, das Kloster gelangte durch großzügige Schenkungen im 14. und 15. Jh. zu Wohlstand. Doch verdarb der Reichtum die Sitten im Kloster. Ordnungswidrigkeiten und Häresie brachten das Kloster in Armut und Schulden. Als dann die Mönche gar noch zum Protestantismus übertraten, stand die Klosteranlage ab 1550 leer. 1568 war die Situation so desolat geworden, dass das Augustinerprovinzialat die Anlage dem Kurfürstentum Trier übergab. Kurfürst Jakob ließ noch im selben Jahr die verbliebenen Güter des Klosters inventarisieren und hob es dann 1569 auf.

Hotel Augustiner Kloster: 54576 Hillesheim, Augustinerstr. 2, Tel.: (06593) 980 89-0, www.hotel-augustiner-kloster.com, mit Restaurant Klostergarten, urigem Klosterkeller und Lounge / Bar sowie Klosterladen • **Touristinformation Urlaubsregion Hillesheim**: 54576 Hillesheim, Am Markt 1, Tel.: (06593) 809200, www.krimiland-eifel.de

Deutschlands heimliche Krimihauptstadt

Seit 2007 gibt es in Hillesheim das als Präsenzbibliothek betriebene, über 30.000 Bände umfassende **Deutsche Krimi-Archiv**, das seit 2007 in der „Alten Gerberei" des Ortes residierte und seit 2013 in einem historischen Kaffeehaus untergebracht ist – neben einer Sherlock-Holmes- und einer Agatha-Christie-Sammlung. Im **Krimihotel** gibt es Themen-Zimmer und -Suiten und zahlreiche Krimi-Veranstaltungen.

Café Sherlock: 54576 Hillesheim, Am Markt 5–7, im „Kriminalhaus", Tel.: (06593) 80 94 35, www.kriminalhaus.de, geöffnet 10–18 Uhr, Mo Ruhetag. **Krimihotel:** 54576 Hillesheim, Am Markt 14, Tel.: (06593) 98089-600, www.krimihotel.de

Foto: Winrich C.-W. Clasen

Noch während des Dreißigjährigen Krieges erhielten die Augustiner ihr Kloster zurück und begannen nach dem Ende der Wirren ab 1663 mit dem Wiederaufbau der Anlage. Angesichts der französischen Kriegszüge durch die Eifel im ausgehenden 17. Jh. konnte die Augustinerklosterkirche erst 1687 geweiht werden. Nach einem Brand wurde das Kloster 1741 als schlichte Dreiflügelanlage erneuert, deren Südflügel die einschiffige Kirche von 40 m Länge und 10 m Breite beinhaltete. Der Orden richtete eine Lateinschule im Kloster ein, das er 1759 zu einem Gymnasium mit fünf Klassen erweiterte, in denen zwölf Patres unterrichteten. Bis zum 20. Jh. blieben die beiden zur Klausur bestimmten Flügel erhalten; der Kirchenbau war schon viel früher völlig verändert worden und diente unter anderem als Gerberei. 1982 riss man die baufälligen Reste der Kirche ab. Heute befindet sich in der Klosteranlage ein Hotel. Die geistliche Vergangenheit von Hillesheim ist seither weitgehend in Vergessenheit geraten. Stattdessen präsentiert sich Hillesheim heute als heimliche Krimihauptstadt.

Weber, Matthias: Katholische Pfarrkirche Herz Jesu in Hillesheim (Rheinische Kunststätten 431), Neuss 1998 • **Gier, Ralf:** Aus der Geschichte des Augustinerklosters in Hillesheim, in: Heimatjahrbuch Kreis Daun, 2009, S. 209ff.

Foto: Gabriele Nohn-Steinecke

Der Westflügel (17. Jh.) der Gebäude des Prämonstratenserinnenklosters

Niederehe

㊺ Prämonstratenserinnenkloster – „Damit sie nicht stolz werden"

Auf 400 m Höhe in der Vulkaneifel liegt der Ort Niederehe, erstmals im 10. Jh. als »hiea« in einer Urkunde der Abtei Prüm genannt. Hier herrschten die Herren von Kerpen, deren Burg sich noch heute im nahegelegenen gleichnamigen Ort erhebt. Das Geschlecht der Herren von Kerpen ist seit 1136 bezeugt. Als ihr erster Vertreter gilt »Sigibertus von Kerpene«. Nach ihm wird Heinrich I. von Kerpen genannt, der von 1142–77 die Herrschaft Kerpen innehatte. Beide verfügten offensichtlich über das Patronatsrecht an der dem hl. Leodegar geweihten Pfarre von Niederehe. So konnten Heinrichs Söhne Albero

(1158–1197), Alexander (1168–1197) und Dietrich (1173–1201), nach der durch Erzbischof Rainald von Dassel im Jahr 1162 erteilten Genehmigung, an der Pfarrkirche von Niederehe ein Stift für adelige Jungfrauen nach der Augustiner-Regel gründen. Aber nach einem 1197 erteilten Erlass von Erzbischof Adolf I. von Altena sollte dem Kloster keine Äbtissin, sondern eine Magistra vorstehen. Als Begründung hierfür ist überliefert: »Damit sie nicht stolz werden.« (Reuter 1994)

Nachdem die von Rainald von Dassel erteilte Genehmigung 1175 noch einmal durch seinen Nachfolger Philipp I. von Heinsberg bestätigt worden war, begann der Bau der ersten kleinen Konventkirche, der späteren »Ahle Kirch«. Anfänglich war das Stift nur bescheiden mit Gütern ausgestattet. Doch änderte sich die wirtschaftliche Situation, als Erzbischof Heinrich I. um 1225 das Stift der Abtei Steinfeld unterstellte und somit dem Prämonstratenserorden anschloss. Immerhin hatte das Frauenkloster schon 1218 das Recht über die Pfarrkirche und deren Zehnt erhalten. Im weiteren Verlauf des 13. Jh. mehrte sich der Besitz des Klosters durch Schenkungen und Vermächtnisse adeliger Stifter und der Bewohner. Das Interesse am Kloster war aus mehreren Gründen gewachsen. 1244 hatte die Klostergemeinschaft von Erzbischof Konrad von Köln das Recht der Kollektenerhebung an der Ahle Kirch zur Fertigstellung der eigentlichen Klosterkirche erhalten. Papst Innozenz IV. erkannte das Vorhaben an, bestätigte alle Rechte und Besitzungen des Klosters und stellte es somit unter päpstlichen Schutz. 1322 erhielt das Nonnenkloster zahlreiche Ablässe, die u. a. von Bischof Aegidius genehmigt wurden. Die Ablässe und die Verehrung des hl. Antonius lösten großen Zuspruch bei Pilgern aus, die in zunehmender Zahl nach Niederehe pilgerten.

Die Prosperität dieser Jahrzehnte blieb allerdings nicht ohne Folgen. Ab der zweiten Hälfte des 14. Jh. führte der ansteigende Wohlstand zur Lockerung der Lebensformen im Konvent. Zeitgenössische Quellen berichten vom »Verfall der klösterlichen

Die Kirche (12./13. Jh.) des ehemaligen Prämonstratenserinnenklosters

Zucht und der Sitten«. Auch die klösterliche Verwaltung wurde vernachlässigt, was wirtschaftlichen Verfall zur Folge hatte. Reformversuche nutzten nichts, so dass Friedrich von Sombreff ls Nachfolger der Stifterfamilie von Kerpen zu Beginn des 15. Jh. anstrebte, das Frauenkloster aufzuheben und stattdessen mit Prämonstratenser-Chorherren aus Steinfeld zu besetzen. Dieser Vorschlag scheiterte am nachhaltigen Widerstand der Nonnen. Der große Klosterbrand von 1474, der die Gebäude zerstörte und das Kirchendach beschädigte, erschien vielen als Fingerzeig des Herrn. Inzwischen waren die Manderscheider Grafen durch Einheirat in den Besitz der Herrschaft Kerpen gekommen. 1505 setzte Graf Theoderich IV. von Manderscheid-Schleiden dem Treiben im Frauenkloster ein Ende und gründete in Abstimmung mit dem Abt von Steinfeld und mit Zustimmung des Papstes das Kloster neu und besetzte es als Männerkonvent mit Prämonstratensern aus Steinfeld. Die Neugründung unterstand von nun an einem von Steinfeld ernannten Prior. Am 22. August 1505 konnte die wiederhergestellte Klosterkirche St. Leodegar geweiht werden. Zum Fortbestand der Neugründung wurden alle Besitztümer des Frauenklosters auf das neue Priorat übertragen. 1507 übergab Graf Theoderich dem neuen Konvent auch noch eine erhebliche Geldsumme.

Nach dem 1555 beschlossenen Augsburger Religionsfrieden traten die Herren von Manderscheid-Schleiden 1567 zum lutherischen Glauben über. Im Ergebnis konnten nun die Territorialfürsten den Glauben ihrer Untertanen (»cuius regio, eius religio«) bestimmen. Zwei Jahre später wurde die Reformation auch in Niederehe durchgesetzt, wobei der Konvent allerdings bestehen blieb, seine Mitglieder aber nur im Chor dem katholischen Ritus nachgehen konnten, während das Kirchenschiff der evangelischen Predigt vorbehalten blieb. Das Geschlecht der Grafen von Manderscheid-Schleiden starb mit dem erbenlosen Graf Dietrich VI. aus. Die Nachfolge trat Philipp von der Mark an, verheiratet mit der Schwester Dietrichs VI. Er war katholischen Glaubens. Unter seiner Herrschaft wurde 1593 die Teilung der Klosterkirche rückgängig gemacht. Die Prämonstratensermönche nahmen Kloster und Kirche wieder in Besitz. Im Zuge dieser Neuorientierung wurden am Klosteranwesen umfangreiche Arbeiten vorgenommen, unter anderem baute der Orgelbaumeister Balthasar König eine Barockorgel ein, die als älteste bespielbare Orgel in Rheinland-Pfalz gilt.

Die Säkularisation führte zur Aufhebung des Konvents in Niederehe. Der Klosterbesitz fiel dem französischen Staat zu und wurde in den Folgejahren versteigert. Die Kirche ging mit Teilen der Klostergebäude an die Pfarre und blieb so erhalten.

Kath. Pfarramt St. Leodegar: 54579 Üxheim-Niederehe, Kerpener Str. 2, Tel.: (02696)1307, www.pfarreiengemeinschaft-niederehe.de/pfarreien/niederehe • **Urlaubsregion Hillesheim / Vulkaneifel:** 54576 Hillesheim, Am Markt 1, Tel.: (06593) 809202, www.geopark-vulkaneifel.de

Langhaus (13. Jh.)

Der älteste Teil des Klosteranwesens von Niederehe ist die »Ahle Kirch«. Ihr Bau erfolgte in den Jahren 1162 bis 1175. Das knapp 20 m lange und 5 m breite Bauwerk weist drei rippenlos kreuzgewölbte Joche und dazwischen den Turmaufbau auf. Es wurde mit dem späteren Bau des Hauptschiffs zu dessen Seitenschiff. An der Wand konnte ein um 1500 aufgetragenes Bild des hl. Leodegar restauriert werden. Die Ahle Kirch diente lange Zeit als Grablege der Herren von Kerpen. Kunstvoll ist das Hochgrab des Grafen Philipp von der Mark und seiner Gemahlin Katharina von Manderscheid-Schleiden. Es wurde um 1625 aus belgischem schwarzem Marmor mit Reliefabbildungen der Verstorbenen gefertigt. In diesem Seitenschiff, das im 16. Jh. zum Hauptschiff geöffnet wurde, befand sich auch der Antoniusaltar, der durch die gewährten Ablässe die Pilger anzog.

Das Hauptschiff aus vier kreuzgratgewölbten Jochen zwischen spitzbogigen Gurten weist eine Länge von 33,5 m bei einer

Breite von etwa 6,5 m auf, entstand um 1200 und ist bis heute unverändert geblieben. Die fünfseitig gebrochene Apsis in Verlängerung des langgezogenen Hauptschiffs wird außen durch Rundbogenblenden gegliedert. Im Chorjoch und in der Apsis sind Malereien aus der Bauzeit erhalten. Die Nonnenempore nimmt das komplette Westjoch des Hauptschiffs ein. Gestützt wird sie von zwei niedrigen Mittelpfeilern mit Kreuzgewölbe. Sie schließt mit dem schmiedeeisernen Chorgitter von 1643 ab, das das Wappen der Abtei Steinfeld trägt. Der quadratische Turm über dem zweiten Joch des Seitenschiffs ist viergeschossig unter steilem Zeltdach und mit gekuppelten Rundbogenfenstern als Schallarkaden versehen. Das Chorgestühl stammt aus der Zeit um 1530. Die beiden Rückwände mit jeweils sieben Sitzen stehen heute auf der Empore beiderseits der Orgel. Die Schnitzfiguren zeigen Maria, Johannes den Täufer, den hl. Leodegar, Augustinus, kleine Fabeltiere und groteske Köpfe. Das Triumphkreuz aus der Zeit um 1500 hängt heute unter dem Gewölbe des östlichen Jochs des Langhauses.

Der Nordflügel der Klosterbauten wurde um 1650 errichtet, der Westflügel in den Jahren 1776–1782 auf älteren Grundmauern zusammen mit einem Kreuzgang an der Nordseite der Kirche erneuert. Die auf Kellergewölben errichteten Flügel sind zweigeschossig. Der Westflügel weist ein Rokoko-Portal mit dem Wappen des Klosters Steinfeld und ein Mansarddach mit Dachgauben auf. Der Westflügel ist heute das Pfarrhaus des katholischen Gemeindeverbandes Niederehe. Der Nordflügel mit einfachem Satteldach ist zu Wohnzwecken umfunktioniert.

Reuter, Heinz: Ein Licht in der Eifel. 625 Jahre Kloster Niederehe; Heimatjahrbucharchiv Landkreis Vulkaneifel, Jahrgang 1994 • **Kees, Peter:** Kloster Niederehe in der Gemeinde Üxheim (Rheinische Kunststätten 144), Neuss 1992

Moseleifel

Treis-Karden: Die auch als „Moseldom“ bezeichnete romanische Stiftskirche St. Castor (vgl. Seite 341; Foto: Gabriele Nohn-Steinecke)

Das Cusanusstift (15. Jh.) am linken Moselufer

Bernkastel-Kues

㊻ St. Nikolaus-Hospital (Cusanusstift) – Ein spätgotisches Gebäudeensemble, das bis heute seinem Stiftszweck dient

Nikolaus von Kues war einer der großen Gelehrten des ausgehenden Mittelalters, Theologe, Philosoph und Mathematiker. In der Übergangsepoche vom Spätmittelalter zur beginnenden Neuzeit zählt er zu den ersten Humanisten. In seinem am 6. August 1464 verfassten Testament bestimmte er das Cusanusstift, das er zusammen mit seinen Geschwistern bereits 1458 gegründet hatte, zu seinem Universalerben. Dieses Stift war als Altenkonvent für arme Männer vorgesehen. Gemäß der Zahl der 33 Lebensjahre Christi sollte in dem Hospital 33 bedürftigen

Foto: Gabriele Nohn-Steinecke

Männern im Alter von über 50 Jahren – darunter sechs Geistlichen und sechs Adeligen – Wohnung und Unterhalt gewährt werden.

Nikolaus von Kues wurde als Sohn des wohlhabenden Kaufmanns und Moselschiffers Johann »Cryfftz« (= Krebs) 1401 geboren. Er nahm später den wissenschaftlichen Namen »Nicolaus de Cusa« an. Am Ende seines Lebens († 1464) war Nikolaus von Kues ein reicher Mann. Über das von seinen Eltern ererbte Vermögen hinaus hatte er durch die vielen Pfründe, die ihm im Lauf seines Lebens angetragen wurden, seinen Wohlstand weiter mehren können. Da Kleriker zu seiner Zeit keine Besoldung erhielten, bestritten sie ihren Lebensunterhalt aus Ämtern (Pfründen), die mit Sach- und Geldleistungen verbunden waren. Und er kümmerte sich intensiv und mit großem ökonomischem Geschick um die Wirtschaftsführung seiner Pfründe und konnte so ihre Ertragskraft erhalten und mehren. All das, was Nikolaus von Kues am Ende seines Lebens besaß, vermachte er dem Cusanusstift – zum Glück für die Nachwelt. Für die wirtschaftliche Grundlage des Stifts war die Übertragung des Grundbesitzes der Geschwister bis heute von Bedeutung, darunter auch 8 ha Weinberge in bester Mosellage, die mit der Rieslingrebe bestückt sind. Die wissenschaftliche Bedeutung des Erbes liegt

St. Nikolaus Hospital: 54470 Bernkastel-Kues, Cusanusstr. 2, Tel.: (06531) 2260, www.cusanus.de • **Öffnungszeiten:** Kapelle So bis Fr 9–18 Uhr, Sa 9–15 Uhr, Bibliotheks-Führungen April bis Okt. Di 10.30 Uhr und Fr 15 Uhr • **Gotischer Saal:** Ausstellungsraum (Krankensaal) für Wechselausstellungen zu Themen aus dem Umfeld des Stifts und des Stifters, geöffnet Mo bis Fr 9–12 Uhr • **Mosel-Vinothek:** 54470 Bernkastel-Kues, Cusanusstr. 2, Tel.: (06531) 41 41, www.mosel-vinothek.de, Weinverkauf des Weinguts des Cusanusstifts, mit Moselweinmuseum, geöffnet April bis Okt. täglich 10–18 Uhr, Nov. / Dez. und Feb. / März 11–17 Uhr, Feb. / März So geschlossen • **Mosel-Gäste-Zentrum:** 54470 Bernkastel-Kues, Gestade 6, Tel.: (06531) 50019-0, www.bernkastel.de

Der Kreuzgang um den Innenhof des Cusanusstifts

Foto: Gabriele Nohn-Steinecke

vor allem in seiner Bibliothek, die mit ihren Hunderten mittelalterlicher Handschriften und Inkunabeln (Wiegendrucke aus der Frühzeit des Buchdrucks) aus Theologie, Philosophie, Wissenschaft und Mathematik als die bedeutendste Privatbibliothek gilt, die aus dem Mittelalter bis heute erhalten geblieben ist.

In der am 3. Dezember 1458 ausgestellten Gründungsurkunde des Cusanusstiftes werden die Statuten des »hospitale pauperum« an den Prinzipien der aus der »devotio moderna« hervorgegangenen Windesheimer Kongregation ausgerichtet. Vermutlich war Nikolaus von Kues vor seinem 1416 in Heidelberg begonnenen Studium in Heidelberg Schüler der katholischen Schulgenossenschaft »Gemeinsames Leben« im holländischen Deventer, aus deren Laiengemeinschaft der »Brüder vom Gemeinsamen Leben« später die Windesheimer Kongregation hervorging. Bis heute – und damit weit über 500 Jahre nach seiner Gründung – kann das Stift seiner Bestimmung als Altenheim nachgehen, dessen Bewohner im Geiste des Evangeliums zusammenleben.

Die Stiftsanlage von Kues bildet ein klösterlich geschlossenes Gebäudeensemble von hoher baukünstlerischer Qualität im spätgotischen Stil auf der Bernkastel gegenüberliegenden Moselseite. Mit dem Bau der Anlage aus Klosterbauten und Kapelle wurde um 1450 begonnen. An den zentral gelegenen rippengewölbten Kreuzgang schließen sich im Osten die Kapelle und der Küchenbau mit einem dazwischen gelegenen Wirtschaftshof an, die im 18. Jh. durch einen hinzugefügten Flügel miteinander verbunden wurden. An den Nordflügel des Kreuzgangs angebaut ist eine zweischiffige Halle, getrennt in Krankensaal und Refektorium. Darüber befinden sich die Zellen für die Laienpfründner. An den West- und Südflügel sind weitere Zellen angelehnt, die auch später überbaut wurden.

Die Hospitalkapelle St. Nikolaus wurde 1453–58 über fast quadratischem Grundriss errichtet und 1465 geweiht. Ein achtseitiger Mittelpfeiler trägt vier Sterngewölbe. Im schmalen Chor steht ein kostbarer Flügelaltar. Dieses Konstrukt der Einstützenkirche, das den Eindruck der Zweischiffigkeit vermittelt, wurde vorbildhaft an vielen Bauten der Eifel übernommen, so in der Bibliothek des Klosters Klausen oder etwa an der Kronenburger Kirche St. Johann Baptist.

Zur wertvollen Ausstattung der Hospitalkirche zählen vor allem der Hochaltar im Chor, ein Werk des Kölner Meisters des Marienlebens aus der Zeit um 1460 mit dem kniend abgebildeten Stifter und dessen Bruder, der in Bernkastel als Priester tätig war, sowie zwei Seitenaltäre aus dem zweiten Viertel des 18. Jh. An der Seitenwand befindet sich das Epitaph von Klara Cryfftz, der Schwester von Nikolaus von Kues. An der Nordwand des Langhauses befindet sich ein großes Wandgemälde des Jüngsten Gerichts aus der zweiten Hälfte des 15. Jh. Zwei reich geschnitzte Chorbänke mit hoher Rückenlehne entstanden 1725, ihr oberer Aufsatz Mitte des 18. Jh.

Das Geburtshaus des Nikolaus von Kues

In dem Haus am Nikolausufer am Ortsausgang des Stadtteils Kues Richtung Lieser wurde Nikolaus von Kues 1401 geboren. Die Nachfolger der Familie Cryfftz nahmen erhebliche Änderungen am Haus vor. 1570 wurde es völlig erneuert. 1861 gelangte es aus dem Vermögen des St. Nikolaus-Hospitals in Privatbesitz. Nach weiteren Veränderungen war es in den 1970er Jahren fast ruinös. Dem Verfall nahe, übernahm es die Cusanus-Gesellschaft und renovierte es bis 1980 vollständig im Erscheinungsbild von 1570. Heute ist das Haus im Eigentum der Stadt Bernkastel-Kues und wird durch die Cusanus-Gesellschaft als Museum und Veranstaltungsraum genutzt. Hier besteht eine ständige Ausstellung über Leben und Werk des Nikolaus von Kues. Vor allem soll an die Vollendung seines philosophischen Hauptwerkes „De docta ignorantia" am 12. Februar 1440 in Kues erinnert werden. Dazu werden regelmäßig wechselnde Kunstausstellungen geboten.

Museum Cusanus-Geburtshaus: 54470 Bernkastel-Kues, Nikolausufer 49, Tel.: (06531) 2831, www.nikolaus-von-kues.de; Öffnungszeiten: Mitte April bis Okt. Di bis Sa 10–17 Uhr, So 11–14 Uhr, ansonsten Di bis Sa 13–17 Uhr, So 11–14 Uhr

Foto: Hans Otzen

Foto: Holger Uwe Schmitt, Wikimedia Commons

Moselromantik: Der Marktplatz von Bernkastel-Kues

Das erste Stockwerk ist mit reich stuckierten Decken und exquisiten Möbeln des 18. Jh. ausgestattet. Hier hatten die Rektoren ihre Unterkunft. Über der Sakristei liegt die weltberühmte Bibliothek, die über einen Treppenturm vom kleinen Innenhof aus zu erreichen ist. Dieser quadratische Raum ist gleichfalls über einer Mittelstütze kreuzgewölbt. Die meisten der hier lagernden 314 Handschriften aus dem 9.–15. Jh. enthalten Texte in lateinischer Sprache.

Die im Vorfeld befindlichen Wirtschaftsbauten stammen aus den Jahren 1552 und 1716. In ihnen ist die Mosel Vinothek des Cusanusstiftes untergebracht.

Dohrmann, Rainer / Heinemann, C.: Bernkastel-Kues, Lübeck o.J. • **Schmitt, Franz:** Bernkastel im Wandel der Zeiten. Trier 1985

Die ehemalige Kapuzinerklosterkirche (17. Jh.)

Cochem

㊼ Kapuzinerkloster – Klostergründung aufgrund einer Bürgerinitiative

In einer weiten Schleife der Untermosel erstreckt sich der historische Stadtkern von Cochem. Hier siedelten schon die Kelten und Römer. Ihnen folgten die Franken. Eine erste schriftliche Nennung der Ansiedlung erfolgte in einer Urkunde des Jahres 866, mit der die edle Matrone Hieldilda der Abtei Prüm eine Reihe von Gütern vermachte, darunter die »villa cuchema«. Der Ort war Reichsgut, mit dem die pfalzgräflichen Ezzonen belehnt waren. Pfalzgraf Ezzo, der später auch Ehrenfried genannte Schwager Kaiser Ottos III., gilt als Erbauer der Burg Cochem. Mit dem Tod Hermann II. 1085 endete die

Dynastie der Ezzonen. Den lange anhaltenden nachfolgenden Streitigkeiten um die Nachfolge in der Pfalzgrafschaft setzte der Hohenstaufer König Konrad III. 1151 ein Ende, indem er Cochem eroberte und als Reichslehen einzog. Das Reich setzte in der Folgezeit Burgmannen als Ministeriale zur Verwaltung des »Cochemer Reichs« ein. Im »Burgfrieden« unterhalb der Burg errichteten die Unterministerialen, meist adlige Burgmannen, die dem Burggrafen verpflichtet waren, ihre Bauten. 1294 verpfändete König Adolph von Nassau die »Castra Kocheme et Clottene« zur Finanzierung seiner Inthronisierungsfeierlichkeiten an den Trierer Erzbischof Bohemond I. von Warnesberg. Adolphs Nachfolger, Albrecht I. von Österreich, war nicht in der Lage, das Pfand einzulösen. Seither waren die Trierer Erzbischöfe erbliche Burggrafen von Cochem, und Cochem war so bis 1794 Teil des Kurtrierischen Territoriums.

Eines der Burgmannenhäuser bildete die Grundlage für eine Klostergründung in Cochem: das 1576 auf dem Kupferstich von Braun und Hogenberg von Cochem als »Kempelen« bezeichnete rechteckige Haus innerhalb des Burgberings mit abgewalmten Satteldach, dickem Rundturm und eigener Ummauerung. Anfang des 17. Jh. richteten die Cochemer Bürger an den Kapuzinerorden die Bitte, in der Stadt ein Kloster einzurichten. Bereits 1619 hatte sich dieser Orden im Bernkastel-Kues niedergelassen, um im Moselbereich kirchliche und schulische Dienste anzubieten. Kurfürst Lothar von Metternich unterstützte dieses Vorhaben und übereignete den Kapuzinerpatres Vincenz von Vianden und Lucas von Maring, dem Vorsteher des Trierer Kapuzinerklosters, dieses damals verlassene Burgmannenhaus. Dank einer Spende von 700 Gulden, die von Bewohnern

Kulturzentrum Kapuzinerkloster der Stadt Cochem: 56812 Cochem, Klosterberg 5, Tel.: (02671) 60940, www.kulturzentrum-kapuzinerkloster.de • **Tourist-Information Ferienland Cochem:** 56812 Cochem, Endertplatz 1, Tel.: (02671) 6004-0, www.ferienland-cochem.de

Foto: Kai Pilger, Wikimedia Commons

Moselufer in Cochem mit Reichsburg

naheliegender Moseldörfer aufgebracht wurde, konnte das Kloster 1623 gegründet und nach Abriss der noch vorhandenen Bausubstanz aus Burghaus und Turm und mit Erweiterung des Klostergeländes 1625 mit dem Bau der Klosterkirche und einem Krankensaal begonnen werden. Im Verlauf des Ausbaus folgte der Ostflügel mit Speisesaal und Küche im Parterre und mit zwei Reihen Zellen im Obergeschoss. Es folgte der Nordflügel mit der Pförtnerloge und zwei Sprechzimmern sowie den darüberliegenden Gästezellen. Abschließend erhielt die Anlage eine eigene Ummauerung. 1634 wurde das Kloster geweiht.

Den Dreißigjährigen Krieg überstand Cochem einigermaßen schadlos. Schlimmer erging es der Stadt während des Pfälzischen Erbfolgekrieges, als französische Truppen 1689 Cochem brandschatzten. Das Kloster erlitt schweren Schaden, wurde aber wiederhergerichtet. 1699 konnte der Trierer Weihbischof Peter Verhorst die Klosterkirche erneut weihen. Die ruhige Epoche des 18. Jh. bescherte dem Kapuzinerkloster eine lange Blütezeit. Die Seelsorge seiner Patres im Cochemer Reich und in anderen Klöstern, so in Stuben, Rosenthal und Engelport wie auch die Lateinschule, bereiteten dem Kloster große Anerkennung.

Im Zuge der Säkularisation erwarb Pfarrer Heinrich Brühl den Klosterkomplex. Er richtete im Gästetrakt eine Elementar-Mädchenschule ein und gründete ein Hospital. Ab 1816 wurden die Räumlichkeiten als Elementar-Mädchenschule, Gymnasium bzw. Volksschule, die Kirche als Filialkirche der Pfarrgemeinde genutzt. Später war hier die Klosterbergschule der Stadt untergebracht. 1978 erwarb die Stadt Cochem die Anlage. Nach aufwändigen Restaurierungsarbeiten und erforderlichen Umgestaltungen steht das ehemalige Kapuzinerkloster mit dem großen Kirchensaal, dem Refektorium und der Kapuzinerstube seit 2008 als Kulturzentrum der Stadt den Bürgern offen.

Das Kapuzinerkloster von Cochem hat seinen ursprünglichen architektonischen Charakter trotz aller Veränderungen über die letzten Jahrhunderte bewahrt. Der Kirchensaal ist das 1625–28 errichtete und 1692 um 8 m verlängerte Langhaus der Klosteranlage, ein langgestreckter, tonnengewölbter Saal. Südlich schließt sich die ebenfalls tonnengewölbte Marienkapelle an. Über einen überdachten Gang gelangt man zu dem östlich angebauten Mönchschor. Das Kirchenportal an der Westfront stammt aus dem 15. Jh., darüber befindet sich eine Wappentafel mit den Jahreszahlen 1627 bzw. 1692. Die zweigeschossigen Klostergebäude umschließen einen Kreuzgang. Ost- und Westflügel der Vierung stammen aus dem Jahr 1630, der Westflügel aus dem Jahr 1692. Der Gästetrakt wurde 1753 in Verlängerung des Nordflügels angebaut.

Erbar, Kurt / Schommers, Reinhold: Stadt Cochem (Rheinische Kunststätten 317), Neuss 1993 • **Frank, Lorenz / Huyer, Michael:** Die Winneburg bei Cochem (Rheinische Kunststätten 492), Köln 2005

Foto: Gabriele Nohn-Steinecke

Die Klosteranlage (15./18. Jh.) an der Mosel

Ebernach

⑱ Benediktinerpropstei – Weinlieferant für das Mutterkloster Maria Laach

Der Name »Ebernach« ist keltischen Ursprungs. Die Kelten hatten hier ein »Avernicum« (= Herrensitz) errichtet. Die Römer nannten den Platz »Ebernacum«, die Franken »Ebernaco«, aus dem letztlich Ebernach wurde. Erstmals schriftlich erwähnt wurde Ebernach als »villa cuchuma« in einer Urkunde der Abtei Prüm vom 20. Dezember 866. Eine weitere Erwähnung fand der Ort im Jahr 1030 in einer Schenkungsurkunde, mit der der damalige erbenlose Besitzer Graf Johann von Ebernach sein Anwesen der Abtei Maria Laach zur Gründung einer Propstei übertrug. Die Schenkung umfasste neben dem Herrenhaus die Kapelle Mariä Himmelfahrt, Äcker, Wälder, Wiesen, Weiden und Weinberge sowie zahlreiche Holz-, Jagd- und Fischrechte.

Über die Entwicklung der Propstei innerhalb der ersten Jahrhunderte ihres Bestehens gibt es wenig Unterlagen. Die von Graf Johann von Ebernach übertragene Kapelle war im Laufe der Zeit baufällig geworden und musste 1434 einem Neubau weichen. Ob die Propstei durchgängig Bestand hatte, ist auch nicht zweifelsfrei geklärt. Erst ab dem 16. Jh. ist eine ständige personelle Präsenz der Mutterabtei in Ebernach nachgewiesen. Ab diesen Zeitpunkt ist die Entsendung eines Propstes aus Maria Laach nach Ebernach mit zwei Mönchen und einem Laienbruder nachgewiesen.

Die Kriegswirren des 17. Jh. überstand die Propstei Ebernach wohl ohne allzu große Schäden. So blieb das Hofgut Ebernach – über die Sicherung des Eigenbedarfs an Wein hinaus – von großer wirtschaftlicher Bedeutung für Maria Laach. Der Propst unterhielt die Weinberge an der Mittelmosel und verwaltete die land- und forstwirtschaftlichen Besitzungen weitgehend selbstständig. Zwar bildeten Maria Laach und Ebernach eine Besitzeinheit, aber zumindest im 16. und 17. Jh. führte die Propstei einen eigenen Haushalt. Möglicherweise konnte der Propst das Hofgut auf eigene Rechnung führen und war der Abtei abgabenpflichtig. Doch 1726 wurden diese Regelungen abgeschafft. Vielleicht hatte sich die Wirtschaftskraft des Hofguts trotz aller

Kloster Ebernach: 56812 Cochem-Sehl, Bruder-Maximilian-Str. 1, Tel.: (02671) 6008-0, www.klosterebernach.de • **Caféteria Kloster Ebernach:** allgemein geöffnet Mo bis Fr 11.30–13 Uhr, Anmeldung am Vortag • **Weingut Kloster Ebernach:** 56812 Cochem-Sehl, Sehler Anlagen 36, Tel.: (02671) 9171122, www.ebernachwein.de, Vinothek geöffnet Do bis Sa 10–17 Uhr, Mo bis Mi nach Vereinbarung • **Ferienland Cochem:** 56812 Cochem, Endertplatz 1, Tel.: (02671) 6004-0, www.ferienland-cochem.de

zusätzlichen Schenkungen und Landkäufe rückläufig entwickelt, was diesen Schritt erforderlich gemacht hatte. Doch blieb die große kulturelle Bedeutung der Propstei als geistliches Zentrum der Region und als Genesungsstätte für erkrankte Mönche an der Mosel erhalten.

Durch die Neuregelungen des frühen 18. Jh. war es Abt Benedikt von der Eydt (1731–1755) möglich geworden, Baumaßnahmen an der Propstei vorzunehmen. In seiner Ägide entstand unter anderem das neue Propsteigebäude. Als unter französischer Herrschaft die Klöster aufgelöst wurden, zählte Ebernach zu den großen und wirtschaftlich bedeutenden Klostergütern an der unteren Mosel. Die spätestens 1807 verlassene Propstei diente einem französischen Offizier als Quartier, in dem er eine Freimaurerloge einrichtete. Der Arzt Dr. Karl Josef Boost erwarb als einer dieser Freimaurer die Klosteranlage für 9.000 Mark. Dessen Erbin vermachte die Anlage der Pfarrei St. Martin in Cochem unter der Bedingung, dort ein Krankenhaus zu eröffnen. Die Pfarrei sah sich letztlich aber nicht in der Lage, dieser Verpflichtung nachzukommen. Deshalb übernahm die preußische Regierung die Anlage und veranlasste die Kongregation der Waldbreitbacher Franziskanerbrüder vom Heiligen Kreuz zum Unterhalt einer als »Rheinische Provinzial-Irrenanstalt« bezeichneten Heil- und Pflegeanstalt für geistig behinderte Männer in der ehemaligen Klosteranlage. Schon 1888 begannen Erweiterungsbauten. Während der NS-Zeit hatte das deutsche Mutterhaus der Franziskanerbrüder bis 1947 seinen Sitz im Kloster Ebernach. Nach dem Krieg diente die Anlage zunächst als Notkrankenhaus. 1956–57 erfolgte der Neubau der Kirche unter Erhaltung des Chores der alten Kapelle. 2005 bezog das Weingut Kloster Ebernach sein neues Quartier in der alten Ökonomie des Klosters. Bis heute werden sukzessive die Baulichkeiten der Klosteranlage den Bedürfnissen des Klosterbetriebs angepasst – hier finden 300 erwachsene Menschen mit geistiger Behinderung und körperlichen Einschränkungen ein Zuhause.

Kloster Beilstein

Moselaufwärts von Ebernach erhebt sich auf der rechten Flussseite oberhalb des malerischen Ortes Beilstein weithin sichtbar die Ruine der Burg Metternich. Die Herren von Metternich waren von den Trierer Erzbischöfen, die Beilstein 1488 in Besitz genommen hatten, mit der Herrschaft Beilstein belehnt worden.

Der Trierer Dompropst Emmerich Freiherr von Metternich rief 1636 Patres der niederdeutschen Provinz der unbeschuhten Karmeliten aus Köln in das zu dieser Zeit vorübergehend lutherische Beilstein.

Die Karmeliter lebten zunächst nahe der Pfarrkirche und bezogen 1692 ihr neues Kloster auf dem Kammernberg im Ort. Die bis 1738 fertiggestellte, St. Joseph geweihte Klosterkirche ist eine dreischiffige, fünfjochige Hallenkirche mit einschiffigem Mönchschor, Giebeldachreiter und Säulenportal.

Den Innenraum beherrschen zwei Reihen mit jeweils vier Säulen auf hohen achteckigen Sockeln. Das Mittelschiff verfügt über querrechteckige, die beiden Seitenschiffe über quadratische Kreuzgratgewölbe. Den Seitenschiffwänden sind Pilaster aufgesetzt.

Die dekorative Raumausmalung wurde 1753 aufgetragen und im Frühjahr 1994 im ursprünglichen barocken Raum- und Farbempfinden erneuert. Wertvollstes Ausstattungsstück der Kirche ist der prächtige Hochaltar aus der 1. Hälfte des 18. Jh.

Die Kirche bildete mit ihren Klosterbauten ein Geviert um einen Innenhof. 1819 wurden der Südflügel und der Kreuzgang abgetragen. Der Ostflügel ist heute Pfarrhaus und Konventsgebäude zugleich. Die Räumlichkeiten, die früher der Prior bewohnt hat, beherbergen ein Café-Restaurant.

Kloster Beilstein: 55568 Beilstein, Klosterstraße 55 • **Klostercafé Beilstein:** 55568 Beilstein, Klosterstraße 55, Tel.: (02673) 1674, www.klostercafe-beilstein.de, geöffnet Ostern bis Mitte Nov. täglich ab 9 Uhr, im Winter So ab 10 Uhr

Kloster Beilstein

Foto: Carschten, Wikimedia Commons

Foto: GFreihalter, Wikimedia Commons

Foto: Hans Otzen

Kreuzigungsrelief an der Gnadenkapelle (15. Jh.)

Den Kern der Klosteranlage von Ebernach bildet nach wie vor die Gnadenkapelle St. Maria. Durch den Neubau der Kirche im Jahr 1956 wurde zwar der Ursprungsbau abgerissen, aber ihr ursprünglicher kleiner zweijochiger, kreuzrippengewölbter Altarraum im 5/8-Schluss blieb als angefügter Kapellenraum erhalten. Sein Kreuzrippengewölbe zeigt figürliche und ornamentale Konsolen und schöne Schlusssteine. Das Vesperbild in der Kapelle ist eine qualitätsvolle mittelrheinische Arbeit vom Anfang des 15. Jh. Das ehemalige Propsteigebäude ist ein proportional gegliedertes siebenachsiges Bauwerk unter Mansarddach.

Schommers, Reinhold: Kloster Ebernach, in: Kloster Ebernach – Festschrift zum 100-jährigen Bestehen des Klosters, Ebernach 1987 • **Friderichs, Alfons / Gilles, Josef / Schommers, Reinhold:** Beilstein an der Mosel (Rheinische Kunststätten 242), Neuss 1987

Der Kirchturm von St. Hilarius (12./17. Jh.) inmitten der Weinberge

Ediger-Eller

㊾ Kloster Helera – Legenden der Merowinger

Wie an der gesamten Mosel gibt es auch in Ediger-Eller Spuren römischer Besiedlung. Den Römern folgten die Franken, die hier auf das Christentum trafen, das schon in antiker Zeit Anhänger gefunden hatte. Unter den Merowingern bestand schon im 6. Jh. ein von Fridolin von Säckingen gegründetes Kloster, das er dem hl. Hilarius weihte.

Der Legende nach entsagte Fridolin von Säckingen, Sohn reicher Eltern, dem weltlichen Leben und reiste als Wanderprediger durch die Lande. Er missionierte in Irland, zog predigend durch Frankreich und kam nach Poitiers zu dem Grab des von ihm verehrten Hilarius (315–367). Er fand das Grab angesichts der Völkerwanderung verwüstet vor. Er errichtete ihm eine neue Kirche, für deren Kloster er durch den Bischof von Poitiers zum Abt ernannt wurde. Bischof und Abt reisten zum Merowingerkönig Chlodwig I., um ihn um die Bestätigung der Klostergründung zu bitten. Im Traum beauftragte Hilarius Fridolin, auf einer Rheininsel bei Basel ein Kloster zu gründen. Auf seinem Weg von Poitiers nach Säckingen am Rhein gründete er – ebenfalls mit Zustimmung von Chlodwig – mehrere Kirchen, die er alle dem hl. Hilarius weihte. Die erste dieser Kirchen entstand in Eller, das der Kirche beigegebene Kloster erhielt den Namen Helera, wohl abgeleitet von Hilarius.

Um das Jahr 1000 fertigte der Mönch Balthasar eine Vita des hl. Fridolin von Säckingen. In dieser Lebensbeschreibung führt er unter anderem aus, dass ein Priester namens Hato nach den Normannenstürmen des Jahres 882 nach Eller gekommen sei, wo er in der Klosterkirche kultische Schätze vorgefunden haben soll. Es wird angenommen, dass zu Beginn des 11. Jh. in Eller an der Klosterkirche ein Priesterkollegium bestanden hat, das spätestens mit der damaligen Verlegung des Pfarrsitzes von Eller nach Ediger eingegangen sein wird.

Tatsächlich ist die katholische Pfarrkirche St. Hilarius von Eller fränkischen Ursprungs. Der heutige Bau zeigt einen romanischen Turm mit zwei- und dreiteiligen Blendbögen und Klangarkaden, dem ein hoher achtseitiger spätgotischer Helm aufgesetzt ist. Der mit Kreuzrippengewölben eingedeckte Chor in gotisierenden Formen stammt aus der zweiten Hälfte des 17. Jh. Das dreiachsige Schiff, das das Langhaus 1718 ersetzte, weist ein

Friderichs, Alfons / Gilles, Karl-Josef / Wolpert, Wolfgang: Ediger-Eller an der Mosel (Rheinische Kunststätten 212), Neuss 1978

St. Hilarius: 56814 Ediger-Eller, Bachstr. 21 • **Tourist-Information Mosel Calmont:** 56814 Ediger-Eller, Pelzerstr. 1, Tel.: (02675) 1344, www.ediger-eller.de

Kloster Stuben

An der Spitze einer Landzunge auf der Eller und Bremm gegenüberliegenden, ganz engen Moselschleife erheben sich romantisch verklärt die Ruinen des ehemaligen Augustiner-Nonnenklosters Stuben. Hier hatte sich 1137 ein Frauenkonvent als Tochtergründung von Springiersbach niedergelassen. 1208 übergab der Ritter Heinrich von Ulmen (1202–1236) seiner Schwester Irmgard als Vorsteherin des Konvents eine Staurothek mit Kreuzpartikeln und weiteren Reliquien, die er aus Konstantinopel als Teilnehmer am Vierten Kreuzzug (1202–1204) mitgebracht hatte. Seither zog Stuben viele Pilger an, für die eine Kreuzkapelle errichtet wurde. Trotz immer wieder auch schwierigen Zeiten für das Kloster konnten 1685–1687 eine Klosterkirche und eine Kreuzkapelle neu erbaut werden. 1820 wurden die Klostergebäude auf Abriss verkauft. Geblieben sind nur die malerisch an der Mosel gelegenen Ruinen der Klosterkirche. Die Staurothek (s. Folgeseite) wanderte auf Umwegen in das Diözesanmuseum von Limburg, wo sie heute zu sehen ist.

Foto: Gabriele Nohn-Steinecke

Holztonnengewölbe auf. Interessanterweise ist auf einer der beiden steinernen Kanzelplatten der Heiligkreuzkapelle bei Ediger (zweite Hälfte des 16. Jhs.) ein Relief des hl. Hilarius zu sehen.

Staurothek (um 924 in Byzanz entstanden), ein Reliquienbehältnis für Teile des Kreuzes Christi, nach dem Vierten Kreuzzug (1202–1204) dem Kloster Stuben durch den Ritter Heinrich von Ulmen gestiftet, heute im Limburger Diözesanmuseum

Foto: Markus Engert, Wikimedia Commons

Klausen

⑳ Augustiner-Chorherrenstift – Bedeutendster Wallfahrtsort der Eifel

Im Herzen der Moseleifel, nahe der weit ausladenden Flussschleife von Piesport, stellte um das Jahr 1400 ein Winzer, Bauer und Tagelöhner namens Eberhard eine Figur der Schmerzhaften Muttergottes in einem hohlen Baum auf. Die Marienfigur wurde schon bald Ziel von Pilgern, die auch Opfergaben ablegten. Zum Schutz der Gaben errichtete Eberhard neben dem Marienbild eine Hütte und lebte dort in der »Eberhards-Klause« als Einsiedler. 1449 wurde die Klause wegen des wachsenden Pilgerstroms durch eine größere Kapelle ersetzt, die durch den Trierer Erzbischof Jakob von Sierck geweiht wurde. Nachdem Eberhard 1451 gestorben war, beauftragte der Erzbischof wenige Jahre danach Augustiner-Chorherren von den Klöstern Niederwerth und Böddeken bei Paderborn, die der Windesheimer Kongregation angehörten, mit der Betreuung der Wallfahrtsstätte. Dieser Gemeinschaft wurde der Kirchenneubau übertragen, um dort ein Kloster zu gründen.

Die Pfarr- und Wallfahrtskirche St. Maria ist ein zweischiffiger Bau aus Mittelschiff und nördlichem Seitenschiff in Bruchsteinbauweise mit roten Sandsteingliederungen, kunstvoll eingewölbt mit einem filigranen Netzgewölbe. Von der 1449 geweihten Kirche bestehen noch die südliche Langhauswand und die unteren Geschosse des Turms. Zunächst wurde die vorhandene Kirche um den sich nach Osten anschließenden Chor erweitert, der 1474 geweiht wurde. Zu diesem Zeitpunkt war auch schon mit dem Kreuzgang begonnen worden. Wenig später erfolgte die Umgestaltung der Nordostecke des Kreuzgangs zur »Neuen Sakristei«. Über der Sakristei entstand im ersten Stock die Bibliothek. Eine Mittelsäule trägt in beiden nahezu quadratischen Räumen Kreuzrippengewölbe. Die Bibliothek wurde mit reichen spätmittelalterlichen Wandmalereien ausgestattet, wie dies auch im Cusanusstift in Bernkastel-Kues und in der Franziskanerklosterkirche in Enkirch der Fall ist. Zwischen jeweils zwei Strebepfeilern des Seitenschiffs ragt einerseits die dreiseitige Michaelskapelle und andererseits die Eberhardsklause hervor, die in Nachahmung der Klause aus dem Jahr 1442 gestaltet ist. 1491 konnte die Sakristei geweiht werden. Der noch zweistöckige Kirchturm wurde um zwei weitere Stockwerke erhöht. Zusätzliche Strebepfeiler an den westlichen Ecken verstärken seine Statik. In den Wandnischen wurden Altäre aufgestellt. 1502 vollzogen Erzbischof Johann von Baden und Weihbischof Johann von Eindhoven die Schlussweihe der Klosterkirche, die in ihrer baulichen Substanz bis heute weitgehend unverändert besteht. Erst im 19. Jh. wurde der Nordflügel des ehemaligen Kreuzgangs als südliches Seitenschiff in die Kirche einbezogen. Am Westende des nördlich Seitenschiffs findet sich die geschmückte Gnadenkapelle mit dem hölzernen Gnadenbild aus dem Jahre 1440, dem bis heute das Ziel der Wallfahrten gilt, darunter die seit 1997 regelmäßig am letzten Sonntag im April durchgeführte Motorradwallfahrt. Hier wurden bei Renovierungsarbeiten im Jahr 1902 die sterblichen Überreste Eberhards wiederentdeckt. Das ursprüngliche Gnadenbild ist im oberen Altarbereich, eine weitere Darstellung der Schmerzhaften Mutter Gottes im mittleren Altarbereich eingearbeitet. An die 100.000 Pilger kommen alljährlich in der sommerlichen Marien-Wallfahrtszeit, um die Bilder anzubeten.

Ein großer Antwerpener Schnitzaltar ist das Prunkstück der Kirche, etwa um 1480 geschaffen. Er zeigt verschiedene geschnitzte Passionsdarstellungen. Seine Flügel sind beidseitig bemalt. Sehenswert sind auch das aus der Entstehungszeit der Kirche stammende Chorgestühl sowie die barocke Kanzel und

Die Wallfahrtskirche (15. Jh.) von Nordosten

Foto: Gabriele Nohn-Steinecke

Foto: Lothar Spurzem, Wikimedia Commons

Gnadenbild (17. Jh.) in der Wallfahrtskirche

die ebenfalls barocken Beichtstühle. In der Turmhalle findet man noch das Grabstandbild des Ritters Philipp von Ottenesch († 1535) in prägnanter Darstellung. Nach dem Wittlicher Volksmund rieben heiratswillige Frauen an den Falten der Pluderhose der Figur, um ihre Heiratsabsichten zu äußern, und baten mit einem Vers um Erfolg: »Heilige Kudoo hol mich – geb mer'n

Pietà (um 1450) in der Wallfahrtskirche

gude Mann, / der mich nit schlägt, / der mich nit tritt, / der nit in't Wirtshaus gieht.« (Nachzulesen in der Datenbank der Kulturgüter in der Region Trier)

Die Klosterbibliothek von Klausen ist von außerordentlicher Bedeutung. Die spätgotischen Wandmalereien in den Spitzbogenfeldern der Wandflächen stellen durch Spruchbänder verbundene Personengruppen dar. Die Schlusssteine des Gewölbes sind im Hochrelief ausgearbeitet und zeigen die vier großen Kirchenlehrer mit den Symbolen der Evangelisten. Um die Schlusssteine ist reiche Rankenmalerei in Grün aufgetragen.

Der Bestand der Klosterbibliothek umfasste 180 Handschriften, 139 vor 1500 entstandene Inkunabeln sowie einige tausend Exemplare anderer Schriften. Nach der Auflösung des Klosters wurde die Bibliothek nicht mehr genutzt. Feuchtigkeit, Schimmel und Bücherwurm setzten dem Bestand im Lauf der Zeit so stark zu, dass er in die Hände der Stadtbibliothek Trier gegeben wurde.

Die meisten Klostergebäude wurden nach der Schließung des Klosters Anfang des 19. Jh. abgebrochen. Zum Klosterbereich gehört südwestlich der Kirche das »Alte Brauhaus«. Dieses dreigeschossige Gebäude aus der Mitte des 18. Jh. mit Mansarddach beherbergte vormals die Klosterbrauerei, diente bis 1952 als Pfarrhaus und wird heute als Wohnhaus genutzt. Das ehemalige Remisengebäude stammt ebenfalls aus der Mitte des 18. Jh. Es wurde im 19. und 20. Jh. als Scheune, Stallung, Küsterwohnung und Beichtkapelle genutzt. Der vom Kloster als Pferdestall verwendete Gebäudeteil ist durch gotisierende Säulen und Pfeiler

Kath. Pfarramt Maria Heimsuchung: 54524 Klausen, Augustinerplatz 2, Tel.: (06578) 218, www.wallfahrtskirche-klausen.de • **Bibliotheksführung:** Stefanie Löwen, Auf dem Kordel 4, 54524 Klausen, Tel.: (06578) 99 23 37, www.klosterbibliothek-klausen.de • **Eberhardsklause:** Dorfladen Klausen, 54524 Klausen, Eberhardstr. 3, Tel.: (06578) 985859, www.unser-dorfladen-klausen.de, geöffnet Mo 7.30–12.30, Di bis Fr 7.30–18 Uhr, Sa 7.30–12 und 14–18 Uhr • **Herberge:** Eberhardstr. 3, Tel.: (06578) 985859, www.herberge-eberhardsklause.de, Gruppenunterkunft (9 Zi, 35 Betten) für Pilger auf dem Jakobsweg, auch für Gruppen von Radfahrern, Bikern, Jugendgruppen, Wallfahrern • **Hotel-Restaurant Klausenhof:** 54524 Klausen, Eberhardstr. 6, Tel.: (06578) 275, www.hotel-klausenhof.de

gegliedert. Im Inneren befindet sich der heutige Pfarrsaal unter einem Kreuzgewölbe.

Die Klosterherberge »Eberhardsklause« stammt vom Beginn des 18. Jh. Die Straßenfront weist ein giebelgekröntes Mittelteil auf, an der Rückseite gibt es einen rechteckigen Vorbau. 2008 erwarb die Gemeinde Klausen die Eberhardsklause und gestaltete sie bis 2012 zum Dorfzentrum aus. Darin befinden sich seither der Dorfladen, eine Pilgerherberge mit 35 Betten, das Gemeindebüro und zwei gemeindliche Säle. Die Herberge bietet insbesondere den Jakobspilgern, die auf dem Eifelcamino und dem Moselcamino auf ihrem Weg nach Trier in Klausen Station machen, preiswerte Übernachtungsmöglichkeiten.

Das etwas zurückversetzte Hotel Klausenhof wurde im 15. Jh. als Fremdenherberge des Klosters errichtet und gehört somit ebenfalls zu den ältesten Gebäuden Klausens. Die Treppe zu den Fremdenzimmern und die alte Eichentür im Flur stammen noch aus der Gründerzeit der Herberge. Hier sollen angeblich Napoleon und Schinderhannes Gäste gewesen sein.

Heinz, Stefan / Schmid, Wolfgang: Klausen, Kloster Eberhardsklausen, Wallfahrtskirche, in: Klosterführer Rheinland, Köln 2003 • **Dohms, Peter:** Das frühere Kloster Eberhardsklausen (Rheinische Kunststätten 340), Neuss 1989

Machern

⑤① Zisterzienserinnenkloster – In majestätischer Lage an der Mosel

Der Trierer Erzbischof Eberhard hatte Mitte des 11. Jh. in Wehlen, einem heutigen Ortsteil von Bernkastel-Kues, ein Kloster gegründet, in dem nach Unterlagen aus dem Jahr 1084 Benediktinerinnen aus St. Irminen in Trier lebten. Doch war diesem Konvent keine lange Dauer beschieden. Gegen Ende des 12. Jh. existierte er nicht mehr. 1228 veranlasste Rudolf II. von der Brücke, Propst des Stiftes St. Paulin in Trier, eine Neugründung für adelige Bewohner. 1238 wurde das Frauenkloster in den Ordensverband der Zisterzienser aufgenommen und der Aufsicht der Abtei Himmerod unterstellt. Schon 1240 wurde mit dem Bau einer neuen Klosteranlage begonnen, wofür die Ausstellung eines päpstlichen Ablassbriefes sehr hilfreich war. Die Klosterkirche wurde am 12. April 1262 der hl. Maria geweiht.

Das Kloster in Machern prosperierte durch Zuwendungen unterschiedlichster Art. Dazu zählten Patronatsrechte, Ländereien, Zehnte und zusätzliche Rechte wie das der Abhaltung von Jahrmärkten und das des Weinausschanks, das ihm der Trierer Erzbischof Werner von Falkenstein 1395 verlieh. Auf der Basis qualitätsvoller Weinlagen an der Mittelmosel in Wehlen, Zeltingen und Rachtig konnten die Nonnen ihr Kloster Machern zu einem Zentrum des Weinbaus an der Mittelmosel entwickeln. Die intensive und fortschrittliche Beschäftigung mit dem Wein brachte Einzellagenkulturen und rebsortenreine Weine von Riesling und Spätburgunder hervor. Doch hielt der Wohlstand des Klosters auf Dauer nicht mehr an. Anlässlich einer Visitation im Jahr 1569 zählte das Kloster noch acht Nonnen, sechs von ihnen erlagen 1575 der Pest. Erzbischof Jakob III. wollte daraufhin das Kloster schließen lassen, doch war der Widerstand des Trie-

Hofgut „Stift Kloster Machern" (13./18. Jh.)

Foto: Sir Gawain, Wikimedia Commons

rer Adels, der hier seine unverheirateten Töchter unterbringen wollte, zu groß. Der Dreißigjährige Krieg ging ebenfalls nicht spurlos am Kloster Machern vorbei. Seine Gebäude wurden in Mitleidenschaft gezogen. Nach dem Ende des Krieges begann unter der Äbtissin Maria Ursula von Metternich die Erneuerung. Das geistliche Leben entfaltete sich wieder, eine erneute Visitation bescheinigte einen ordnungsgemäßen Klosteralltag. Die wirtschaftlichen Verhältnisse entwickelten sich so positiv, dass ab 1674 an einen Neubau der Klosteranlage gedacht werden konnte. Die Grundsteinlegung für die neuen Konventsgebäude erfolgte am 19. März 1688. Anfang des 18. Jh. waren die neuen Gebäude in festlich-barocker Form als Vierflügelanlage aus der Kirche und drei weiteren Bautrakten fertiggestellt. Doch war der Aufschwung nur von kurzer Dauer. Zum Ende des 18. Jh. war der wirtschaftliche und sittliche Verfall des Klosters nicht mehr aufzuhalten. Als die französischen Revolutionstruppen auf linksrheinisches Gebiet vordrangen, bestand der Konvent wieder nurmehr aus der Priorin Charlotte de l'Atre und sechs adeligen Nonnen. Nach der Schließung der Abtei 1802 wurde der Besitz zur landwirtschaftlichen Nutzung veräußert, die letzten Nonnen verließen das Haus. Der neue Besitzer ließ die Kirche profanieren und ihre Fenster zumauern, um das Langhaus als Scheune zu verwenden. Der Verfall nahm seinen Lauf. Nur der Kirchenchor blieb verschont, weil ihn die neuen Besitzer als Privatkapelle für sich in Anspruch nahmen. Um weiteren Einquartierungen französischer Soldaten in die Abteigebäude vorzubeugen, ließen sie 1806 den moselseitigen Südflügel mit seinen 35 Zimmern, Keller und Speicher abreißen.

Über Einheirat und Vererbung kam das Klosteranwesen 1969 an einen moselaner Weingutsbesitzer, der das Anwesen aufwändig in jahrelanger Arbeit restaurierte. Im Jahre 2000 erwarben der Bürgerverein 1864 AG und die Günther Reh Stiftung des DRK-Sozialwerks von Bernkastel-Kues das Anwesen und gründeten das Hofgut »Stift Kloster Machern« mit dem Ziel, es der

Hofgut „Stift Kloster Machern": 54470 Bernkastel-Wehlen, An der Zeltinger Brücke, Tel.: (06532) 951 640, www.kloster-machern.de, Klosterführungen auf Anfrage • **Puppen- und Ikonenmuseum:** 54470 Bernkastel-Wehlen, An der Zeltinger Brücke, Tel.: (06532) 951 640, www.klostermachern.de, geöffnet in der Hauptsaison täglich 10–18 Uhr, Mo und Fr 11–17 Uhr, Nov./Dez. Mo geschlossen • **Brauhaus Kloster Machern:** 54470 Bernkastel-Kues, An der Zeltinger Brücke, Tel.: (06532) 9510, www.brauhaus-kloster-machern.de, Klosterrestaurant geöffnet Mo bis So 11–1 Uhr • **Klosterbrauerei Machern:** 54470 Bernkastel-Wehlen, An der Zeltinger Brücke, Tel.: (06532) 951 994 www.klosterbrauerei-machern.de, geöffnet Do bis Sa 12–17 Uhr, feiertags geschlossen, Brauereiführungen • **Klosterdestille im Kloster Machern:** 54470 Bernkastel-Wehlen, An der Zeltinger Brücke, Tel.: (06532) 953175, www.klosterdestille-machern.de, täglich geöffnet ab 10 Uhr • **Ferienland Cochem:** 56812 Cochem, Endertplatz 1, Tel.: (02671) 6004-0, www.ferienland-cochem.de

Die ehemalige Klosteranlage, vom Moselufer aus gesehen

Öffentlichkeit zur Verfügung zu stellen. Zu diesem Zweck nahmen sie Umbauten an der Anlage vor. Heute bietet das ehemalige Kloster Machern ein Restaurant mit Klosterbrauerei, ein Weincabinett mit Klosterdestille und Klosterladen, ein Puppen- und Ikonenmuseum und mit dem Barocksaal, dem ehemaligen Langhaus, einen Veranstaltungsraum, der einer der wichtigsten Spielorte des »Mosel-Musikfestivals« ist.

Das über 2 ha große Areal des ehemaligen Zisterzienserinnenklosters Machern ist bis heute von der Immunitätsmauer eingeschlossen. Das zentrale Bauwerk stellt die Klosterkirche aus der Wende zum 18. Jh. dar. Ihr Langhaus ist einschiffig. Hier wurde eine Decke eingezogen. Im Obergeschoss befindet sich der Veranstaltungssaal mit stuckiertem Spiegelgewölbe. Hofseitig erhellen sieben hohe Fenster, in deren Giebeln sich das Wappen der Äbtissin Maria Ursula von Metternich befindet, den Saal. Die Fenster der gegenüberliegenden Seite blieben zugemauert. Der einjochige, vom Langhaus abgetrennte kreuzgratgewölbte Chor mit 5/8-Schluss wird weiterhin als nunmehr dem hl. Cornelius geweihte Kapelle genutzt. Ihr barocker Hochaltar füllt den gesamten Chorschluss aus. Unter dem Chor befindet sich ein gewölbter Keller. In der Nische am Chor steht eine Madonnenstatue aus dem 14. Jh. in Nachbildung – das Original ist im Rheinischen Landesmuseum von Trier zu sehen. Der sich an der Nordseite der Kirche anschließende Bautrakt beherbergt das Restaurant. Ansonsten weist das Areal noch einen herrenhausartigen Bau und ehemalige Wirtschaftstrakte, die als Lagerhallen dienen, auf. Der wiederhergestellte Klostergarten ist einem barocken Landschaftsgarten nachempfunden.

Pauly, Ferdinand: Das Zisterzienserinnenkloster Machern an der Mosel, in: Paulinus, Trierer Bistumsblatt, 1973, Nr. 50, 15 • **Elster, Christiane:** Weincabinett / Hofgut Kloster Machern, in: Frauenklöster im Rheinland und in Westfalen, Regensburg 2004

Die Klosteranlage (17./20. Jh.)

Foto: Gabriele Nohn-Steinecke

Martental

52 Kloster Maria Martental – Eine Wallfahrtskirche in einem abgelegenen Eifeltal

Das Kloster Maria Martental im entlegenen Eifeltal der Märtyrer (»ecclesia in valle martyrum«) ist im Ursprung eine Gründung der Augustiner-Chorherrenstifts Springiersbach, wie eine Urkunde vom 11. August 1130 bezeugt. Eine weitere Urkunde aus dem Jahr 1141 bezeugt die Schenkung von Erzbischof Arnold I. von Köln des »unbebauten und abgegrenzten« Berges Soch an die »Brüder von Martydal«. 1145 bestätigte dann eine Bulle von Papst Eugen III. der Abtei Springiersbach den Besitz einer Kirche im »Valle Martirum«. Vermutlich wurde die Anlage als Doppelkloster gegründet. Chorherren waren aber nur bis zum Anfang des 13. Jh. in Martental. Seit 1212 war das Kloster ausschließlich mit Augustiner-Chorfrauen besetzt. Trotz guter Ausstattung und erheblichem Vermögen konnte das Kloster aber kaum überregionale Bedeutung erlangen. Dafür wurde es wegen seines Besitzes immer wieder Ziel räuberischer Übergriffe. Und der Wohlstand verdarb die Sitten im Kloster. Der Niedergang war vorbestimmt – 1515 lebten nur noch zwei Nonnen im Kloster. Als dann auch noch der Propst zum lutherischen Glauben übertrat, betrieb die Abtei Springiersbach die Aufhebung des Klosters, die dann auch 1523 in die Wege geleitet und durch Papst Leo X. genehmigt wurde. Martental wurde zum Priorat von Springiersbach »degradiert«, seinen nicht unerheblichen Besitz zog Spriengiersbach ein, musste sich aber verpflichten, Messen in Martental zu lesen.

Einer Visitation des Trierer Amtsschreibers Mason im Jahr 1678 zufolge war die alte Kirche des Klosters schon halb verfallen. Ein durch die Abtei Springiersbach 1681 veranlasster Klosterneubau blieb erfolglos – es kam kein neuer Konvent zustande. Was blieb, war eine Eremitage, in der über 100 Jahre hinweg Einsiedler bei deren Kapelle lebten. In dieser Kapelle fand die für Martental so wichtige Pietà einen neuen Platz und zog Wallfahrer an. Es handelt sich dabei um ein von einem unbekannten Künstler am Ende des 15. Jh. geschaffenes Gnadenbild, eine eindrucksvolle Holzplastik mit den herben Zügen einer schmerzerfüllten Bäuerin der Eifel, die ganz in der Tradition

Kloster Maria Martental: 56759 Leienkaul, Tel.: (02653) 9890-0, www.kloster-maria-martental.de • **Martentaler Gastronomie:** 56759 Leienkaul, Tel.: (02676) 910382, geöffnet Di 13.30–17 Uhr, Fr und Sa 14–17 Uhr, So und feiertags 13.30–19 Uhr • **Buch- und Kunsthandlung:** 56759 Leienkaul, Tel.: (02653) 989062, geöffnet Di 14–16 Uhr, Fr 16–17 Uhr, Sa 16–17 Uhr, So 12–17 Uhr • **Ferienland Cochem:** 56812 Cochem, Endertplatz, Tel.: (02671) 6004-0, www.ferienland-cochem.de

der Märtyrerverehrung des Klosters steht, wie ihr Titel zeigt: »Schmerzhafte Mutter – Königin der Märtyrer, im Tal der Märtyrer«. 1737 wurde die Kapelle erneuert, 1794 fand die letzte Wallfahrt zur Schmerzhaften Mutter in der Kapelle von Martental statt. Die Kapelle verfiel und stürzte 1817 ein.

Foto: GFreihalter, Wikimedia Commons

Pietà (Ende 15. Jh.)

Die französische Verwaltung unterstellte das säkularisierte Kloster der Domänenverwaltung in Cochem. Die Wallfahrtskapelle wurde geschlossen und das Inventar ohne das Gnadenbild der Pfarrkirche in Masburg übertragen. Der Klosterbesitz kam zur Versteigerung. Da der Käufer aber die geforderte Anzahlung nicht leistete, verblieb der Besitz bei der Domänenverwaltung und ging in nachnapoleonischer Zeit in preußischen Besitz über. Schon 1819 fand sich ein neuer Käufer, der den Klosterhof verpachtete. Ein späterer Pächter wurde nach dem Krieg 1870/71 auch Besitzer des Klosterhofes.

1904 erwarb der Redemptoristenpater Joseph Tillmann den Klosterbesitz Martental vom preußischen Staat. Als Mitglied dieses 1732 in Italien gegründeten Ordens, der sich bis heute vor allem pastoralen Aufgaben widmet, gründete er in Martental eine neue klösterliche Gemeinschaft, die er »Gesellschaft der göttlichen Liebe« nannte. Die ersten Laienbrüder traten bereits 1905 ein. In der Hauskapelle des neu errichteten Klosteranwesens, in die auch das Gnadenbild der Maria mit dem Leichnam ihres Sohnes, das sich zwischenzeitlich in Privathäusern befunden hatte, Platz fand, konnte 1909 die erste Hl. Messe gefeiert werden. Auf Tillmanns Initiative nahm die gesamte Örtlichkeit fortan den Namen »Maria Martental« an. Zudem setzte er sich vehement für einen Neubau der Wallfahrtskirche ein. Doch diesen Wunsch konnte er sich bis zu seinem Tod, der ihn 1918 gerade 50-jährig ereilte, nicht mehr erfüllen. Tillmans war die treibende Kraft der Ordensneugründung gewesen, ohne ihn setzte der Niedergang ein. Der Trierer Bischof betrieb daraufhin die Eingliederung der Gemeinschaft in eine neue Ordensgemeinschaft. 1927 übernahmen Herz-Jesu-Priester aus Sittard mit Zustimmung des Bischofs den Klosterbesitz und die Sorge für die Gemeinschaft der Brüder, 1932 auch das Tal mit der Kirchenruine und dem Gnadenbild. 1934 wurde der Wiederaufbau der Wallfahrtskirche beschlossen. Die Bevölkerung der umliegenden Ortschaften nahm die Nachricht erfreut auf. Mit ihrer tatkräftigen Hilfe wurden die Reste der Kirchenruine abgetragen und auf ihren Grundmauern der Neubau errichtet. Noch 1934 konnte das Richtfest gefeiert werden. 1935 erfolgte die Weihe der Kirche mit zwei neuen Glocken in Anwesenheit von 20.000 Wallfahrern. An der nächstjährigen Wallfahrt nahmen sogar 30.000 Gläubige teil. Damit war die Auseinandersetzung mit den Nationalsozialisten vorprogrammiert. Es half auch nicht, dass der Trierer Bischof die Wallfahrtskirche in eine Vikariekirche umwandelte. Das Kloster wurde 1941 aufgehoben, der Besitz eingezogen, die zehn Patres mit 22 Brüdern ausgewiesen, Prozessionen und Wallfahrten verboten. Nur ein Bruder durfte verbleiben, der nur eingeschränkt Gottesdienste feiern konnte. 1941 konnte aber noch die neue Klais-Orgel in der Kirche eingebaut werden. Der Landbesitz des Klosters wurde als Landdiensthof der Hitlerjugend zweckentfremdet. Nach dem Zweiten Weltkrieg erhielten die Herz-Jesu-Priester das Kloster zurück. Sie nahmen den Klosterbetrieb mit den Wallfahrten wieder auf. 1947 betätigten sich hier bereits wieder zehn Patres und neun Brüder. 1951 bis 1953 konnten Erweiterungsbauten am Kloster realisiert werden, so der Portalbau und der Querflügel mit Küche, Speisesaal und großer Kapelle, die am Weihnachtsfest 1953 geweiht wurde. Die Klostergemeinschaft widmet sich heute dem Dienst an den Pilgern und Besuchern. Die Patres leisten Seelsorge in einigen umliegenden Pfarreien und in einem nahen Bildungs- und Pflegeheim.

Nach dem Zweiten Weltkrieg betrieben die Klosterbrüder die Landwirtschaft weiter. In der Tierhaltung kam es zu Kooperationen mit Nachbarklöstern. Es konnten sogar Lehrlinge ausgebildet werden. Doch fiel den älter werdenden Brüdern die Arbeit immer schwerer, es fehlte an Nachwuchs, bezahlte Arbeit war finanziell nicht zu leisten – so wurde 1974 der Viehbestand verkauft und das Land verpachtet.

Kloster Martental, das alljährlich am 15. September im Rahmen einer Festwoche das Fest der Sieben Schmerzen Mariens als Patronatsfest begeht, erfreut sich als Wallfahrtsstätte weiterhin regen Zulaufs. Um dem Strom der Pilger gerecht zu werden, wurden weitere bauliche Maßnahmen an der Kirche und den Klostergebäuden vorgenommen. Dazu zählten der Bau einer offenen Halle mit Altar und Kirchenbänken für die großen Wallfahrten, eines Pilgerheimes mit Gaststätte und Räumen für die Erwachsenenbildung sowie eines Ladens für den Verkauf von Devotionalien. Außerdem wurde die Kirche erweitert; das Gnadenbild fand einen neuen Platz über dem Altar. 1999 erfolgte der Umbau der Ökonomiegebäude zum Jugendgästehaus »Jugendhof Maria Martental«, das später zur Tagesförderstätte für Menschen mit Behinderungen der St. Hildegardis GmbH / St. Martin Düngenheim umgestaltet wurde, sowie die umfangreiche Sanierung des Klostergebäudes.

Schumacher, Werner: Kloster und Wallfahrtskirche Maria Martental, Kaisersesch 1998 • **Hempken, Gerd:** Haus der Berufung im Kloster Maria Martental, Jahrbuch Cochem-Zell 2002, S. 207

Pfalzel

53 Benediktinerinnenkloster – Mit römischen Wurzeln

Adula von Pfalzel war die Gründerin des Benediktinerinnenklosters im heutigen Trierer Vorort Pfalzel. Adula wurde zwischen 660 und 675 im Mosel-Maas-Raum geboren und entstammte dem hochadeligen Geschlecht der Hugobertiner, das mit dem der Karolinger verschwägert war. Sie war eines von fünf Kindern des Pfalzgrafen Hugobert und dessen Gemahlin Irmina von Oeren, der Gründerin der Abtei Echternach. Ihre Schwester Bertrada die Ältere gründete die Abtei Prüm und war eine der Urgroßmütter Karls des Großen. Adula war mit einem fränkischen Adeligen namens Odo verheiratet. Aus dieser Ehe gingen mindestens drei Kinder hervor. Gerelinde und Haderich verstarben schon kurz nach 699. Alderich als ältester der drei bekannten Kinder verstarb 774. Dessen Sohn Gregor (707–76) avancierte zum Bischof von Utrecht und wurde als Gregor von Utrecht heiliggesprochen.

Um 700 gründete Adula ihr Nonnenkloster nach der Benediktinerregel in einem noch weitgehend erhaltenen römischen Palastgebäude in Pfalzel moselabwärts von Trier. Das Areal mit dem Gebäude hatte sie durch Gütertausch von ihrem Schwager Pippin dem Mittleren, dem Ehemann ihrer ältesten Schwester Plektrudis, erworben. Sie führte das Kloster als Äbtissin, die ersten Nonnen stammten aus dem Frauenkloster Oeren in Trier, das ihre Mutter nach dem Tod ihres Gemahls als Äbtissin leitete (und das später in St. Irminen umbenannt wurde) und aus Nivelles, wohin Adula ebenfalls Verbindungen hatte. Durch reiche Schenkungen aus ihrem Vermögen sicherte sie die Existenz des Klosters. Über Echternach hatte Adula Kontakt zur angelsächsischen Mission. Ein Besuch des angelsächsischen Missionars

Der Innenraum des ehemaligen Klosterareals mit Marienkapelle

Bonifatius in Pfalzel ist nachgewiesen. Bei dieser Gelegenheit schloss sich ihm Adulas Enkel Gregor an; er ging mit Bonifatius auf Missionsreisen nach Thüringen und Hessen, folgte ihm 737/38 bis nach Rom.

Als Eigenkloster blieb Pfalzel – auch dank der Stiftungen seiner Gründerin und Leiterin – als für diese Epoche typischer Witwensitz selbstständig. Um 733 übertrug Adula das Kloster in ihrem Testament dem Schutz der Trierer Kirche und stattete es mit weiterem Landbesitz an Maas und Mosel sowie im Gillgau und Bidgau aus, um seinen Bestand über ihr Ableben hinaus zu gewährleisten. Adula starb um 735 und wurde in ihrer Klosterkirche beigesetzt. Später wurden ihre Gebeine in den Chor der Kirche umgebettet. Hier verblieben sie bis zur Säkularisierung und kamen 1802 in die Pfalzeler Pfarrkirche St. Martin. Nach deren Umbau zum Pfarrheim gelangten sie 1962 schließlich zurück in die alte Klosterkirche, die nach Kriegsschäden unter

Anfügung eines dreischiffigen Anbaus zur Pfarrkirche St. Maria und St. Martin wiederhergestellt wurde.

Drei Jahrhunderte nach der Gründung des Klosters wurde es unter Erzbischof Poppo von Babenberg 1016 aufgelöst. Die Gründe hierfür sind nicht bekannt. Poppo wandelte das Kloster in ein Kanonikerstift um, das 1027 neu bezogen wurde. Unter seiner Ägide wurde der Stiftsbering um das Torhaus, den Kreuzgang, Kapellen und Wirtschaftsgebäude erweitert. Erzbischof Albero von Montreuil ließ in der ersten Hälfte des 12. Jh. den Westteil des Palatiolums festungsartig ausbauen. In dieser Burg fanden die Trierer Erzbischöfe immer wieder Zuflucht, wenn die Auseinandersetzungen mit den Trierer Bürgern eskalierten. Die mittelalterliche Befestigung ersetzten die Trierer Erzbischöfe zu Beginn des 16. Jh. durch eine Ringmauer mit Bastionen, die allerdings von französischen Truppen 1672/73 geschleift wurden.

Das Palatiolum von Pfalzel. Im Laufe ihrer Herrschaft über linksrheinisches Gebiet waren die Römer ab Ende des 3. Jh. zunehmend Überfällen germanischer Stämme ausgesetzt. Städte, Landhäuser und Fernstraßen mussten abgesichert werden. So wurde im 4. Jh. wenige Kilometer moselabwärts im heutigen Pfalzel ein kastellartiges Palatiolum (lat. Verkleinerungsform von »Palast«), das als »kleine Pfalz« namengebend für den Ort war, auf einer über der Hochwassergefährdung liegenden Terrasse festungsartig auf einer 65 × 56 m umfassenden Fläche um einen rechteckigen Innenhof errichtet. Das Erdgeschoss besaß in den Türmen doppelte Raumhöhe, darüber befanden sich mindestens zwei weitere Stockwerke mit einfacher Höhe. Innen

St. Maria u. St. Martin: 54293 Trier-Pfalzel, Stiftstr. 19 • **Hotel Klosterschenke:** 54293 Trier, Klosterstr. 10, Tel.: (0651) 96844-0, www.hotel-klosterschenke.de • **Tourist-Information der Stadt Trier:** 54290 Trier, An der Porta Nigra, Tel.: (0651) 97808-0, www.trier-info.de

Die ehemalige Stiftskirche St. Maria und St. Martin mit dem Barockportal (links) vor dem römischen Mauerwerk des Palatiolums

durchzogen Galerien die Gebäude. Erhaltene Mauerteile zeigen Bogenfenster im ersten Obergeschoss, im zweiten neben Bogenfenstern auch rechteckige Öffnungen. Mitte des 4. Jh., möglicherweise nach den Frankeneinfällen des Jahres 353, erfuhr die Anlage eine grundlegende Erneuerung, bei der auch die Mosaikböden mit vormals figürlichen Motiven durch solche mit geometrischen Mustern ausgetauscht wurden – womöglich als Folge der Christianisierung des Römischen Reichs. Im Zuge dieses Umbaus wurde an der Südwestseite auch ein großer Kasernenbau angefügt. In nachrömischer Zeit übernahmen die Franken das Palatiolum als Königsgut. Frankenkönig Chlothar II. nutzte es als Sommersitz, sein Sohn Dagobert I. baute es weiter aus. Später war es im Besitz von Pippin dem Mittleren, der es im Tausch seiner Schwägerin Adula übergab, die dort ihr Nonnenkloster errichten wollte.

Die ehemalige Stiftskirche St. Maria und St. Martin von Pfalzel. Adula von Pfalzel veranlasste nach der Gründung ihres Klosters den Bau einer der hl. Maria geweihten Kirche in der Südostecke des Palatiolums. Römische Bausubstanz war zu Genüge vorhanden. Man nutzte den südöstlichen Flügel des Palatiolums durch Abbruch von Trennwänden für den kreuzförmigen Kirchenkorpus. Der Chor schloss gerade ab, die Decke war flach gedeckt. Die Nonnen erweiterten im 10. Jh. den nordwestlichen Arm um ein Element, so dass dieser zum Langhaus wurde. Im 11. Jh. übernahm der neu gegründete Chorherrenkonvent die Kirche und stattete diese mit dem zusätzlichen Patrizium des hl. Martins aus. Der gegenüberliegende Chorarm erhielt eine Rundapsis. 1230 versahen die Chorherren die Kirche mit Kreuzrippengewölben. Fast alle Fenster hatte man im 18. Jh. vergrößert, um den Kirchenraum heller zu gestalten. An den Nordostarm wurden im 15. Jh. der Kreuzgang mit der nach Nordosten weisenden Petruskapelle sowie im Südwesten die mit einem Kreuzrippengewölbe eingedeckte Marienkapelle angebaut. Der um 1500 errichtete Glockenturm musste im 19. Jh. wegen Baufälligkeit wieder abgerissen werden.

Nach der Säkularisierung blieb die ehemalige Stiftskirche St. Maria und St. Martin von Pfalzel zunächst ungenutzt und kam 1811 durch Versteigerung in Privatbesitz. Da im Stadtbezirk von Pfalzel die St. Martinskirche als Stadtpfarrkirche erst kurz zuvor barock neu errichtet worden war, gab es keinen Grund, die Stiftskirche zur Pfarrkirche zu erheben, weshalb sie »unter den Hammer« kam. Die neuen Besitzer nutzten sie wechselweise als Scheune, Heu- und Getreidespeicher und als Turnhalle. 1944 erlitt der ehemalige Kirchenbau im Bombenhagel schwerste Schäden, der nordwestliche Kreuzarm wurde fast gänzlich zerstört. Nach dem Krieg reiften die Überlegungen, die wertvolle alte Stiftskirche wieder der sakralen Nutzung zuzuführen. So wurde

Chor der Nikolauskapelle (zwischen 1100 und 1500)

Foto: Gabriele Nohn-Steinecke

sie in den Jahren 1957–62 konservierend instand gesetzt und mit den Stilmitteln der 1950er Jahre durch einen Anbau dreischiffig erweitert, wobei der historische Altbau als Querhaus erhalten blieb. Die Eingangshalle entfiel, das Portal wurde an der Kirchenwand angebracht. Seit 1962 erfüllt die ehemalige Stiftskirche die Funktion der Ortspfarrkirche, die zuvor die barocke St. Martinskirche innehatte.

Die Ausstattung der ehemaligen Stiftskirche von Pfalzel ist umfangreich. Darunter befinden sich ein Schrein mit den Reliquien der Adula, mehrere Statuen und Skulpturen aus verschiedenen Stilepochen, so etwa eine Marienstatue aus dem 14. Jh., das barocke Chorgestühl, ein Altaraufsatz mit der Kreuzigungsgruppe aus dem Jahr 1542 sowie verschiedene Tafelbilder.

Die Stiftsgebäude. In der Ursprungszeit dienten die nicht zur Kapelle gehörigen Teile des noch erhaltenen Palatiolums als Klostergebäude. Erweiterungen erfolgten unter Erzbischof Poppo. Erzbischof Richard von Greiffenklau baute Anfang des 16. Jh. einen quadratischen Kreuzgang mit anschließendem Wohngebäude an den östlichen Kreuzarm der Stiftskirche an. Dieses Gebäude wurde im 18. Jh. aufgestockt und dadurch die aus dem 13. Jh. stammende, über Runddiensten rippengewölbte Petrikapelle mit ebenfalls zur Mosel hin rippengewölbtem Chor einbezogen. Im Erdgeschoss bestehen noch die sieben erhaltenen Achsen des südlichen Kreuzgangflügels – heute ist hier die Klosterschenke untergebracht. An der Westwand steht die Grabplatte der Äbtissin Ruothildis (11. Jh.). Die Nikolauskapelle südlich der Stiftskirche, ein zweijochiger spätgotischer Saalbau mit dreiseitig geschlossenem Chor, dient als Kriegergedenkstätte.

Heyen, Franz-Josef: Das St.-Marien-Stift in (Trier)-Pfalzel, Germania Sacra, NF 43, Berlin / New York 2005 • **Heinz, Stefan / Schmid, Wolfgang:** Klausen, Trier-Pfalzel, Stiftskirche St. Maria, in: Klosterführer Rheinland, Köln 2003

Klosterkirche St. Abrunculus (18. Jh.)

Springiersbach

54 Augustiner-Chorherrenstift – Durch Karmeliter wiederbelebt

Nahe der Moselschleife von Pünderich erhebt sich tief im Kondelwald am Springiersbach das Kloster Springiersbach. Hier war der pfalzgräfliche Ministeriale Ruker mit dem Hof Thermunt begütert. Nach Rukers Tod zog sich seine Witwe Benigna von Duna (= Daun), eine Adelige aus der Eifel, um 1100 nach Thermunt zurück. Die hier errichtete Kapelle weihte der Trierer Erzbischof Bruno von Lauffen 1102 in Gegenwart des Pfalzgrafen Siegfried I. von Ballenstedt und gab gleichzeitig Benigna die Einwilligung zur Gründung eines Konvents. Das Jahr 1102 gilt daher als Gründungsjahr des Klosters Springiersbach.

Foto: Gabriele Nohn-Steinecke

Den Hof mit der hier vor Ort schon bestehenden Klosterzelle übertrug sie mit allen Ländereien dem Erzbistum Trier. Die Trierer Diözesansynode bestätigte 1107 die Klostergründung. Die Entwicklung der jungen Gemeinschaft war so positiv, dass eine größere, vom lothringischen Pfalzgrafen unterstützte Niederlassung am Springiersbach entstand. Die Regel wurde strikt eingehalten, wodurch das Kloster ein hohes Ansehen erhielt. 1120 konnte der Grundstein für die Klosterkirche, die den hölzernen Vorgängerbau ersetzen sollte, gelegt werden, die dann 1136 durch den Trierer Erzbischof Albero von Montreuil geweiht wurde. In diesem Jahr wurden auch die Gebeine des hl. Abrunculus von Trier nach Springiersbach überführt.

Benignas Sohn Richard fungierte zunächst als Prior des Klosters und nach Benignas Tod als dessen Abt bis 1158. Bereits im Jahre 1128 wurde das Doppelkloster durch die Umsiedlung der Frauen, für die in Andernach ein neues Frauenkloster St. Thomas gegründet wurde, aufgehoben. Ab 1129 war Richard der erste Abt des nunmehrigen Männerklosters Springiersbach, die Leitung des Frauenkonvents übernahm seine Schwester. Richard führte sogar den »ordo novus«, die besonders strenge Augustinerregel, ein. Erzbischof Albero unterstützte diese religiöse Einstellung, die er auch stärker im Volk verankern wollte. Deshalb übertrug er Springiersbach die Pfarreien von Merl, Corray, Kaimt und Pünderich, damit die Klostergeistlichen dort seelsorgerisch tätig werden konnten.

Der Konvent von Springiersbach war unter Richard hoch angesehen. Der geistlichen Aufsicht von Springiersbach unterstanden das Frauenkloster St. Thomas, das Frauenkloster Martental, das Frauenkloster Marienburg, das Frauenkloster Stuben und das Kloster Peternach (Jakobsbergerhof) bei Boppard. Springiersbacher Chorherren wirken als Reformäbte in Frankenthal, in Steinfeld, in Klosterrath (Rolduc) und in Bolanden. Zutritt

Langhaus der Klosterkirche

Foto: Gabriele Nohn-Steinecke

zur Springiersbacher Gemeinschaft erhielten nur Adelige, die ihren Besitzstand dem Kloster vermachten. Dadurch stand das Kloster auch auf einer sicheren wirtschaftlichen Basis. Auch nach Richards Tod machten weitere Schenkungen das Kloster noch wohlhabender. Doch mit dem Wohlstand setzte Sittenverfall ein, dem auch verschiedene Reformversuche der Trierer Erzbischöfe keinen Einhalt gebieten konnten. Das Kloster entwickelte sich mit den ihm unterstellten Frauenklöstern mehr und mehr zu einem adeligen Versorgungsstift von »Kavaliers-Kanonikern«. In einem letzten Kraftakt des Klosters wurden dessen Gebäude einschließlich der Kirche erneuert. Trotz allem wollte Erzbischof Clemens Wenzeslaus 1791 das Springiersbacher Stift in ein weltliches Ritterstift umwandeln. Doch kam diese organisatorische Neuorientierung nicht mehr zum Tragen, denn die französischen Revolutionstruppen machten dem Klosterwesen ein Ende. Ein Jahr nach der endgültigen Aufhebung des Klosters nutzte die Pfarrgemeinde von Bengel die Springiersbacher Klosterkirche als ihre Pfarrkirche – so blieb dieses architektonische Juwel der Nachwelt erhalten.

Klosterkirche St. Abrunculus. Die neue Springiersbacher Klosterkirche entstand in den Jahren 1769–72 nach Plänen des Architekten Paul Stehling aus Straßburg. Es ist ein bemerkenswerter, durch Pilaster gegliederter barocker Saalbau mit dreiseitigem Chorschluss. In der Mitte der Westfront springt

Karmelitenkloster Springiersbach: 54538 Bengel-Springiersbach, Karmelitenstr. 2, Tel.: (06532) 93950, www.karmeliten.de/orte/springiersbach • **Exerzitienhaus Carmel Springiersbach:** Adresse s.o., 30 Gästezimmer, bietet auch Kloster auf Zeit, www.karmeliten.de/exerzitienhaus • **Klosterladen:** Adresse s.o., Zugang über das Exerzitienhaus, geöffnet Mo bis Fr 9–11.30 und 14–17 Uhr • **Touristinfo Mittelmosel-Kondelwald:** 54536 Kröv, Robert-Schuman-Str. 65, Rathaus, Tel. (06541) 70 61 11, www.mittelmosel-kondelwald.de

der Kirchturm mit Haube und Laterne leicht hervor. Die Deckengemälde schuf 1773 Franziskus Freund aus Bernkastel. Die Mittelfelder zeigen die Heilige Dreifaltigkeit, Mariä Himmelfahrt und die Anbetung des hl. Augustinus. Die Gemälde wurden nach einem Kirchenbrand von 1940 restauriert. Die Altäre der Kirche und besonders das Chorgestühl sind im Rokoko-Stil gehalten, zeigen aber durch ihre symmetrische Gestaltung erste Anzeichen des Klassizismus.

Als Pfarrkirche war die ehemalige Klosterkirche für die Bewohner von Bengel zu weit entfernt. Es gab immer wieder Bestrebungen, im Ort selbst eine neue Pfarrkirche zu bauen. Die Versicherungssumme aus einem großen Brandschaden des Jahre 1897 gab die Möglichkeit dazu. Doch kam es aus denkmalpflegerischen Gründen nicht dazu. Die Kirche wurde dann vor dem Ersten Weltkrieg geschlossen, weil der Ort inzwischen seine zentrale Pfarrkirche erhalten hatte.

Mangelnde Nutzung und die Problemlage im Ersten Weltkrieg ließen die architekturhistorisch so wertvolle ehemalige Klosterkirche von Springiersbach allmählich verfallen. Jedoch gelang es dem Trierer Bischof Felix Korum, diese Kirche einer neuen Verwendung zuzuführen. 1922 gründete die Oberdeutsche Provinz der Karmeliten aus Bamberg einen Konvent in Springiersbach. Der Brand von 1940 zerstörte das Dach der Klosterkirche und führte wenig später zum Einsturz der Gewölbe des Langhauses. In der schwierigen Zeit gelang es trotzdem, die Kirche bis 1946 wieder aufzubauen. Derzeit leben im Kloster Springiersbach fünf Karmeliten. Sie arbeiten in der Seelsorge an der Klosterkirche, im angeschlossenen Exerzitien- und Bildungshaus »Carmel Springiersbach« und in der Pfarrseelsorge.

Die Klostergebäude. Die Klostergebäude von Springiersbach gruppieren sich nördlich der ehemaligen Klosterkirche zu einem Geviert mit dem ehemaligen Kreuzgang um einen Innenhof. Am Chor schließt sich der Ostflügel an, der nach dem

Brand von 1940 in alter Form erneuert wurde. Ein Teil dient als Sakristei. Im Erdgeschoss befindet sich der zweischiffige, fünfjochige Kapitelsaal, der zunächst flach eingedeckt war und Anfang des 13. Jh. eingewölbt Kapitelsaal wurde. In fünf Doppelarkaden öffnet sich der Kapitelsaal zum Innenhof. Beachtenswert sind die Ranken- und Stengelblattkapitelle an den Doppelsäulen, die möglicherweise der Werkstatt des Samsonmeisters (siehe Maria Laach) entstammen. Die Kapelle im Obergeschoss besitzt eine Rokokotür. Der Nordflügel beherbergt das ehemalige Refektorium. Dieser Trakt wurde im 18. Jh. zu Wohnungen für die Stiftsherren umgebaut. Der eineinhalbgeschossige Bau auf gewölbtem Weinkeller dient heute als Exerzitienhaus. Das zweigeschossige ehemalige Abtshaus aus dem Jahr 1629 weist eine rundbogige Tordurchfahrt auf. An der Rückseite ist ein Treppenturm mit Pilasterportal angebracht. Am Springiersbach besteht auch noch ein Wohnhaus aus dem Jahr 1520, das möglicherweise als Klosterspital diente.

Die Klostergebäude blieben nach der Säkularisierung von der Veräußerung nicht verschont. Sie wurden unterteilt und in private Hände gegeben. Ein kleiner Bereich blieb allerdings dem Pfarrhaus vorbehalten. 1962 konnte der Karmeliterorden die teilweise noch in Privatbesitz befindlichen und verfallenen Klostergebäude erwerben. Sie wurden saniert, wobei die noch erhaltenen Teile der romanischen Architektur wieder freigelegt bzw. rekonstruiert werden konnten.

Gilles, Karl-Josef; Schaaf, Erwin: Springiersbach. Von der Augustiner-Chorherrenabtei zum Karmeliterkloster 1102–2002, Trier 2002 • **Elster, Christiane:** Kloster Springiersbach, in: Frauenklöster im Rheinland und in Westfalen, Regensburg 2004

Foto: Gabriele Nohn-Steinecke

Die dem hl. Castor geweihte Basilika (11./12. Jh.)

Treis-Karden

⑮ Kollegiatstift – Moseldom mit Stiftsbezirk

Oberhalb von Karden bestand in antiker Zeit ein gallo-römisches Heiligtum, dass dem Gott Lenus Mars geweiht war. Diese Tempelstätte, die über das Brohlbachtal von Karden aus zu erreichen war, hatte große wirtschaftliche Bedeutung für die römische Ansiedlung an der Bachmündung im Moseltal, bestand hier doch dazu ein Knotenpunkt mit Furt zweier wichtiger Verbindungsstraßen über die Mosel und in die Eifel. Auch hier zog im Laufe der römischen Herrschaft das Christentum ein. In dem Gräberfeld der römischen Ansiedlung südlich der Brohlbachmündung bestand schon eine frühchristliche Kirche. Hier war Mitte des 4. Jh. der hl. Castor, ein Schüler des Trierer

Bischofs Maximin (ca. 290–346) im Moselbereich missionarisch tätig. Die erste schriftliche Erwähnung des »Vicus Cardena« erfolgte in der zweiten Hälfte des 5. Jh. Karden bestand im 6. Jh. schon als Großpfarrei, von der aus weiträumig Seelsorge betrieben wurde. Während der Amtszeit des Trierer Bischofs Magnerich (570–596) soll in Karden ein Sakralbau zu Ehren des hl. Castor errichtet worden sein. An dieser damals noch dem hl. Paulinus (300–358), dem sechsten Bischof von Trier, geweihten Kirche lebten die Geistlichen in einer Gemeinschaft, die sich zum ältesten Kollegiatstift mit kollegial-korporativer Verfassung im Mosel- und Eifelraum entwickelte.

Die Kardener Kollegiatkirche wurde im Laufe der Zeit zunehmend das Ziel von Wallfahrten. Deshalb ließ der Trierer Bischof Wiomad um das Jahr 780 die Gebeine des Castor heben und in die neu errichtete dreischiffige karolingische Paulinus-Basilika übertragen. Der Grundriss dieser Basilika wurde 1965 unter dem Querhaus der jetzigen Kardener Stiftskirche freigelegt. Dieser Übertragungsakt hatte einen tiefen machtpolitischen Hintergrund. Es war das Trierer Bestreben, seinen Einfluss entlang der Mosel bis Koblenz auszuweiten, denn eigentlich gehörte das Gebiet an der Untermosel zu Mainz. Mit der Zurschaustellung der Gebeine des Trierer Heiligen Castor in Karden dokumentierte Trier seinen Anspruch auf das Gebiet an der Untermosel. Nachdem die Machtfragen geklärt waren, übertrug der Trierer Bischof Hetti einen großen Teil der Gebeine einschließlich des Kopfes des hl. Castor nach Koblenz in die dort im 11./12. Jh. errichtete Basilika, die er dem hl. Castor weihte. Castor ist seitdem Patron der Stadt Koblenz.

Stiftskirche St. Castor: Pfarrbüro Treis-Karden, 56253 Treis-Karden, Hinter Mont 5, Tel.: (02672) 1308, www.karden.pg-treis-karden.de • **Ferienland Treis-Karden:** 56253 Treis-Karden, St.-Castor-Str. 87 (im Bahnhof Karden), Tel.: 02672-9157700, www.treis-karden.de/treis_karden_tourismus

Foto: Gabriele Nohn-Steinecke

Südansicht der Basilika

Das Paulinus-Patrozinium der Kollegiatkirche von Karden hielt angesichts der politischen Bedeutung des hl. Castor für das Erzbistum Trier nicht dauerhaft vor. Die erste urkundliche Erwähnung des Castor-Patroziniums enthielt eine Stiftsurkunde aus dem Jahr 1084. Die damals große Bedeutung des Kollegiatstifts in Karden für das im 9. Jh. zum Erzbistum erhobene Trier zeigt sich in der Tatsache, dass der Propst des Stifts seit der Wende vom 9. zum 10. Jh. ein Trierer Domkapitular und Archidiakon des Archidiakonats Karden mit den Landkapiteln Zell, Ochtendung und Boppard war. Das Erzbistum war in fünf Archidiakonate eingeteilt, der Archidiakon vor Ort der ständige Vertreter des Bischofs, zuständig im Namen des Bischofs für Recht, Ordnung und Finanzen. Die Stellung der Archidiakone als Würdenträger im Erzbistum, die meist dem höheren Adel entstammten, wurde ab dem 12. Jh. noch weiter aufgewertet, indem sie auch Visitationen durchführen konnten.

Im 11. Jh. wurde mit dem Neubau der Stiftskirche St. Castor in Karden begonnen. Der älteste Teil ist der Westturm, dessen untere Etage aus dem Jahr 1072 stammt. Auf die fünf romanischen Etagen wurden 1699 zwei weitere Etagen aufgesetzt, die man mit einem Helm mit Laterne versah. Im weiteren Verlauf des Neubaus wurden zunächst die Mauern um den Altbau herumgeführt, so dass das alte Kirchenschiff weiter zu nutzen war. 1216 waren die Apsis, der Chor, das Querhaus und die Chorflankentürme fertiggestellt. Die Weihe erfolgte 1247. Danach wurde das alte Kirchenschiff abgebrochen und in frühgotischen Formen kreuzrippengewölbt erneuert. Die dendrochronologische Untersuchung der Dachbalken belegt die Fertigstellung der Eindeckung um das Jahr 1300.

D**er Immunitätsbezirk**. Der nicht ummauerte, aber mit Toren zu verschließende Immunitätsbezirk des Klosters St. Castor umfasst neben der Kirche den Kreuzgang, der im Zuge der Errichtung des frühgotischen Kirchenschiffs entstand, die Gebäude am Kreuzgang und die Wohnhäuser der Kanoniker um die Kirche. Zwei Tore, die Kreuzpforte und die Kernpforte, sind noch vorhanden. Der Nord- und Ostflügel des Kreuzgangs wurden im frühen 19. Jh. (1826) versteigert. Nördlich der Kirche steht das 1238 gebaute Wohnhaus der Stiftsherren mit Refektorium und Dormitorium im Obergeschoss. Später wurde hier der Zehnt gelagert, als die Stiftsherren längst eigene Wohnungen hatten.

Im Gebäude befindet sich heute das Stiftsmuseum. Bemerkenswert sind die Fenster des Obergeschosses, bei denen sich Arkadenfenster mit Kleeblatt- und Rundbögen abwechseln, deren farbenprächtige Fassungen im Originalzustand rekonstruiert sind. Teil des Immunitätsbezirks ist auch Haus Korbisch (Verballhornung von Chorbischof), das im 13. Jh. errichtete romanische Propsteigebäude. Südlich der Kirche schloss sich der Friedhof an, der seit Mitte des 18. Jh. aber nicht mehr als solcher

Stiftsmuseum Treis-Karden • Archäologiepark Martberg

Das Stiftsmuseum von Treis-Karden ist im ehemaligen, 1238 erbauten Wohngebäude des Stifts St. Castor untergebracht. Die antike Abteilung weist umfangreiche Funde vom keltisch-römischen Martberg sowie Keramikfunde aus dem römischen Töpferdorf Cardena auf. Ein zweiter Schwerpunkt befasst sich mit Karden als Sitz eines Archidiakonates im ehemaligen Kurfürstentum Trier mit ehemaligem Kollegiatstiftsbezirk. Der dritte Schwerpunkt befasst sich mit sakraler Kunst aus dem Stift St. Castor, darunter unter anderem ein Vortragekreuz aus dem 12. Jh., Reliquienbeutel aus dem 13. Jh., Messgewänder und Messbücher sowie ein Gemälde nach Januarius Zick „St. Castor und das Salzwunder". Verbunden mit dem Stiftsmuseum ist der Archäologiepark Martberg, der von Pommern über eine nicht asphaltierte Straße bis zum Wendeparkplatz und einem 15-minütigen Fußweg zu erreichen ist.

Stiftsmuseum St. Castor: 56253 Treis-Karden, St.-Castor-Str. 1, www.treis-karden-mosel.de, geöffnet Mai bis Okt. Fr, Sa und So 15–17.30 sowie nach Vereinbarung • **Gallo-römische Tempelanlage auf dem Martberg:** frei zugänglich, Öffnungszeiten des Haupttempels Fr bis So und feiertags (Mai – Oktober) 11–17 Uhr mit Martberg-Café

Foto: Hans Otzen

genutzt wurde. Hier steht die ehemalige barocke Dechanei und ein ehemaliges spätgotisches Kanonikerhaus. Weitere Kanonikerhäuser befinden sich am Rand des Immunitätsbezirks.

Die Stiftskirche. Die als »Moseldom« bezeichnete Stiftskirche von Karden ist der bedeutendste romanisch-frühgotische Sakralbau zwischen Trier und Koblenz. Das spitzbogige Hauptportal, dessen Kiefertür noch mit Beschlägen aus dem 13. Jh. versehen ist, befindet sich an der Südseite und führt in das südliche Seitenschiff. Die Fenster des Langhauses sind mit schlichtem frühgotischem Maßwerk versehen. Auffällig sind die sechsteiligen großen Kreisfenster in den nicht vorspringenden Querschiffarmen. Ihre Giebeldreiecke sind mit Rundbogenfriesen versehen. Die moselseitige Apsis ist mit Lisenen und Rundbogenfriesen in zwei Etagen gegliedert und ragt zwischen den schlichten Chorflankentürmen hervor. Der mächtige Westturm erhielt seine heutige Gestalt im 17. Jh. Am nördlichen Seitenschiff ist noch ein Teil des Kreuzgangs erhalten. Die gesamte Kirche, die einst farbig gefasst war, ist heute aus konservatorischen Gründen weiß gestrichen. Zur Ausstattung der Stiftskirche gehört als bedeutendstes Stück der Hochaltar vom Anfang des 15. Jh., ein kunstvolles Werk rheinischer Tonplastik. Der Schrein zeigt die Anbetung der Heiligen Drei Könige, Petrus und Paulus sowie den hl. Castor mit dem Modell der Stiftskirche im Arm. Die beiden Seitenaltäre aus Kalkstein zeigen die Steinigung des Stephanus sowie den hl. Jakobus. Weiterhin bedeutend sind der gemalte Flügelaltar (1591), der spätromanische Taufstein sowie die Grablegungsgruppe mit lebensgroßen Figuren (17. Jh.). Im Querhaus befindet sich der Schrein mit den in der Kirche verbliebenen Reliquien des hl. Castor.

Ruland, Josef: Treis an der Mosel (Rheinische Kunststätten 102), Neuss 1978 • **Freckmann, Klaus:** St. Castor in Karden (Rheinische Kunststätten 543), Köln 2013

Foto: Gabriele Nohn-Steinecke

Frühgotisches Kirchenschiff und Chor

Obere und Untere Klause

In enger Beziehung zum Kollegiatstift bestanden in Karden noch zwei Klausen. Die Obere Klause wurde 1282 von Heinrich von Bolanden auf einer Anhöhe neben der Pfarrkirche gegründet. Das Stift überließ 1361 den Klostergarten den Klausnerinnen, die dafür für die „Ornamente" der Stiftskirche zu sorgen hatten. 1477 wurde die Obere Klause dem Franziskanerinnenorden in Besselich bei Urbar inkorporiert und mit Nonnen von dort besetzt. Nach Zerstörungen im Dreißigjährigen Krieg erneuerte der Orden das Kloster und die Wirtschaftsgebäude, die im Zuge der Säkularisation veräußert wurden. Verblieben ist das dreigeschossige, neunachsige Wohngebäude. Die Georgskapelle am Moselufer (Foto rechts) stifteten 1318 die Brüder Heinrich und Kuno de Litore als Untere Klause für sechs Nonnen. Das 1340 fertiggestellte Gotteshaus ist ein hochgotischer Bau mit dreiseitigem Schluss, schmalem Vorjoch und schön gestalteten Blattwerkkapitellen. Erzbischof Werner von Falkenstein unterstellte die Klause Ende des 14. Jh. dem Stift St. Castor mit der Begründung, dass die Nonnen ein „unordentliches Leben" führten. Nach der Versteigerung des Stiftsbesitzes im Jahr 1805 durch die französische Verwaltung diente die Kirche als Pferdestall. Die neuen Besitzer verkürzten die Kapelle und brachen die Gewölbe heraus. 1856 wurde der Pferdestall zur evangelischen Kirche erneuert und ein Jahr später eingesegnet. Eine letzte grundlegende Restaurierung fand in den Jahren 1908/09 statt.

Foto: Klaus Graf, Wikimedia Commons

Chor (15. Jh.) der ehemaligen Klosterkirche

Zell-Kaimt

㊹ Kloster Marienburg – Auf dem Kamm der längsten Moselschleife

Schon die Kelten hatten auf dem exponierten Standort auf der Höhe der Verengung der fast 14 km langen Moselschleife des Zeller Hamms eine Kultstätte errichtet. Der schmale und steil abfallende Bergrücken dieser Moselschleife ist ein idealer Befestigungsort, der von drei Seiten durch den Fluss geschützt ist. In frühchristlicher Zeit stand hier oben am Ende des 5. Jh. eine dem hl. Petrus geweihte Mutterkirche, die damit zu den ältesten Kirchen der Erzdiözese Trier zählt. Sie gab dem Kamm den Namen St. Petersberg (»mons sancti Petri«) und diente als Pfarrkirche der umliegenden Orte Kaimt, Zell, Pünderich, Merl und Corray. Zugleich war sie Haupt- und Mutterkirche des Landkapitels Kaimt. Im Jahr 1142 übereignete der Trierer Erzbischof die Mutterkirche St. Peter auf dem Berg der Abtei Springiersbach mit der Auflage, dort Kanoniker für die Pfarrseelsorge anzusiedeln. Am 22. April 1143 bestätigte Papst Innozenz II. diesen Vorgang.

Offensichtlich waren die auf dem Berg vorhandenen Gebäude so ruinös, dass neue Klostergebäude errichtet werden mussten. Sie wurden von Schwestern, die nach der Regel des hl. Augustinus lebten, bezogen. Der Trierer Erzbischof Hillin weihte 1157 die neue, der »reinen und makellosen Jungfrau Maria« geweihten Kirche. Der Berg, auf dem sie steht, erhielt nunmehr den Namen »Marienburg« (»castrum beatae Mariae«).

Aus dieser Bezeichnung wird deutlich, dass der Standort auf der Zeller Hamm nicht nur kirchlichen, sondern auch militärischen Zwecken diente. Auch bei dem »Herrenhaus« des erstmaligen Besitzers Graf Johann von Ebernach wird es sich schon um eine Befestigungsanlage gehandelt haben. Erzbischof Heinrich II. von Finstingen (1260–1286) ließ die Marienburg und ihr Umfeld weiter befestigen.

Doch stilles Klosterleben der Nonnen vertrug sich auf Dauer nicht mit den militärische Belangen einer von Soldaten bewohnten Befestigungsanlage. Erzbischof Richard von Greiffenklau (1511–31)

Foto: Hans Otzen

Pietà (2. Hälfte des 15. Jh.) des Klosters Marienburg

Kloster Marienburg auf dem Zeller Hamm über der Moselschleife

beabsichtigte daher die Auflösung des Klosters, vor allem, weil er den weiteren Ausbau der Befestigung auf der Zeller Hamm plante. Gegen die Schließung regte sich jedoch großer Widerstand, denn längst hatte sich das Kloster zu einem Wohnort für die unverheiratet gebliebenen Töchter des moselländischen Adels entwickelt, die nicht damit einverstanden waren, entweder zu ihren Familien zurückzukehren oder von den Augustinerinnen des nahen Klosters Stuben auf der anderen Moselseite aufgenommen zu werden. Der Erzbischof musste nachgeben. In einem durch eine päpstliche Bulle bestätigten Vergleich wurde ihr Unterhalt durch eine jährliche Rente von 500 Goldgulden gesichert.

Am 22. Oktober 1516 verließen die Äbtissin Ottilie von Kesselstatt und ihre adeligen Schwestern die Marienburg, um im Hofgut Molun (heute Mullay) ihr gemeinschaftliches Leben fortzusetzen.

Auch ohne die Nonnen blieb die Kirche auf der Zeller Hamm der Mittelpunkt des kirchlichen Lebens in diesem Bereich der Mosel. Ein Geistlicher, der ständig beim ehemaligen Kloster lebte, betrieb die Seelsorge für die Bevölkerung. Die Gläubigen pilgerten zum Gnadenbild in der Kirche, einer aus Holz geschnitzten Pietà, die der zweiten Hälfte des 15. Jh. entstammt. Die Menschen aus der Umgebung kamen vor allem in der Oster- und Pfingstwoche zu Wallfahrten und in Prozessionen zu Muttergottesfeiern zur Marienburg – es wurde im Freien gepredigt.

Die kriegerischen Auseinandersetzungen der europäischen Großmächte hinterließen auch auf der Marienburg ihre Spuren. Zwar ging der Dreißigjährige Krieg trotz Besetzung durch bayerische und schwedische Truppen noch glimpflich für die Anlage auf der Zeller Hamm aus. Doch im Pfälzischen Erbfolgekrieg ging das aufgelassene Kloster mit seinen Befestigungsanlagen 1687 in Flammen auf.

Nachdem die kriegerischen Ereignisse wieder abgeklungen waren, nahmen mit dem beginnenden 17. Jh. die Wallfahrten zur Marienburg erneut zu. Dadurch bedingt, wurde die Anlage auf dem Zeller Hamm wiederaufgebaut, was sich aufgrund knapper Mittel bis in die Mitte des Jh. hinzog. 1750 brannte das Herrenhaus der Anlage bis auf die Grundmauern ab. Die neu errichteten Stockwerke entstanden im schlichten Barockstil. Der Pilgerandrang war so groß, dass der Trierer Bischof Eremitenbrüder zur besseren Versorgung der Pilger hinzuzog.

Doch zeichnete sich mit dem Einzug der französischen Truppen das Ende der Wallfahrten ab. Matthias Clar (1753–1822), der letzte Rektor der Marienburg, konnte den Betrieb am

Jugendbildungsstätte Marienburg: 56856 Zell, Wohnplatz 1, Tel.: (06542) 9368-0, www.tagen-bistum-trier.de/marienburg • **Ferienland Cochem:** 56812 Cochem, Endertplatz 1, Tel.: (02671) 6004-0, www.cochem.de/tourismus

Minoritenkloster Merl

Foto: Gabriele Nohn-Steinecke

Blickt man vom Kloster Marienburg auf dem Kamm der Zeller Hamm auf den heutigen Zeller Ortsteil Merl, fällt sofort das Minoritenkloster am Moselufer auf, das um 1280 gegründet wurde. Der Chor der Kirche wurde am Ende des 13. Jh., Kloster und Sakristei Anfang des 15. Jh. errichtet.

Die frühgotische, siebenachsige, einschiffige Klosterkirche ist turmlos, aber mit einem Dachreiter versehen. Die moselseitige Front ist durch doppelt abgesetzte Strebepfeiler gegliedert und durch einen Seitengiebel querhausartig betont. Die Sakristei, wohl der frühere Kapitelsaal, weist Maßwerkfenster zur Ostseite auf. Ihre vier Rippengewölbe ruhen auf einem einzigen Rundpfeiler. Berühmt ist die Kirche für ihren Flügelretabel (1520), eine reich geschnitzte Antwerpener Arbeit. Von den Klostergebäuden sind nur noch Teile erhalten, die Wohnzwecken dienen.

Von der vormaligen Merler Pfarrkirche St. Jacobus Major inmitten des Ortsfriedhofs steht nur noch der fünfgeschossige Turm (Anfang 12. Jh.).

Pfarrkirche St. Michael: 56856 Zell-Merl, In der Furth 22

Wallfahrtsort nur noch bis zum Januar 1797 aufrechterhalten – französische Truppen zerstörten die Kirche. Einer der Eremiten konnte zumindest aber das Marienbild nach Kaimt retten. Die Kirchenruine mitsamt ihren Ländereien (11 ha Ackerland, einem Hektar Wiese und 400 Weinstöcken) ging in Privateigentum über. Nach mehreren Besitzerwechseln übernahm das Erzbistum Trier schließlich am 25. Februar 1950 die Ruine mit ihrem Landbesitz und erneuerte von 1952 bis 1957 die Kirche mit den angrenzenden Baulichkeiten, in denen sie eine Jugendbildungsstätte einrichtete, aus der 2006 eine Fachstelle für kirchliche Kinder- und Jugendarbeit hervorging.

Heute erstrahlt die Marienburg in neuem Glanz als Blickpunkt auf den Zeller Hamm oberhalb der Weinberge. Von hier hat man eine phantastische Aussicht über die Rebgärten und die Weinorte des Zeller Landes wie Alf, Neef, Bullay, Merl, Briedel und Pünderich. Von der Klosterkirche selbst ist der weithin sichtbare, ehemals gewölbte gotische Chor aus einem Joch und 5/8-Schluss erhalten, dessen Mauern um 1700 erhöht und mit runden Fenstern über den Maßwerkfenstern versehen wurden. Im Inneren sind vier Wanddienste und die Sakramentsnische erhalten. Südlich am Chor führt ein Zugang in die kleine zweijochige kreuzrippengewölbte Kapelle, die ehemalige Sakristei, in deren Apsis die Pietà ihren letztendlichen Platz gefunden hat. Über dem Zugang zur Kapelle befindet sich ein Schlussstein mit einer Muttergottesfigur mit Kind, das in seinen Händen zwei Äpfel hält. Von den ursprünglichen Klosterbauten ist außer den Umfassungsmauern und rundbogigen Außentoren ein zweigeschossiger Massivbau erhalten, der den Einsiedlern als Eremitage diente.

Friderichs, Alfons / Gilles, Karl Josef: Zell an der Mosel mit Kaimt und Merl (Rheinische Kunststätten 179), Neuss 1976 • **Friderichs, Alfons:** Ritter- und Adelsgeschlechter im Kreis Cochem-Zell, Plaidt 2016

Anhang

Hoven: Kloster Marienborn (vgl. Seite 52; Foto: Achim Gaasterland)

Glossar

Ablass – Gnadenakt, durch den nach kirchlicher Lehre zeitliche Sündenstrafen erlassen, nicht dagegen die Sünden selbst vergeben werden

Abt/Äbtissin – von der Gemeinschaft gewählter Vorsteher bzw. Vorsteherin eines → Klosters → Abtei

Abtei – Bezeichnung für ein Mönchs- oder Nonnenkloster; auch: Arbeits- und Wohnbereich des → Abtes bzw. der → Äbtissin

Altar – Opferstätte/Opfertisch; im Christentum auch »Tisch des Herrn«, auf dem Brot und Wein für die Kommunion/das Abendmahl bereitgestellt werden

Ambo – Lesepult der (frühchristlichen) Kirchen

Amt – gesungene (lateinische) Heilige Messe (→ Hochamt)

Annunziaten – 1501 gegründeter katholischer Frauenorden, der sich der Verkündigung Mariens widmet

Apsis – Chorhaupt: Im Osten an den → Chor (oder das Querschiff) eines Kirchenschiffs auf halbkreisförmigem, vieleckigem oder rechteckigem Grundriss angelegter abschließender Raumteil

Arkatur – Bogenstellung, von Säulen und Pfeilern getragen

Askese – enthaltsame Lebensweise (zur Erlangung geistiger Ideale)

Atrium – Vorhalle, Vorhof

Basilika – Grundtyp des mittelalterlichen Kirchenbaus; dreischiffige Bauten, deren Mittelschiff meist höher als die Seitenschiffe ist, so dass der Lichteinfall durch eine über den Dächern der Seitenschiffe liegende Fensterreihe (→ Lichtgaden) erfolgen kann

Benedikt von Nursia – italienischer Mönch (ca. 480–547); Gründer und Abt des Klosters Monte Cassino; Verfasser einer bedeutenden, später nach ihm benannten Ordensregel

Benediktiner – auf → Benedikt von Nursia zurückgehender, ältester katholischer Mönchsorden des Abendlandes; Lebensgrundlage der Benediktiner bildet die → Benediktus-Regel (Regula Benedicti)

Benediktion – Äbtissinnenweihe, feierliche, liturgische Amtseinführung einer → Äbtissin im Rahmen einer Messfeier

Benediktus-Regel (Regula Benedicti) – die auf → Benedikt von Nursia zurückgehende Mönchsregel: Gehorsam, Ortsbeständigkeit, Umkehr (schließt Ehelosigkeit und Armut ein)

Bischof – Inhaber eines kirchlichen (höheren) Amtes, das für die geistliche und administrative Leitung eines bestimmten Gebiets geschaffen worden ist

Blendarkade – auf der Wand aufliegender Zierbogen (blend = blind, nicht durchfenstert)

Blendmaßwerk – auf der Wand aufliegendes → Maßwerk

Bergfried – Hauptturm der Burg

Bernhard von Clairvaux – französischer Mönch (1090–1153), erster Abt des Klosters Clairvaux; bedeutendste Persönlichkeit des Zisterzienserordens, prägte wesentlich dessen Spiritualität und die Mystik des Mittelalters

Brevier – Stundenbuch

Canticum – Lobgesang

Chor – seit der karolingischen Zeit die Bezeichnung für die Verlängerung des Mittelschiffs über die → Vierung hinaus, den Mönchen vorbehaltener Ort im Kirchenraum; dort auch das → Chorgestühl

Chorgestühl – Gestühl der → Mönche, meist in gegenüberliegenden Längsreihen angeordnet

Conversio morum – Umkehr: Änderung der Gesinnung und des Lebenswandels → Benediktus-Regel

Dachreiter – auf dem Dachfirst, oft über der → Vierung, aufsitzendes Türmchen, typisch für die Zisterzienserarchitektur

Dienst – das Gewölbe tragende, der Wand vorgelagerte halbrunde oder auch rechteckige Bauglieder

Dienstbündel – Gesamtheit der Dienste an einem Pfeiler oder einer Kirchenwand

Dormitorium – Schlafsaal in einem → Kloster

Dorsale – Rückwand des → Chorgestühls

Epitaph – Wanddenkmal, Schrifttafel zum Gedächtnis an einen Toten

Eremit – Anachoret, Einsiedler

Eucharistie – Feier der Hl. Messe

Exerzitien – religiöse Übungen

Fasten – freiwilliger Verzicht auf Speise und Trank, im religiösen Sinn Ausdruck von Enthaltsamkeit, Buße oder Trauer

Franziskaner – im 13. Jh. von Franz von Assisi gegründeter Orden der Minderen Brüder

Frater (abgekürzt **Fr.**) – Bruder → Mönch

Gaden – Fensterzone eines Kirchenbaus (eigentlich: Stockwerk)

Gebundenes System – Einem quadratischen Joch im Mittelschiff eines Kirchenbaus entsprechen jeweils zwei quadratische Joche in den Seitenschiffen.

Gehorsam – das Hören auf Regel, Abt und Mitbrüder, letztlich auf die Stimme Gottes – einer der drei »Evangelischen Räte« des benediktinischen Gelübdes

Gelübde – Gott und einer Gemeinschaft gegebenes, bindendes Versprechen

Graduale – liturgisches Buch mit den Gesängen (Choral) der Messfeier

Gurtbogen – quer zur Längsachse des Kirchenschiffs angebrachter Verstärkungsbogen der Jocheinteilung

Habit – Ordenskleid

Hochamt – feierliche (lateinische) Hl. → Messe an Sonn- und Festtagen

Immunität – Zugriffsbeschränkung weltlichen Rechts auf kirchlichen Besitz

Initiale – kunstvoll gestalteter Anfangsbuchstabe eines Textes, wichtiges Gestaltungselement der Klosterschreibwerkstatt

Joch – Gewölbeabschnitt eines Kirchenschiffs zwischen vier, häufig durch Gurtbögen getrennte Auflagen

Jesuiten – Orden der Gegenreformation, 1534 von einem Freundeskreis um Ignatius von Loyola geründet

Kanoniker – Chorherr, Mitglied einer Dom- oder Stiftskirche

Kapelle – kleiner Kirchenraum mit → Altar

Kapitel – Körperschaft der Geistlichen eines Dom- oder eines Stiftskapitels

Kapitell – Haupt einer Säule oder eines Pfeilers

Kapitelsaal – Versammlungsraum des → Konvents

Keuschheit – geschlechtliche Enthaltsamkeit, oft zusammen mit der Jungfräulichkeit genannt

Klangarkaden – Schallöffnungen im Glockengeschoss eines Kirchturms

Klausur – der innere, den Konventualen vorbehaltene und von der Umgebung abgegrenzte Bereich eines → Klosters

Kloster – Gebäudekomplex, in dem Mönche oder Nonnen in einer der Religion geweihten Lebensweise zusammen leben

Kongregation – Gruppe von Klöstern innerhalb eines → Ordens (monastische Kongregation)

Kontemplation – betrachtendes Erkennen und Nachsinnen, hier als »Betrachtung und Schau des Göttlichen« zu verstehen

Konvent – Klostergemeinschaft

Kragstein – aus der Fläche hervorragender Stein zum Tragen von Baugliedern wie z. B. von Gewölben

Kreuzgang – hallenartiger Umgang innerhalb der → Klausur um den Binnenhof, an einer Seite an die Kirche anschließend

Kreuzgratgewölbe – Durchdringung zweier → Tonnengewölbe mit gratigen Schnittstellen

Kreuzherren – 1211 in Lüttich gegründeter Orden vom Heiligen Kreuz (auch: **Kreuzbrüder**)

Kreuzrippengewölbe – Durchdringung zweier → Tonnengewölbe mit rippenförmigen Schnittstellen

Kreuzweg – Weg mit Stationen in Erinnerung an den sein Kreuz zur Hinrichtung tragenden Jesus von Nazareth
Krüppelwalmdach – Satteldach mit angeschrägter Giebelspitze
Kruzifix – künstlerische Darstellung des gekreuzigten Jesus
Krypta – gewölbter Raum unter dem → Chor
Laterne – laternenartig geformter Turm- oder Kuppelaufsatz
Lettner – steinerne Schranke zwischen → Chor und Laienraum von Klosterkirchen
Lichtgaden – obere, von Fenstern durchbrochene Wandfläche einer Kirche, meist einer → Basilika
Lisene – an der Kirchenwand flach aufliegendes, bandförmiges Gliederungselement
Liturgie – Ordnung der religiösen Zeremonie
Magister/Magistra – → Mönch bzw. → Nonne, dem/der die Ausbildung der im Juniorat befindlichen Mitbrüder/Mitschwestern obliegt. »Magistra« ist auch die Bezeichnung der Leiterin eines Frauenklosters ohne die Befugnisse einer Äbtissin/Priorin.
Maßwerk – in gotischen Zierformen ornamental ausgebildete Fenstereinteilung
Mensa – Deckplatte des → Altars
Messe – katholische Eucharistiefeier, Gottesdienst
Minister – Bezeichnung für den Abt eines → Trinitarierordens
Miserikordien – kleine, oft mit Schnitzereien versehene Stützbretter im → Chorgestühl; aufgrund der Anbringung in der Nähe des Unterleibs der darauf Sitzenden zeigen diese Verzierungen keine religiösen Themen, sondern weltliche, auch obszöne Darstellungen (Fratzen- oder Grimassenschneider)
Monasterium – → Kloster; »monastisch« meint oft (speziell) die Klöster des benediktinischen Mönchtums, sog. monastische → Orden
Mönch – Angehöriger eines monastischen Ordens
Monte Cassino – Ursprungskloster des → Benediktinerordens in Süditalien, gegründet um 529 von → Benedikt von Nursia

Netzgewölbe – Gebäudedecke mit netzartiger Anordnung der Rippen

Nonne – weibliches Mitglied eines monastischen → Ordens

Novize / Novizin – → Mönch bzw. → Nonne in der klösterlichen Probe- und Ausbildungszeit

Novizenmeister / Novizenmeisterin – → Mönch bzw. → Nonne, dem / der die Ausbildung der → Novizen obliegt

Noviziat – klösterliche Ausbildungs- und Probezeit zwischen Einkleidung und Ablegung der ersten (zeitlichen) → Profess; auch: die entsprechende Gemeinschaft oder deren Räumlichkeiten

OCist (Ordo Cisterciensis) – → Zisterzienserorden

OCSO – (Ordo Cisterciensium Reformatarum seu Strictioris Observantiae) → Trappistenorden

Obergaden – Fensterzone des Mittelschiffs einer → Basilika

Ora et labora – bete und arbeite

Oratorium – Gebetsraum

Orden – religiöse Gemeinschaft, die dauerhaft unter einem Oberen nach Regeln (getrennt von Gemeinde / Familie) lebt

OSB – (Ordo Sancti Benedicti) → Benediktinerorden

Paradies – als Vorhalle oder Atrium ausgebildeter umfriedeter Bezirk vor der Kirche

Pater (abgekürzt **P.**) – Vater, Priestermönch

Patrozinium – Unterstellung einer Kirche unter den Schutz eines Patrons / Patronin

Pietà – auch: Vesperbild, Figur der Muttergottes mit dem toten Christus auf dem Schoß

Pilaster – pfeilerförmige Vorlage an Bauwerken, wie bei Säulen mit Basis und → Kapitell ausgebildet

Predella – Sockel des Altaraufsatzes

Prior / Priorin – Vorsteher / Vorsteherin eines → Klosters; in → Abteien Stellvertreter / -in des → Abtes / der → Äbtissin

Priorat – monastisches → Kloster, das rechtlich von einer → Abtei abhängig ist

Profess – Ablegung der Ordensgelübde
Prospekt – schmuckvoll gestaltete Front, in Kirchen oft die der Orgel
Querhaus – quer zum Langhaus verlaufender Kirchenbaukörper
Refektorium – Speiseraum einer klösterlichen Gemeinschaft
Regel – schriftlich niedergelegte Ordnung, nach der eine Ordensgemeinschaft lebt
Regula Bendicti (RB) – → Benediktus-Regel
Reliquien – Überreste eines Heiligen oder Teile des persönlichen Besitzes eines Heiligen als Gegenstände religiöser Verehrung
Retabel – Altaraufsatz
Risalit – in voller Höhe eines Gebäudes hervortretender Bauteil
Säkularisation – Überführung kirchlicher Besitztümer in weltliche Hände
Säulenbasilika – Kirchenbau, dessen → Arkatur von Säulen getragen wird
Serviten (Ordo Servorum Mariae) – 1233 in Florenz durch sieben Kaufleute gegründeter Orden im Dienst Mariens
Spiritaner – 1703 gegründete »Kongregation vom Heiligen Geist«, die sich sozialen Aufgaben und der Erziehung junger Menschen widmet
Staurothek – kunstvoll gestaltetes Behältnis für eine → Reliquie des Heiligen Kreuzes
Stipes – Unterbau eines Altaraufsatzes
Stufenhalle – das Mittelschiff ist höher als die Seitenschiffe
Stützenwechsel – regelmäßiger Wechsel von Säule und Pfeiler innerhalb einer → Arkatur
Tabernakel – Gehäuse zur Aufbewahrung der Hostien
Tonnengewölbe – Gebäudedecke mit halbkreisförmigem Querschnitt
Trappisten – Orden, der 1892 als selbstständiger Reformzweig aus dem → Zisterzienserorden hervorging und deren Mitglieder ein Schweigegelübde abgelegt haben

Triforium – Laufgang über den → Arkaden
Trinitarierorden – Orden der Heiligsten Dreifaltigkeit (OSST), gegründet von Johannes von Matha 1193 in Frankreich zum Loskauf und Austausch christlicher Gefangener und Sklaven; 1198 päpstlich anerkannt
Triptychon – drei durch Scharniere verbundene Tafeln, häufig als Altaraufsatz
Türsturz – Abdeckung einer Maueröffnung
Tympanon – Bogenfeld über dem → Türsturz
Vierung – Raumteil der Kirche, in dem sich Langhaus und → Querhaus treffen
Vierungsturm – Kirchturm über der → Vierung
Visitation – regelmäßige, vom Kirchenrecht vorgeschriebene Überprüfung der geistigen und wirtschaftlichen Verhältnisse einer kirchlichen Gemeinschaft, erfolgt in Klöstern durch einen Ordensoberen oder → Bischof
Zelle – privater Gebets- und Schlafraum eines → Mönches / einer → Nonne
Westwerk – monumental ausgebildeter, oft burgähnlicher Aufbau der Westseite von Kirchen
Zehnt – zehnprozentige Abgabe des eigenen Einkommens an kirchliche oder weltliche Herrschaften
Ziborium – monumentaler, auf Säulen ruhender Baldachin über dem → Altar (Architektur); kelchförmiges Behältnis zur Aufbewahrung der Hostien (Goldschmiedekunst)
Zisterzienser – kontemplativer Orden, im 11. Jh. als Reformzweig aus dem Benediktinerorden hervorgegangen
Zölibat – Ehelosigkeit der Geistlichen im Christentum
Zwerggalerie – kleiner Laufgang mit eigener → Arkatur, meist unter dem Dachansatz laufend

Register der Personennamen

Register der Bauwerke, Orte und Länder

Die Register wurden von Winrich C.-W. Clasen und Hans Otzen erstellt.

KATHOLISCHER GLAUBE – VERSTÄNDLICH ERKLÄRT

Georg Gänswein / Martin Lohmann (Hg.)
Katholisch
Wissen aus erster Hand

368 Seiten mit 8 Farbtafeln
13,5 × 21 cm, Broschur
ISBN 978-3-87062-116-2

Sieben Kapitel in Alltagssprache mit fast 60 Stichworten führen in Glauben und Leben der katholischen Kirche ein. Kurze, von Priestern und Laien verfasste Artikel erläutern Kirche, Gemeinde, Glauben, Gottesdienst, Kirchenjahr und Bibel. Eine kunsthistorische Farbtafel eröffnet jedes Kapitel.

cmz

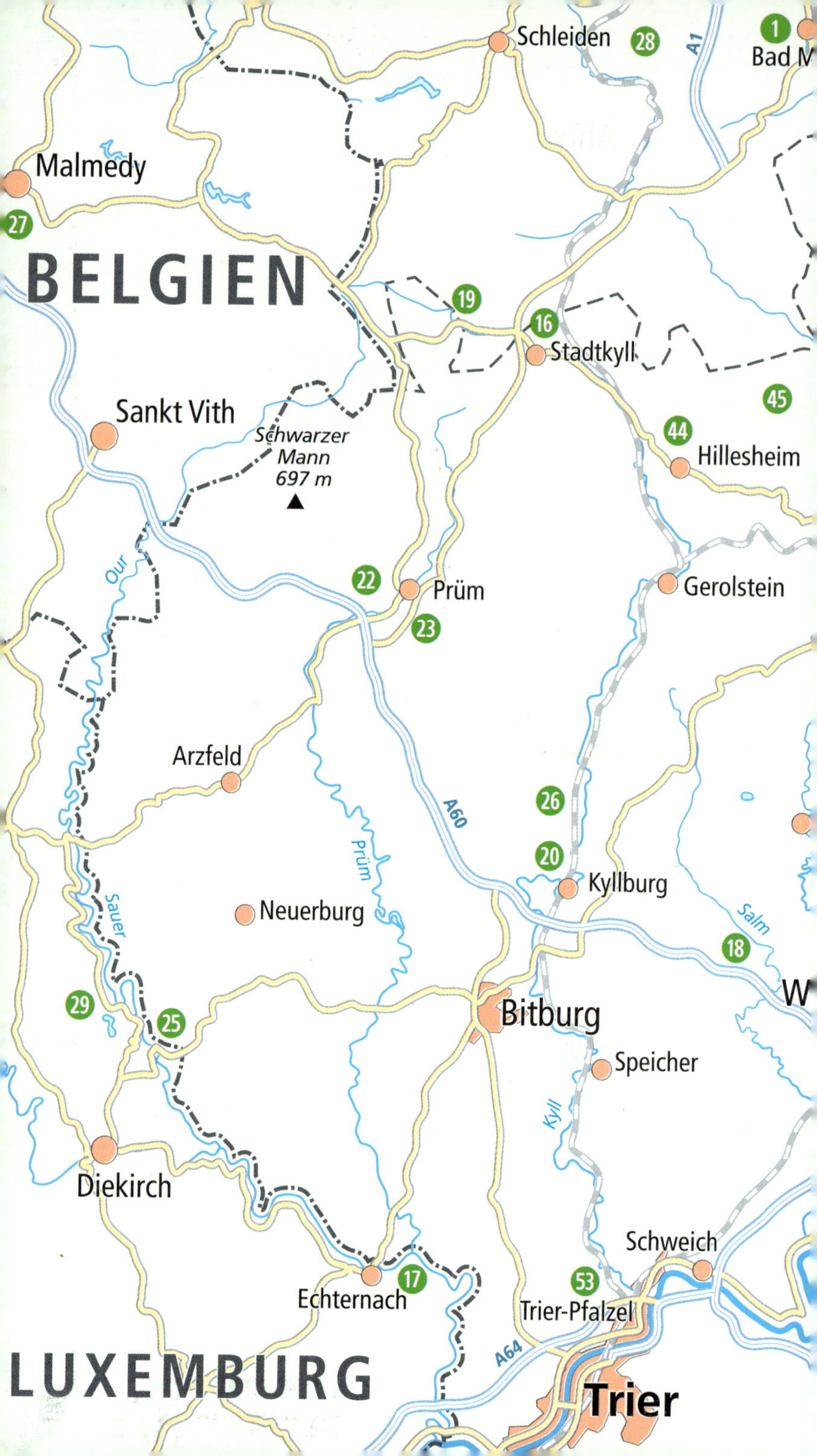
Schleiden
28
1
A1
Bad M
Malmedy
27
BELGIEN
19
16
Stadtkyll
45
44
Hillesheim
Sankt Vith
Schwarzer
Mann
697 m
Our
22
Prüm
23
Gerolstein
Arzfeld
A60
26
Prüm
20
Kyllburg
Sauer
Neuerburg
Salm
18
29
25
Bitburg
W
Speicher
Kyll
Diekirch
Schweich
17
53
Echternach
Trier-Pfalzel
A64
LUXEMBURG
Trier